Douze leçons
sur l'histoire

Antoine Prost

Douze leçons
sur l'histoire

Éditions du Seuil

ISBN 2-02-028546-0

© ÉDITIONS DU SEUIL, FÉVRIER 1996

Introduction

S'il est vrai, comme on tentera de le montrer ici, que l'histoire dépend de la position sociale et institutionnelle de celui qui l'écrit, il serait mal venu de taire le contexte dans lequel ces réflexions ont été élaborées. Ce livre est né d'un cours, et c'est au sens propre du terme qu'il s'intitule *Leçons sur l'histoire*.

La formation des étudiants en histoire comporte, en effet, dans l'université à laquelle j'appartiens comme dans beaucoup d'autres, un enseignement d'historiographie ou d'épistémologie, qui vise à susciter par des approches diverses un regard critique sur ce que l'on fait quand on prétend faire de l'histoire. Cet enseignement s'inscrit lui-même dans une tradition séculaire : avant d'être professé en leur temps par Pierre Vilar ou Georges Lefebvre, il fut inauguré en 1896-1897 à la Sorbonne par Charles-Victor Langlois et Charles Seignobos, dont le cours fut publié en 1897 sous le titre qui nous aurait parfaitement convenu d'*Introduction aux études historiques*[1].

Tradition fragile et menacée cependant. Jusqu'à la fin des années 1980, la réflexion méthodologique sur l'histoire passait en France pour inutile. Certains historiens s'intéressaient certes à l'histoire de l'histoire, comme Ch.-O. Carbonell, F. Dosse, F. Hartog, O. Dumoulin et quelques autres, mais ils abandonnaient la réflexion épistémologique aux philosophes (R. Aron, P. Ricœur). Il est significatif que les seuls ouvrages de synthèse disponibles actuellement en librairie proviennent d'initiatives étrangères : *Histoire et Mémoire* de J. Le Goff a d'abord paru en italien, et le manuel d'E. Carr est issu des

---

1. Pour ne pas alourdir inutilement le texte, nous ne donnons pas en note les références complètes des ouvrages qui figurent dans l'Orientation bibliographique.

George Macaulay Trevelyan Lectures de Cambridge, comme
le toujours remarquable petit livre d'H.-I. Marrou, *De la
connaissance historique*, de leçons données à Louvain dans
la chaire Cardinal-Mercier. Les chefs de file des *Annales*,
F. Braudel, E. Le Roy Ladurie, F. Furet, P. Chaunu, ont mul-
tiplié les recueils d'articles ou mis en œuvre des ouvrages
collectifs comme J. Le Goff et P. Nora, mais seul Marc
Bloch, avec son *Apologie pour l'histoire*, malheureusement
inachevée, a entrepris d'expliquer le métier d'historien.

C'est la conséquence d'une attitude délibérée. Les historiens français faisaient jusqu'ici peu de cas des considérations générales. Pour L. Febvre, « philosopher » constituait
« le crime capital[2] ». Les historiens, notait-il d'ailleurs dans
sa leçon inaugurale au Collège de France, « n'ont pas de très
grands besoins philosophiques ». Et il citait à l'appui de ses
dires « les narquois propos » de Péguy :

> Les historiens font ordinairement de l'histoire sans méditer
> sur les limites et les conditions de l'histoire ; sans doute, ils
> ont raison ; il vaut mieux que chacun fasse son métier ; d'une
> façon générale, il vaut mieux qu'un historien commence par
> faire de l'histoire sans en chercher aussi long : autrement, il
> n'y aurait jamais rien de fait[3] !

Il ne s'agit pas là seulement de division des tâches. En
auraient-ils le loisir que beaucoup d'historiens refuseraient
d'entreprendre une réflexion systématique sur leur discipline. P. Ariès voit dans ce refus des philosophies sur l'histoire une « insupportable vanité » :

> Elles sont délibérément ignorées, ou mises à l'écart d'un
> haussement d'épaules, comme le bavardage théorique
> d'amateurs sans compétence : l'insupportable vanité du tech-
> nicien qui demeure à l'intérieur de sa technique, sans jamais
> tenter de la regarder du dehors[4] !

---

2. Compte rendu de l'*Apologie pour l'histoire* de Marc Bloch dans la
Revue de métaphysique et de morale, LVII, 1949, in *Combats pour l'histoire*, p. 419-438 : « On n'accusera point son auteur de philosopher – ce
qui, dans une bouche d'historien, signifie, ne nous y trompons pas, le
crime capital » (p. 433).

3. Charles Péguy : « De la situation faite à l'histoire et à la sociologie
dans les temps modernes », 3e Cahier, 8e série. Voir la leçon de Lucien
Febvre in *Combats pour l'histoire*, p. 3-17. Voir p. 4.

4. Philippe Ariès, *Le Temps de l'histoire*, p. 216.

Les déclarations ne manquent pas, qui confirment le bien-fondé de ce propos. P. Ricœur, qui a fréquenté assidûment les historiens français mais n'est pas tenu de les ménager, cite à ce sujet un peu perfidement P. Chaunu :

> L'épistémologie est une tentation qu'il faut résolument savoir écarter [...] Tout au plus est-il opportun que quelques chefs de file s'y consacrent – ce qu'en aucun cas nous ne sommes ni ne prétendons être – afin de mieux préserver les robustes artisans d'une connaissance en construction – le seul titre auquel nous prétendions – des tentations dangereuses de cette morbide Capoue [5].

C'est que les historiens français adoptent volontiers la posture de l'artisan modeste. Pour la photo de famille, ils posent dans leur atelier et se donnent à voir en hommes de métier qui, après un long apprentissage, maîtrisent les ressources de leur art. Ils vantent la belle ouvrage et valorisent le tour de main plus que les théories dont s'encombrent, inutilement à leur avis, leurs collègues sociologues. La plupart se dispensent, au début de leurs livres, de définir les concepts et les schémas d'interprétation qu'ils mettent en œuvre, quand leurs collègues allemands s'y sentiraient tenus. A plus forte raison, ils estiment prétentieux et périlleux d'entreprendre une réflexion systématique sur leur discipline : ce serait revendiquer une position de chef d'école qui répugne à leur modestie – fût-elle feinte – et qui, surtout, les exposerait à la critique peu bienveillante de collègues auxquels ils craindraient de paraître vouloir apprendre le métier. La réflexion épistémologique semble porter atteinte à l'égalité des « maîtres » de la corporation. S'en dispenser est éviter à la fois de perdre son temps et de s'offrir aux critiques des pairs.

Heureusement, cette attitude est en train de changer. L'interrogation méthodologique est plus fréquente, dans d'anciennes revues comme la *Revue de synthèse* ou de plus jeunes comme *Genèses*. Les *Annales*, pour leur soixantième anniversaire, ont repris une réflexion qu'elles poursuivent depuis.

Il est vrai que la conjoncture historienne a changé. Le complexe de supériorité des historiens français, fiers d'appar-

---

5. Paul Ricœur, *Temps et Récit*, I, p. 171.

tenir tous, peu ou prou, à cette école des *Annales* dont les
historiens du monde entier étaient censés honorer l'excellence, commençait à devenir plus qu'irritant : injustifié.
L'historiographie française a éclaté, et trois interrogations
taraudent ses anciennes certitudes. Les tentatives de synthèse
semblent désormais illusoires et vouées à l'échec ; l'heure
est aux micro-histoires, aux monographies sur des thèmes
dont l'inventaire est indéfiniment ouvert. La prétention
scientifique que partageaient, malgré leur désaccord, un Seignobos et un Simiand vacille sous les coups d'un subjecti-
visme qui annexe l'histoire à la littérature ; l'univers des
représentations disqualifie celui des faits. Enfin, l'entreprise
unificatrice de Braudel et des partisans d'une histoire totale
qui récapitulait en elle l'apport de toutes les autres sciences
sociales a débouché sur une crise de confiance : à force
d'emprunter à l'économie, à la sociologie, à l'ethnologie, à
la linguistique leurs questions, leurs concepts et leurs
méthodes, l'histoire connaît aujourd'hui une crise d'identité
qui suscite la réflexion. Bref, F. Dosse a raison d'en faire le
titre d'un livre : l'histoire est aujourd'hui « en miettes ».

Dans ce contexte nouveau, un livre de réflexion sur l'histoire est tout autre chose qu'un manifeste d'école. Ce n'est
pas une prise de position théorique destinée à valoriser certaines formes d'histoire en en dévalorisant d'autres. C'est une
contribution à une réflexion commune à laquelle tous les historiens sont conviés. Aucun historien ne saurait, aujourd'hui,
se dispenser de confronter ce qu'il croit faire à ce qu'il fait.

Cela dit, on ne dissimulera pas que cette réflexion a pris
ici l'itinéraire didactique d'un cours, destiné à des étudiants
de premier cycle. Je l'ai professé à plusieurs reprises, avec
plaisir ; il m'a paru qu'il répondait à une attente, voire même
à un besoin. Je me suis donc résolu à le mettre au net, à l'armer de ses notes et références, c'est-à-dire à le préciser et à
l'affiner, sans perdre de vue le public précis auquel il est destiné. Parti qui implique d'évidentes servitudes : le lecteur est
en droit d'attendre certaines informations précises sur des
points familiers aux historiens avertis, la critique historique
selon Langlois et Seignobos, ou les trois temps de l'histoire
selon Braudel par exemple. De même, l'écriture doit en être
limpide, ce qui exige le sacrifice de quelques coquetteries de
style, et de toutes les allusions.

Naturellement, comme tout professeur, j'ai bâti ces leçons à partir des réflexions des autres. J'ai trouvé un vrai plaisir à lire Lacombe, Seignobos, Simiand, Bloch, Febvre, Marrou, ou, parmi les étrangers, Collingwood, Koselleck, Hayden White, Weber et bien d'autres, que je ne peux tous citer ici. J'ai souhaité faire partager ce plaisir en donnant de longues citations, et en les intégrant à mon propre texte, car il me semblait sans intérêt de redire moins bien personnellement ce que d'autres avaient déjà dit, les uns avec brio, les autres avec humour, tous avec pertinence. D'où ces « encadrés » que j'invite le lecteur à ne pas enjamber pour courir à la conclusion : ils constituent souvent des étapes essentielles du raisonnement.

On le voit, ce livre n'est ni un manifeste conquérant, ni un essai brillant : une réflexion modeste, et qui se voudrait utile. Ce qui est déjà une ambition dont je mesure l'ampleur. Mais aussi une façon comme une autre de retrouver la posture chère aux historiens français de l'homme d'atelier qui explique aux apprentis le métier…

1

L'histoire dans la société française XIXe-XXe siècle

L'histoire, c'est ce que font les historiens.

La discipline nommée histoire n'est pas une essence éternelle, une idée platonicienne. C'est une réalité elle-même historique, c'est-à-dire située dans le temps et dans l'espace, portée par des hommes qui se disent historiens et sont reconnus comme tels, reçue comme histoire par des publics variés. Il n'existe pas une Histoire *sub specie aeternitatis*, dont les caractères traverseraient immuables les vicissitudes du temps, mais des productions diverses que les contemporains d'une époque donnée s'accordent à considérer comme de l'histoire. C'est dire qu'avant d'être une discipline scientifique, comme elle le prétend et comme elle l'est effectivement jusqu'à un certain point, l'histoire est une pratique sociale.

Cette affirmation peut rassurer l'historien qui entreprend de réfléchir sur sa discipline ; elle le renvoie en effet à ce qu'il a l'habitude de faire : l'étude d'un groupe professionnel, de ses pratiques et de leur évolution. Il existe des groupes d'historiens, qui se réclament de traditions, constituent des écoles, reconnaissent des règles constitutives de leur métier commun, respectent une déontologie, pratiquent des rites d'incorporation et d'exclusion. Les hommes et les femmes qui se disent historiens, et qu'unit, en effet, la conscience d'appartenir à cette communauté, font de l'histoire pour un public qui les lit ou les écoute, les discute et leur trouve un intérêt. Assurément, ils sont mus aussi par la curiosité intellectuelle, l'amour de la vérité, le culte de la science, mais leur reconnaissance sociale comme leur revenu dépendent de la société qui leur accorde un statut et leur assure une rémunération. Une double reconnaissance, par les pairs et par le public, consacre l'historien comme tel.

C'est pourquoi les discours historiographiques des historiens relèvent eux-mêmes d'une histoire indissociablement sociale et culturelle. Ce que les historiens d'une époque ou d'une école disent de leur discipline appelle une double lecture : une lecture au premier degré s'attache à la conception de l'histoire que leurs textes définissent ; une lecture au second degré, attentive au contexte de celle-ci, décrypte leur discours méthodologique en en dégageant les implications multiples. La célèbre *Introduction aux études historiques* de Langlois et Seignobos, par exemple, est à un premier niveau un discours de la méthode dont l'analyse des diverses formes de critique historique conserve un intérêt par lui-même. A un second niveau, elle renvoie à un contexte intellectuel, voire politique, dominé par les sciences expérimentales à la Claude Bernard, tandis que l'émergence de la sociologie durkheimienne, qui prétend appliquer aux faits sociaux une rigoureuse méthode expérimentale, menace la prétention scientifique de l'histoire dans son fondement même.

Ainsi les historiens qui écrivent sur l'histoire – et l'on ne s'abstrait pas ici du sort commun – sont-ils condamnés à se situer par rapport à leurs devanciers et à leurs contemporains de la même discipline, mais aussi par rapport aux corporations scientifiques voisines, avec lesquelles l'histoire entretient une inévitable compétition pour la domination d'un champ à la fois scientifique et social. Bien plus, ils doivent prendre en compte l'ensemble de la société et les segments de celle-ci auxquels ils s'adressent et pour qui l'histoire qu'ils font a, ou n'a pas, sens. Parce que l'histoire est une pratique sociale avant d'être une pratique scientifique, ou plus exactement parce que sa visée scientifique est aussi une façon de prendre position et sens dans une société donnée, l'épistémologie de l'histoire est elle-même en partie une histoire. Le cas français l'illustre de façon exemplaire.

L'histoire en France : une position privilégiée

L'histoire tient dans l'univers culturel et social des Français une place éminente. Nulle part ailleurs, elle n'est aussi présente dans les discours politiques ou les commentaires des journalistes. Nulle part ailleurs elle ne bénéficie d'un statut aussi prestigieux. L'histoire est la référence obligée, l'horizon nécessaire de toute réflexion. On a dit qu'elle était une « passion française [1] » ; peut-être pourrait-on même aller jusqu'à y voir une maladie nationale.

Regardons, par exemple, les vitrines des libraires. Les collections historiques à l'intention du grand public y sont plus nombreuses et plus importantes qu'à l'étranger. L'histoire n'intéresse pas que les presses universitaires ou les éditeurs spécialisés, mais aussi les grandes maisons d'édition. Toutes ont une ou plusieurs collections d'histoire : Hachette, Gallimard, Fayard, Le Seuil, Plon, sans oublier Flammarion ni Aubier-Montaigne, etc. Certaines de ces collections, comme les biographies de Fayard, sont de vrais succès, et des titres comme *Montaillou, village occitan*, d'E. Le Roy Ladurie, ont sans doute dépassé les deux cent mille exemplaires [2]. De même, l'histoire se vend bien aux kiosques des gares, avec *Le Miroir de l'histoire*, *Historia* (ventes 1980 : 155 000 exemplaires), *Historama* (195 000), *L'Histoire*, etc. Avec un tirage total de 600 000 exemplaires, contre 30 000 au Royaume-Uni, la presse de vulgarisation historique, qui ne se cantonne pas à la petite histoire, rencontre l'audience du grand public, tandis qu'Alain Decaux « raconte » l'histoire à la télévision depuis 1969 avec un succès qui lui vaut d'entrer, dix ans plus tard, à l'Académie française. On ne s'étonne donc pas qu'en 1983 52 % des Français se disent « intéressés » et 15 % « passionnés » par l'histoire [3].

L'argument tiré de ce succès d'audience n'est cependant pas décisif. Que l'histoire ait plus de lecteurs ou de curieux que la sociologie ou la psychologie établit entre ces disciplines une différence de degré, non de nature. Cela ne prouve pas que

1. Philippe Joutard, « Une passion française : l'histoire ». L'auteur, qui analyse l'ensemble de la production historique, fait remonter au XVIᵉ siècle la constitution d'une mémoire nationale. Notre analyse, qui donne le premier rôle à l'enseignement, privilégie au contraire la Révolution française et le XIXᵉ siècle dans l'institutionnalisation de cette mémoire.
2. Selon les indications de l'éditeur, son tirage avait atteint 188 540 exemplaires en janvier 1989. *Le Temps des cathédrales*, de Georges Duby, avait été alors tiré à 75 500 exemplaires. Voir Philippe Carrard, *Poetics of the New History*, p. 136.
3. Sondage de *L'Express*, voir P. Joutard, « Une passion française : l'histoire », p. 511.

l'histoire bénéficie d'un statut spécifique, d'une place particulière dans le champ culturel français. Or là est l'essentiel : l'histoire tient, dans ce pays, un rôle à part, qui est un rôle décisif.

Pour l'illustrer, je partirai d'un propos, dont tout l'intérêt est de paraître évident. Propos de bon sens, qui s'impose de lui-même et que nul n'a envie de discuter. Propos autorisé, de surcroît, puisqu'il émane de la plus haute autorité de l'État. A l'occasion d'un Conseil des ministres qui avait évoqué le problème de l'enseignement de l'histoire, en 1982, le président Mitterrand a déclaré sans susciter d'autre réaction que des approbations : « Un peuple qui n'enseigne pas son histoire est un peuple qui perd son identité. »

L'intéressant, dans cette affirmation, n'est pas d'abord qu'elle soit fausse, bien qu'elle le soit, comme un simple coup d'œil jeté hors de l'Hexagone suffira pour s'en convaincre : de nombreux pays, à commencer par les États-Unis et la Grande-Bretagne, affirment un très vigoureux sentiment d'identité nationale alors que l'enseignement de l'histoire y tient une place marginale, voire inexistante. Aux États-Unis, par exemple, dans toute la scolarité élémentaire et secondaire jusqu'à dix-huit ans, la place de l'histoire se réduit généralement à un seul cours, enseigné pendant une seule année. La construction de l'identité nationale peut emprunter bien d'autres voies que l'étude de l'histoire. Inversement, celle-ci ne réussit pas automatiquement à développer l'identité recherchée : l'indépendance de l'Algérie a été l'œuvre d'hommes qui, enfants, avaient appris l'histoire de France et répété : « Nos ancêtres les Gaulois… » Dans sa généralité même, l'affirmation du président de la République est erronée.

Elle n'en est pas moins fort significative, à un double titre. En premier lieu, parce qu'aucune voix, même respectueuse, n'a relevé l'erreur du président. C'est qu'il n'avait pas émis une opinion personnelle : il s'était borné à exprimer un point de vue couramment admis, une banalité. Les Français sont unanimes à penser que leur identité, et presque leur existence nationale, passe par l'enseignement de l'histoire : « Une société qui évacue insensiblement l'histoire de ses écoles est une société suicidaire [4]. » Rien de moins…

---

4. Éditorial de *L'Histoire*, janvier 1980, cité par *Historiens et Géographes*, n° 277, févr.-mars 1980, p. 375.

On n'entreprendra pas ici de discuter cette conviction : que l'identité nationale passe ailleurs par d'autres voies n'exclut pas qu'en France, en effet, elle s'enracine dans une culture historique. L'important est que, fondé ou non, le consensus français autour de la fonction identitaire de l'histoire charge les historiens d'une mission entre toutes importante et prestigieuse. Leur statut dans la société s'en trouve rehaussé, quel que soit par ailleurs le prix de ce prestige accru.

En second lieu, personne ne s'est étonné que le chef de l'État ait cru bon de donner son avis sur l'enseignement de l'histoire. Aux yeux des Français, il semble évident que cela fasse partie des devoirs de sa charge. La France est sans doute le seul pays au monde où l'enseignement de l'histoire soit une affaire d'État, évoquée comme telle en Conseil des ministres[5], le seul où un Premier ministre n'estime pas perdre son temps en venant ès qualités prononcer le discours inaugural d'un colloque sur l'enseignement de l'histoire[6]. Si, d'aventure, un président des États-Unis ou un Premier ministre britannique faisaient de même, les journalistes s'en étonneraient au même titre que s'ils se prononçaient sur l'arbitrage d'un match de football. En France, au contraire, la fonction identitaire qu'on assigne à l'enseignement de l'histoire en fait un enjeu politique majeur.

Cette place particulière de l'histoire dans la tradition culturelle française apparaît donc liée à sa place dans l'enseignement. De fait, il n'y a guère d'autre pays au monde où elle constitue un enseignement obligatoire dans toutes les sections et toutes les années de la scolarité obligatoire, de six à dix-huit ans[7]. L'histoire de l'enseignement de l'histoire en France nous éclairera donc sur la fonction spécifique qu'elle remplit dans notre société et la place qu'elle occupe dans notre tradition culturelle[8].

---

5. Le 31 août 1982, par exemple.
6. On fait allusion ici au discours de Pierre Mauroy lors du *Colloque national sur l'histoire et son enseignement* de Montpellier, en janvier 1984 (Ministère de l'Éducation nationale), p. 5-13.
7. En général, l'histoire est obligatoire dans une partie seulement de la scolarité, plus souvent dans les classes élémentaires que dans les classes supérieures.
8. Notre propos n'est pas ici de retracer pour elle-même l'histoire de l'histoire dans l'enseignement secondaire et primaire. Ce sujet a été traité par Paul Gerbod, pour le secondaire, dans son article de *L'Information*

De ce point de vue, la différence est évidente entre les deux ordres d'enseignement, le secondaire et le primaire. Dans le secondaire, l'histoire est obligatoire depuis 1818 ; dans le primaire, elle le devient en fait en 1880. C'est dire qu'au XIXᵉ siècle l'histoire ne concerne pas l'école du peuple. C'est affaire de notables.

Les usages sociaux de l'histoire au XIXᵉ siècle

L'histoire dans l'enseignement secondaire

L'introduction précoce de l'histoire dans l'enseignement secondaire est d'autant plus remarquable qu'elle ne le distingue pas seulement du primaire, mais aussi du supérieur. L'histoire a été enseignée dans les lycées et collèges bien avant de l'être dans les facultés. Décalage surprenant à première vue, mais qu'explique la place centrale de l'enseignement secondaire dans la société française. Les facultés des lettres lui sont elles-mêmes ordonnées jusqu'aux années 1880 : leur principale fonction n'est-elle pas de délivrer le baccalauréat ? Quand des cours d'histoire y sont professés, c'est devant un public mondain, sous une forme rhétorique, par l'unique professeur chargé à la fois de l'histoire universelle et de la géographie mondiale. Il faut attendre la défaite de 1870 et l'arrivée des républicains pour que se constitue en faculté un enseignement scientifique de l'histoire, avec des professeurs relativement spécialisés, des historiens « professionnels » en quelque sorte [9].

Le secondaire, en revanche, joue un rôle majeur dans la formation des élites, et l'histoire y pénètre très tôt. Après une timide apparition dans les écoles centrales de la Révolution et une inscription de principe dans les programmes des lycées napoléoniens, elle s'installe véritablement dans les programmes du secondaire en 1814 et elle devient en

---

historique de 1965, toujours irremplaçable, et, pour le primaire, par Jean-Noël Luc dans son article d'*Historiens et Géographes*, n° 306, sept.-octobre 1985, p. 149-207, et par Brigitte Dancel dans sa thèse.
   9. Voir sur ces points bien connus Ch.-O. Carbonell et W.R. Keylor.

1818 matière obligatoire de la cinquième à la rhétorique, à raison d'une classe de deux heures par semaine. Cet enseignement connaît par la suite bien des vicissitudes mais il ne disparaîtra plus. Les hommes qui exercent une influence en France au XIXe siècle, y compris ceux qui se sont contentés des premières années de l'enseignement secondaire sans aller jusqu'au baccalauréat, ont tous fait de l'histoire.

Du moins en principe. Car il y a souvent loin des programmes aux pratiques de classe, et la place faite officiellement à l'histoire ne coïncide pas nécessairement avec celle qu'elle tient effectivement dans les travaux et les cours des lycéens. Il faut donc y aller voir de plus près.

Sur ce point – c'est le second trait intéressant pour notre propos –, une tendance nette se dessine : l'enseignement de l'histoire s'émancipe progressivement de la tutelle des humanités pour conquérir son autonomie et s'avancer jusqu'aux temps contemporains, tandis que la compréhension des ensembles politiques et sociaux tend à remplacer la mémorisation des chronologies et l'énumération des règnes. Cette double évolution des contenus et des méthodes tient en grande partie à la spécialisation progressive des professeurs d'histoire. Le principe d'un professeur spécial est posé en 1818. Il est confirmé en 1830 par la création d'une agrégation d'histoire qui permet de former et de recruter un petit noyau d'historiens qualifiés. Sa suppression par l'Empire autoritaire, entre 1853 et 1860, est trop brève pour compromettre la constitution du corps des professeurs d'histoire.

Or il était capital que l'histoire fût enseignée dans le secondaire par des spécialistes. Tant qu'elle l'était par des professeurs de lettres, ceux-ci en faisaient soit un auxiliaire de l'étude des classiques grecs et latins – d'où la place considérable de l'histoire de l'Antiquité –, soit un enseignement accessoire et subalterne, assuré grâce à des manuels sommaires, *Éléments de chronologie*, *Abrégés* d'histoire universelle ou d'histoire de France.

Le recours à des professeurs spécialisés transforme radicalement l'enseignement. L'histoire n'est plus au service des textes classiques ; le rapport s'inverse et ceux-ci deviennent des sources au service de l'histoire. D'une histoire qui ne se contente plus de situer chronologiquement les faits, les auteurs et les monarques, mais vise à comprendre des ensembles. A titre d'exemple significatif de ce retournement, on retiendra les questions d'histoire ancienne mises au programme de l'agrégation en 1849 : l'étude, d'après les auteurs de l'Antiquité comparés entre eux, des changements introduits dans la constitution et dans la société athéniennes de la fin de la guerre médique à Alexandre, l'histoire de l'ordre des chevaliers romains des Gracques à la mort d'Auguste, et l'état moral et politique de la Gaule au moment des invasions d'après les auteurs contemporains [10]. Or, qu'ils aient préparé le concours par eux-mêmes ou à l'École normale supérieure, les agrégés donnent le ton malgré leur petit nombre, quatre à six chaque année, trente-trois agrégés en 1842. Ils enseignent dans les lycées les plus importants, et leurs manuels, comme la collection lancée par l'un de ces jeunes normaliens agrégés, Victor Duruy, à la veille de 1848, imposent une conception plus ample de l'histoire.

Le même mouvement renforce la place faite à l'histoire contemporaine. Au vrai, elle n'avait jamais été totalement exclue. La liste des questions que le programme de 1840 permet de poser au baccalauréat – les examinateurs n'ayant pas le droit d'en modifier le libellé – comprend par exemple 50 questions d'histoire ancienne, 22 d'histoire du Moyen Age et 23 d'histoire moderne, s'arrêtant à 1789. En 1852, la frontière symbolique de la Révolution française est franchie et l'Antiquité perd sa prééminence, avec 22 questions seulement, contre 15 d'histoire médiévale et 25 d'histoire des temps modernes jusqu'au Premier Empire.

Mais avec Victor Duruy, ministre de 1863 à 1869, l'importance des derniers siècles s'accroît de façon décisive. En 1863, le programme de rhétorique va du milieu du XVIIᵉ siècle à 1815, celui de philosophie revient sur la Révolution de façon détaillée et poursuit jusqu'en 1863, dans une perspective largement ouverte sur les pays étrangers et l'histoire que nous nommerions économique et sociale.

10. P. Gerbod, « La place de l'histoire dans l'enseignement secondaire de 1802 à 1880 », p. 127.

**Quelques questions du programme
de Victor Duruy :**

*24. – Rapide essor de l'Union américaine, ses causes.
– Découverte des gîtes aurifères de la Californie et de
l'Australie : effets de l'abondance de l'or sur le marché
européen. – Guerre entre les États du Nord et ceux du
Sud. – Situation des anciennes colonies espagnoles.
– Expédition du Mexique. – Prise de Puebla et occupa-
tion de Mexico. [...]*

*26. – Caractères nouveaux de la société moderne :
1° Relations étroites établies entre les peuples par les chemins de fer et la navigation à vapeur, la télégraphie élec-
trique, les banques et le nouveau régime commercial [...]
2° Sollicitude des gouvernements pour les intérêts matériels et moraux du plus grand nombre.
3° Par l'égalité des droits et la libre expansion de l'activité industrielle, la richesse est produite en plus grande
abondance et se distribue mieux [...]. – Grandeur mais
danger de la civilisation moderne, nécessité de développer les intérêts moraux pour faire équilibre au développement immense des intérêts matériels. – Part de la
France dans l'œuvre générale de civilisation.*

J.-B. Piobetta, Le Baccalauréat, *p. 834-835.*

Révisée à plusieurs reprises, cette architecture des programmes d'histoire subsista jusqu'en 1902. Elle se caractérisait par un parcours continu des temps historiques. Ainsi le
programme de 1880 donne deux heures hebdomadaires à
l'histoire ancienne de la sixième à la quatrième, puis trois
heures dans toutes les classes suivantes, avec le Moyen Age
jusqu'en 1270 en troisième, 1270-1610 en seconde, 1610-
1789 en rhétorique et 1789-1875 en philosophie ou en
mathématiques élémentaires.

La constitution par les républicains d'un véritable enseignement supérieur littéraire, dans les dernières décennies du
siècle, couronne cette évolution. L'agrégation devient la voie
normale de recrutement de professeurs spécialisés, formés
désormais par les historiens professionnels des facultés des

lettres. Elle inclut une initiation à la recherche, avec l'obligation d'obtenir préalablement le diplôme d'études supérieures
(1894), prédécesseur de notre maîtrise. La réforme de 1902
achève de donner à cet enseignement ses caractères, en distinguant un premier et un second cycle qui parcourent chacun la totalité des périodes, des origines au temps présent [11].

Troisième trait intéressant, cette évolution vers une histoire
plus autonome, plus contemporaine et plus synthétique ne
s'est pas faite sans conflits. Ce n'est pas une évolution
linéaire, mais une succession d'avancées et de reculs, qui
sont liés au contexte politique. L'introduction de l'histoire
comme matière obligatoire est le fait des constitutionnels
inspirés par les idéologues, comme Royer-Collard, entre
1814 et 1820. La création de l'agrégation, son renforcement,
la multiplication des chaires spécialisées caractérisent la
Monarchie de Juillet. L'Empire libéral, puis la IIIe République consacrent l'importance de l'histoire dans les programmes et les horaires. Inversement, le passage au pouvoir
des ultras de 1820 à 1828, comme l'Empire autoritaire, sont
pour l'histoire des périodes de disgrâce.

C'est que cet enseignement n'est pas neutre politiquement.
Certes, de tous côtés l'on répète qu'il doit éviter les considérations trop générales et les jugements tranchés ; ses défenseurs soutiennent qu'il peut développer l'amour de la religion
et du trône. Ils ont beau faire : l'histoire enseigne par définition
que les régimes et les institutions changent. C'est une entreprise de désacralisation politique. La réaction peut accepter
une histoire réduite à la chronologie, centrée sur l'histoire
sainte et le passé le plus éloigné. Dès que l'histoire aborde les
temps modernes, et même si elle s'arrête au seuil de 1789, elle
devient suspecte de connivence avec l'esprit moderne.

Inversement, les partisans de l'histoire assument cette
fonction politique. On l'a vu plus haut, avec le programme
de V. Duruy. Les républicains l'affirment plus nettement
encore : « L'histoire de France en particulier devra mettre en
lumière le développement général des institutions, d'où est

---

11. Voir Henri Dubief, « Les cadres réglementaires dans l'enseignement
secondaire », *Colloque Cent Ans d'enseignement de l'histoire*, p. 9-18. La
structure en deux cycles a été interrompue entre 1935 et 1938. Pour une
comparaison systématique des programmes, voir J. Leduc, V. Marcos-
Alvarez, J. Le Pellec, *Construire l'histoire*.

sortie la société moderne ; elle devra inspirer le respect et l'attachement pour les principes sur lesquels cette société est fondée[12]. » La place de l'histoire dans l'enseignement secondaire renvoie explicitement à une fonction politique et sociale : c'est une propédeutique de la société moderne, telle qu'elle est issue de la Révolution et de l'Empire.

Les historiens dans le débat public

Dans les lycées et collèges du XIX⁰ siècle, l'histoire est ainsi un enseignement précocement obligatoire, qui évolue vers le contemporain et la synthèse, grâce à des professeurs spécialisés, au travers de conflits qui lui donnent une signification politique et sociale. Mais ces caractères ne sont pas des raisons : pourquoi cet enseignement a-t-il été rendu obligatoire ? D'où lui vient cette importance ?

La réponse à cette question ne peut être cherchée dans l'enseignement lui-même, car les mérites pédagogiques qui pourraient le justifier font défaut. La façon caricaturale dont l'histoire était enseignée au début du XIX⁰ siècle l'aurait plutôt condamnée : des listes de dates ou de règnes n'ont rien de formateur. La légitimité et la nécessité de l'histoire lui viennent d'ailleurs. Elles s'expliquent par les mêmes raisons que la place considérable des historiens dans le débat public de ce temps.

Il y a là un paradoxe. En effet, l'enseignement supérieur de l'histoire est pratiquement inexistant pendant les trois premiers quarts du XIX⁰ siècle. Et pourtant, cette période voit de grands historiens susciter l'intérêt du public, alimenter des débats et conquérir une notoriété. C'est qu'il existe à Paris quelques chaires d'histoire, dans de grands établissements comme le Collège de France, l'École normale supérieure, la Sorbonne, très différente sur ce point des facultés des lettres de province. Leurs titulaires ne s'adressent pas à des étudiants, mais à un public cultivé, qui vient nombreux en ce temps où les réunions publiques sont soumises à autorisation et la presse surveillée. Dans ces enceintes préservées, les leçons d'histoire prennent inévitablement une portée politique, que soulignent parfois des applaudissements. Il arrive

---

12. Arrêté du 12 août 1880, voir P. Gerbod, « La place de l'histoire dans l'enseignement secondaire de 1802 à 1880 », p. 130.

que le gouvernement s'en émeuve et ordonne la fermeture du cours, comme pour Guizot en 1822. Sa reprise en 1828 est alors saluée comme une victoire politique.

La cohorte de ces historiens est impressionnante. A côté de Guizot, de Michelet, de Quinet, et plus tard de Renan et de Taine, il faut compter des auteurs comme Augustin Thierry, Thiers, ou Tocqueville. Ils tiennent dans le débat intellectuel de leur temps une place centrale. L'histoire qu'ils écrivent n'est pas encore l'histoire savante des historiens professionnels de la fin du siècle. Elle repose sur des chroniques et des compilations plus que sur un véritable travail d'érudition, et Michelet lui-même, qui prétend tirer son œuvre d'une fréquentation assidue des archives, ne semble pas y avoir pris beaucoup plus que des illustrations. C'est d'autre part une histoire très littéraire, au style volontiers oratoire : les conditions dans lesquelles elle se développe l'expliquent aisément. Les universitaires républicains de 1870-1880, sensibles au retard de la France face à l'érudition allemande, reprocheront à ces précurseurs d'avoir été par là des artistes plus que des savants. Mais la qualité d'écriture de ces historiens les rend encore lisibles aujourd'hui.

D'autant que leur histoire ne manque pas de souffle. Leur public n'aurait pas supporté qu'ils se perdent dans des détails insignifiants. Ils affectionnent les larges fresques chronologiques, parcourant plusieurs siècles en quelques leçons. Cela leur permet de dégager les grandes évolutions. Du coup, leur histoire n'est pas strictement politique. Ils entrent rarement dans le détail des événements, préférant en résumer la signification globale et les conséquences. Leur objet est plus ample : c'est l'histoire du peuple français, de la civilisation (Guizot), de la France (Michelet). Ils expliquent à la lumière des évolutions sociales les transformations des institutions. Bref, c'est une histoire à la fois sociale et politique.

Au vrai, ces œuvres historiques, qui tiennent parfois de la réflexion philosophique ou de ce que nous appelons aujourd'hui la science politique, comme celle de Tocqueville, tournent autour d'une question centrale : celle que la Révolution française pose à la société du XIX⁰ siècle [13]. D'où la suspicion

---

13. Voir évidemment sur ce point les travaux de François Furet cités en bibliographie sur les lectures de la Révolution par les historiens et les hommes politiques du XIXᵉ siècle.

dont les réactionnaires entourent l'histoire : d'entrée de jeu, elle est acceptation de la Révolution, elle la tient pour un fait qui s'explique, et non pour une erreur, une faute ou un châtiment divin. Conservateurs ou républicains, les historiens assument le fait que la Révolution ait eu lieu puisqu'ils en cherchent les causes et les conséquences.

Or la question qui domine la société française au XIXᵉ siècle est la question politique posée par la Révolution ; c'est le conflit entre l'Ancien Régime et ce qu'on nommait alors la société « moderne » ou « civile », c'est-à-dire sans roi et sans dieu. Ce n'est pas, comme au Royaume-Uni, celle du paupérisme. Les explosions ouvrières posent moins le problème du développement économique que celui du régime, et elles sont analysées comme de nouvelles figures de la Révolution. Mais ce conflit politique comporte de véritables enjeux sociaux : il s'agit en fait des principes sur lesquels organiser la société tout entière. L'histoire prend ainsi, dans la société française, la place que l'économie tient dans la société britannique. Outre-Manche, l'ampleur du chômage et de la misère appelle une réflexion économique : le débat intellectuel est dominé par Adam Smith, Ricardo, Malthus. En France, Guizot, Thiers, A. Thierry, Tocqueville, Michelet, dominent la scène parce qu'ils s'attaquent à la question décisive de la Révolution et des origines de la société moderne.

Ce faisant, ils expliquent aux Français leurs divisions, ils leur donnent sens, ce qui leur permet de les assumer et de les vivre sur le mode politique et civilisé du débat plutôt que sur le mode violent de la guerre civile. La médiation de l'histoire a permis, par un détour réflexif, d'assimiler, d'intégrer l'événement révolutionnaire et de réaménager le passé national en fonction de lui [14]. La société française s'est représentée à elle-même par l'histoire, elle s'est comprise, elle s'est pensée par l'histoire. En ce sens, il est profondément exact que l'histoire fonde l'identité nationale.

La façon dont, après 1870, l'école historique française a adopté le modèle de l'érudition allemande confirme cette analyse. Seignobos, par exemple, après avoir loué l'érudition critique des Allemands, leur reproche d'oublier la « composition historique » ; ils manquent d'idées générales et de construc-

14. P. Joutard, « Une passion française : l'histoire », p. 543-546.

tion. Grief surprenant, à première vue, de la part d'un historien qui reproche aux Guizot, Thiers et Michelet de faire de la
littérature, mais grief qui traduit un attachement fondamental
à la fonction sociale de l'histoire, telle qu'elle s'est affirmée
en France. L'histoire – écrit-il – « n'est faite ni pour raconter
ni pour prouver, elle est faite pour répondre aux questions sur
le passé que suggère la vue des sociétés présentes [15] ». Dans le
même article, il lui donne pour objet de décrire les institutions et d'en expliquer les changements, dans une conception
comtienne où alternent des périodes de stabilité et des révolutions. Mais cela revient au même. En effet, par institution, il
entend « tous les usages qui maintiennent les hommes en
corps de société [16] ». Le problème central est donc bien celui
de la cohésion sociale, que les institutions ont mission d'assurer, ce qui renvoie à la fragilité de la société française, ou
plutôt au sentiment qu'en ont les contemporains, hantés par la
succession de révolutions qui scandent le XIXᵉ siècle. C'est
d'ailleurs pourquoi il n'y a pas de place, dans la mémoire
ainsi construite, pour des mémoires complémentaires, idéo-
logiques, sociales ou régionales [17].

Seignobos, qui est, avec Lavisse, l'un des organisateurs
des études d'histoire dans les facultés à la fin du siècle, met
ainsi les techniques de l'érudition allemande au service
d'une conception de l'histoire héritée de la première partie
du XIXᵉ siècle. Il permet à l'histoire de poursuivre la même
fonction sociale en bénéficiant des prestiges conjoints de la
modernité et de la science.

Au début du XXᵉ siècle, les programmes du secondaire dus
aux mêmes Lavisse et Seignobos confirment cette orientation que Duruy avait déjà amorcée. Seignobos l'explicite :
« L'enseignement historique est une partie de la culture
générale parce qu'il fait comprendre à l'élève la société où il
vivra et le rend capable de prendre part à la vie sociale [18]. »
L'histoire est ici une propédeutique du social, de sa diver-

15. « L'enseignement de l'histoire dans les facultés. III. Méthodes d'exposition », *Revue internationale de l'enseignement*, 15 juillet 1884, p. 35-
60, p. 60.
16. *Ibid.*, p. 37.
17. Comme l'a bien noté P. Joutard, « Une passion française : l'histoire ».
18. « L'enseignement de l'histoire comme instrument d'éducation politique », p. 103-104.

sité, de ses structures et de son évolution. Elle apprend aux élèves que le changement est normal, qu'il ne faut pas le redouter ; elle leur montre comment les citoyens peuvent y contribuer. Dans une perspective progressiste et réformiste, à mi-chemin des révolutions et de l'immobilisme, il s'agit bien de faire de l'histoire « un instrument d'éducation politique ».

Le XXᵉ siècle : une histoire éclatée

L'enseignement primaire : une histoire autre

Tant que le débat politique restait limité aux notables, l'histoire concernait l'élite cultivée et n'avait de place que dans l'enseignement secondaire. Mais, avec la démocratie, la politique devient l'affaire de tous, et la question se pose de l'histoire dans l'enseignement primaire.

Les dates, ici, sont éloquentes. C'est en 1867, quand l'Empire se libéralise, que l'histoire devient en principe matière obligatoire dans le primaire. Mais c'est après le triomphe des républicains qu'elle s'impose pratiquement dans les classes : elle entre en 1880 à l'oral du certificat d'études, et il faut attendre 1882 pour qu'elle prenne sa place définitive dans les horaires (deux heures hebdomadaires) et les programmes de l'école élémentaire. L'enseignement de l'histoire se met alors en place, avec son déroulement canonique et ses supports pédagogiques, le manuel devenant obligatoire en 1890. L'histoire primaire atteint son apogée après la Grande Guerre, un arrêté de 1917 ayant institué une épreuve écrite d'histoire ou de sciences (par tirage au sort) au certificat d'études.

Par rapport au secondaire, le décalage chronologique est patent. Il se double d'une différence fondamentale dans l'esprit et les méthodes. Alors que la continuité règne entre l'histoire du secondaire et celle des grands historiens de la première moitié du siècle ou celle des historiens professionnels de l'université républicaine, il en va tout autrement dans le primaire. L'histoire de l'école primaire diffère à la fois de celle des lycées et des facultés.

C'est d'abord qu'elle s'adresse à des enfants : il faut faire simple, pour être compris, et l'on ne peut entrer dans le détail des raisonnements. Mais les contraintes pédagogiques ne sont pas seules en cause. Les républicains comptent sur l'histoire pour développer le patriotisme et l'adhésion aux institutions. Elle n'a pas seulement pour objectif d'inculquer des connaissances précises ; elle doit faire partager des sentiments. « L'amour de la patrie ne s'apprend point par cœur, il s'apprend par le cœur », disait Lavisse. Et encore : « N'apprenons point l'histoire avec le calme qui sied à l'enseignement de la règle des participes. Il s'agit ici de la chair de notre chair et du sang de notre sang [19]. »

Cet objectif suppose le recours à l'image, au récit, à la légende. Rien ne montre mieux la volonté des républicains de construire une identité indissociablement patriotique et républicaine que leurs efforts pour commencer l'histoire à l'école maternelle [20]. Ils prévoient en effet dès cinq ans des « anecdotes, récits, biographies tirées de l'histoire nationale ». Il s'agit de construire un légendaire commun, où reviennent sans cesse les mêmes figures, de Vercingétorix à Jeanne d'Arc. Les inspectrices, conscientes du caractère excessif de l'ambition, hésitent en 1880 à argumenter contre un enseignement auquel les politiques semblent tenir autant. Il faudra attendre le début du XXe siècle pour que l'histoire et la géographie nationales disparaissent de la maternelle.

L'enseignement de l'histoire a-t-il atteint l'objectif que lui fixaient les républicains ? Il est difficile de le dire. Nous savons, grâce à la thèse de B. Dancel, comment cet enseignement était assuré. La mémoire y occupait une place décisive, malgré le vœu des pédagogues officiels. « On ne doit confier à la mémoire que ce que l'intelligence a parfaitement compris », prescrivait Compayré. En fait, la leçon d'histoire s'organise autour de mots clés, inscrits au tableau, expliqués et commentés par le maître, avant qu'il n'en fasse le pivot de questions dont les réponses constituent le résumé, à apprendre et à réciter lors de la leçon suivante. Les programmes ne privilégient pas la Révolution française et l'histoire du XIXe siècle, abordés en principe au troisième trimestre du cours moyen. En fait, ces

19. Cité par Pierre Nora, « Lavisse, instituteur national », p. 283.
20. Voir J.-N. Luc, « Une tentative révélatrice : l'enseignement de l'histoire à la salle d'asile et à l'école maternelle au XIXe siècle », *Colloque Cent Ans d'enseignement de l'histoire*, p. 127-138.

thèmes occupent une place centrale dans l'interrogation du certificat d'études. Mais les copies des années 1920, retrouvées dans la Somme, n'autorisent aucun triomphalisme : une moitié à peine des élèves présentés au certificat – qui eux-mêmes ne représentent pas la moitié de leur classe d'âge – sont capables de restituer sans faute un petit noyau dur de connaissances sur 1789, la prise de la Bastille ou Valmy. Un élève du primaire sur quatre qui a appris un peu d'histoire, c'est certes déjà quelque chose, mais on peut faire mieux…

Faut-il pour autant conclure que l'école primaire a échoué à transmettre le message que les républicains lui avaient confié ? Ce n'est pas certain. L'idée que la Révolution institue une coupure, entre un avant où certes les rois ont œuvré à rassembler le territoire, mais où régnaient le privilège et l'absence de liberté, et un après que poursuit la République, où la liberté est assurée, l'égalité des citoyens établie, et le progrès possible grâce à l'école, cette idée semble bien faire l'objet d'un consensus.

Du moins l'enseignement de l'histoire a-t-il réussi à s'imposer : les Français ne conçoivent plus d'enseignement primaire, ni à plus forte raison secondaire, sans histoire. Efficace ou pas, cet enseignement paraît indispensable. Ses vicissitudes ultérieures le démontrent.

Les péripéties du second XXᵉ siècle

Les réformes scolaires des années 1959-1965, qui généralisent la scolarisation au-delà de l'école élémentaire, dans des établissements de premier cycle progressivement autonomes, transforment la fonction même de l'école primaire. Désormais, elle n'est plus la seule école du peuple ; elle n'a plus à fournir seule aux futurs citoyens le bagage de connaissances dont ils auront besoin leur vie durant. Ce que l'école primaire ne fait pas, le collège d'enseignement général ou secondaire le fera après elle.

Cette transformation morphologique du système scolaire se double d'une évolution pédagogique. La décennie 1960 accueille volontiers les approches psychosociologiques ou psychologiques. Dans l'entreprise, c'est la vogue de la dynamique de groupe ou des séminaires rogériens. Dans l'en-

seignement, on commence à penser que Piaget et les psychologues ont quelque chose à dire. L'idée prévaut que la démo-
cratisation de l'enseignement suppose une rénovation sensible
des méthodes.

L'enseignement primaire connaît alors une profonde
remise en question, qui touche le statut de toutes les disciplines. A l'apprentissage des langages fondamentaux, français et mathématiques, s'opposent des disciplines comme
l'histoire, la géographie, les sciences, pour lesquelles, disent
les instructions officielles, il n'est plus nécessaire d'apporter
de 6 à 11 ans les connaissances indispensables, puisque le
premier cycle y pourvoira. En 1969, la réforme du tiers-
temps pédagogique accorde aux langages de base quinze
heures hebdomadaires, six heures à l'éducation physique et
sportive, et six heures aux « activités d'éveil ». Pour « privilégier [la] formation intellectuelle », l'école élémentaire ne
doit plus procéder par la mémorisation de connaissances,
mais « en rendant l'esprit curieux de leur existence et en le
faisant participer à leur élaboration ». C'est la condamnation
des programmes, au bénéfice d'une action pédagogique invi-
tée à saisir « toutes les occasions offertes par le milieu de vie
immédiat ou lointain » et à privilégier le travail individua-
lisé, l'enquête, la recherche documentaire [21].

La philosophie qui inspirait la réforme n'était pas absurde.
Mais l'« éveil » aurait supposé des mesures d'accompagne-
ment qui furent négligées. Par volonté de susciter les initiatives, on laissa les instituteurs découvrir par eux-mêmes
comment mettre en œuvre ces principes. Or c'était beaucoup
plus difficile et complexe que de suivre un programme précis. Invités à innover sans aide ni indications, les instituteurs
ont adopté les solutions les plus diverses : les uns, une minorité de l'ordre d'un sur cinq, ont abandonné cet enseignement, notamment au cours élémentaire ; une autre minorité,
un peu plus forte, l'a donné épisodiquement ; les autres ont
continué à enseigner régulièrement l'histoire, et, parmi eux,
une moitié environ – soit le quart du total – a conservé le
programme antérieur.

La transformation de l'histoire en activité d'éveil à l'école

---

21. Voir sur ce point l'article déjà cité de J.-N. Luc dans *Historiens et
Géographes*, n° 306.

primaire était engagée depuis quelques années quand une autre réforme affecta l'histoire, mais dans le premier cycle du second degré cette fois. Le ministre René Haby, plutôt hostile par ailleurs aux ardeurs réformatrices, entreprit d'unifier l'enseignement de l'histoire, de la géographie et d'un rudiment de sciences économiques et sociales, au nom des proximités de ces disciplines quant à leurs démarches, à leurs objets, et aux objectifs qui leur étaient assignés à ce niveau de l'enseignement. Là encore, l'intention était intéressante : l'interdisciplinarité, alors à la mode, peut permettre d'aborder un même objet par plusieurs démarches convergentes. Parmi les historiens, un courant novateur issu de soixante-huit prônait le décloisonnement. Mais le ministre était à leurs yeux suspect de vouloir assujettir l'enseignement aux exigences d'un capitalisme modernisateur. Il fut donc combattu à la fois sur sa droite par les conservateurs, et sur sa gauche par des réformateurs qui l'accusaient de trahison.

Ce fut un beau tollé. L'année 1980 connaît une mobilisation médiatique sans précédent en faveur de l'histoire. Les questions écrites fusent. Les invectives crépitent. La campagne culmine au début de mars. Le 4, à l'occasion de son 400ᵉ numéro, le magazine *Historia* organise une journée de débats, avec la participation du ministre, d'hommes politiques comme M. Debré, E. Faure, J.-P. Chevènement, et d'historiens, tels F. Braudel, E. Le Roy Ladurie, M. Gallo, H. Carrère d'Encausse, et du président de l'Association des professeurs d'histoire et de géographie (APHG). A. Decaux, à qui l'on remet son épée d'académicien le 5, et qui est reçu sous la Coupole le 13, donne à ce débat un retentissement sans précédent. Les 6 et 7, ce sont *Les Nouvelles littéraires* qui organisent deux journées sur l'histoire à la FNAC. « L'histoire de notre pays est mal enseignée ou pas du tout », prétend A. Decaux qui demande au ministre de transformer son Waterloo en Austerlitz. Le président de l'APHG sonne le tocsin : « Dans l'élémentaire, c'est l'effondrement, dans le 1ᵉʳ cycle c'est le délabrement, et dans le 2ᵉ cycle c'est la peau de chagrin[22]. » Cette campagne de dénonciation ne s'encombre guère de preuves qu'au demeurant les rares enquêtes dispo-

---

22. Citations extraites du compte rendu publié par *Historiens et Géographes*, n° 278, avr.-mai 1980, p. 556-561.

nibles ne fournissent guère. L'esprit de l'époque est dans cette première page de *La Vie*, un hebdomadaire généraliste d'inspiration catholique, où Bonaparte gémit : « France, ton histoire fout le camp[23]. » Les rares personnes qui tentent, comme le doyen de l'Inspection générale d'histoire, L. Genet, d'interroger les faits, de montrer, programmes à l'appui, que la chronologie n'est pas sacrifiée, et de rappeler que les professeurs enseignent toujours, sont interrompues sans courtoisie. Le temps n'est plus à l'instruction sereine : la cause est entendue, et l'opinion réclame des mesures que le ministre ne peut que promettre.

De fait, les programmes reviennent sur l'« éveil » et réintroduisent l'histoire au cours moyen en 1980. La réforme Haby est abandonnée dans le premier cycle. L'arrivée de la gauche au pouvoir en 1981 renforce ce mouvement. Un rapport est demandé au professeur René Girault et publié en 1983[24]. Il établit un bilan nuancé, qui ne souffre pas de la comparaison avec les copies de certificat d'études de 1925, analysées depuis par B. Dancel. Ses propositions de compromis, confortées l'année suivante par un colloque national où les historiens professionnels, professeurs d'université, sont nombreux, font cependant encore trop de place aux méthodes actives pour que le nouveau ministre, J.-P. Chevènement, les suive. Les nouveaux programmes rétablissent l'histoire dans les programmes du primaire sous sa forme traditionnelle.

Les deux colloques symétriques de 1980 et de 1984 ne manifestent pas seulement l'importance que notre société attache à l'enseignement de l'histoire. Ils montrent aussi à l'œuvre deux forces qui n'existaient pas au XIXᵉ siècle : les médias et la profession historienne.

---

23. Numéro du 7 au 13 février 1980.
24. René Girault, *L'Histoire et la Géographie en question*.

2

La profession historienne

La présence de l'histoire dans notre société n'est plus seulement celle d'une discipline, de livres, de quelques grandes figures. C'est aussi, les débats de 1980 le montrent, celle d'un groupe de personnes qui se disent historiens avec l'accord de leurs collègues et du public. Ce groupe, lui-même diversifié, comprend essentiellement des professeurs et des chercheurs. Il est uni par une formation commune, un réseau d'associations et de revues, et la conscience nette de l'importance de l'histoire. Ce groupe partage des critères de jugement sur la production historique, sur ce qu'est un bon et un mauvais livre d'histoire, sur ce qu'un historien doit faire ou ne pas faire. Il est uni par des normes communes, en dépit de prévisibles clivages internes. Bref, nous sommes en présence d'une profession, on pourrait presque dire d'une corporation, tant les références au métier, à l'atelier, à l'établi circulent à l'intérieur du groupe.

L'organisation d'une communauté scientifique

La profession historienne apparaît au tournant des années 1880 quand les facultés des lettres se mettent à enseigner véritablement l'histoire[1]. Auparavant, il y avait des amateurs, souvent de talent, parfois de génie, mais pas une profession, c'est-à-dire une collectivité organisée, avec ses

1. Sur ce sujet, on verra, outre les ouvrages de C.-O. Carbonell et W.R. Keylor, déjà cités, l'ouvrage de Christophe Charle, *La République des universitaires*, l'article de Gérard Noiriel, « Naissance du métier d'historien », et la contribution d'Alain Corbin, « Le contenu de la *Revue historique* et son évolution » in C.-O. Carbonell *et al.*, *Au berceau des* « *Annales* », p. 161-204.

règles, ses procédures de reconnaissance, ses carrières. Les seuls spécialistes, formés aux méthodes de l'érudition par l'École des chartes, fondée en 1821, étaient les archivistes paléographes, généralement isolés dans les préfectures et absorbés par l'édition de documents et d'inventaires, sans liens avec les lycées et les facultés.

Les républicains qui arrivent au pouvoir veulent créer en France un véritable enseignement supérieur, à l'exemple de l'Allemagne. Cela passe par une réforme profonde, qui donne aux facultés des lettres de vrais étudiants grâce aux bourses de licence (1877) et d'agrégation (1880), et qui crée, à côté des cours publics, des « conférences » – nous dirions des séminaires – où ces étudiants puissent s'initier par la pratique aux méthodes rigoureuses de l'érudition, telles que les avaient illustrées les bénédictins du XVIIIe siècle ou les chartistes et telles que les pratiquaient les universités allemandes.

Cette réforme est vigoureusement soutenue par une génération de jeunes historiens, sensibles au prestige de l'historiographie allemande, et critiques envers l'amateurisme « littéraire » des historiens français. Dès avant la guerre de 1870, la *Revue critique d'histoire et de littérature*, fondée en 1866 à l'exemple de l'*Historische Zeitschrift*, reprochait à *La Cité antique* de n'avoir pas procédé à un examen assez sérieux des faits et des détails. Mais c'est avec la création de la *Revue historique* en 1876 par G. Monod et G. Fagniez et avec la nomination d'E. Lavisse comme directeur des études d'histoire à la Sorbonne [2] que la nouvelle histoire « scientifique » s'affirme.

La profession historienne se construit à la jonction de cette entreprise de « scientifisation » de l'histoire qui lui donne ses normes méthodologiques et de la politique universitaire des républicains qui lui assure son cadre institutionnel. La réforme, en effet, implique des créations de postes. Des maîtrises de conférences apparaissent, à côté des chaires de professeurs qui se multiplient et se spécialisent. En Sorbonne, par exemple, on passe de 2 chaires d'histoire en 1878 à 12 en 1914 [3]. Le milieu s'étoffe, sans pourtant prendre une

---

2. Voir sur ce point P. Nora, « L'histoire de France de Lavisse ».
3. Chiffres donnés par Olivier Dumoulin, *Profession historien*. W.R. Keylor donne des chiffres un peu supérieurs.

taille considérable que ne justifie pas le petit nombre des étudiants. Ensemble, les facultés des lettres, Sorbonne comprise, délivrent moins de 100 licences d'histoire par an à la fin du siècle[4] et, en 1914, elles ne comptent au total que 55 chaires d'histoire.

La double hiérarchie, statutaire et géographique, des postes en faculté permet l'organisation de carrières. Les plus heureuses conduisent d'une maîtrise de conférences en province à une chaire en Sorbonne[5]. Mais ce sont les pairs qui en décident : les nominations sont faites par le ministre sur proposition du conseil de chaque faculté. Les candidats sont donc jugés à l'aune de leur valeur scientifique telle que l'apprécient les collègues de la discipline, et de leur notoriété dans le monde académique, puisque votent les professeurs titulaires de toutes les disciplines.

Comme les carrières dépendent du jugement des pairs, les normes professionnelles qu'ils observent s'imposent à la corporation et contribuent à l'unifier. La thèse cesse d'être une dissertation pour devenir un travail d'érudition, mené à partir de documents, et d'abord de documents d'archives. Le respect des règles de la méthode critique, que Langlois et Seignobos formalisent un peu plus tard à l'usage des étudiants[6], quand un premier travail de recherche est imposé à ceux-ci avant l'agrégation, avec le diplôme d'études supérieures (1894), devient le préalable absolu de toute reconnaissance par les pairs. La corporation s'est donné des critères d'appartenance et d'exclusion. Elle s'est aussi donné très pragmatiquement des méthodes de travail : c'est alors que les fiches remplacent les cahiers pour prendre des notes sur les documents, alors que s'imposent les bibliographies et les références infrapaginales.

La profession historienne qui se constitue dans les facultés entre 1870 et 1914 reste cependant très liée à l'enseignement secondaire. La plupart des carrières de professeur de faculté commencent, en effet, par un poste d'agrégé dans un lycée.

4. P. Gerbod, « Historiens et géographes », *Colloque Cent Ans d'enseignement de l'histoire*, p. 115, indique 40 licences en 1891 et 70 en 1898.

5. C. Charle, *La République des universitaires*, p. 82 *sq.*

6. C.-V. Langlois, Ch. Seignobos, *Introduction aux études historiques*, Paris, Hachette, 1897 (et non 1898 comme on l'indique souvent).

Quelle autre position d'attente permettrait de préparer ses
thèses ? Une fois nommé en faculté, on n'échappe pas pour
autant à l'horizon du secondaire, car la préparation des étudiants à l'agrégation constitue l'une des fonctions maîtresses
des professeurs[7]. Les deux ordres d'enseignement restent
donc solidaires.

Cette solidarité entraîne des particularités notables qui sin-
gularisent les historiens français. Les universitaires britanniques ou allemands n'ont pas de liens analogues avec le
secondaire ; ils ne se recrutent pas parmi les professeurs de
grammar school ou de *Gymnasium*. Les qualités rhétoriques
indispensables au succès à l'agrégation ont naturellement
moins d'importance à l'étranger qu'en France et l'on peut se
contenter de « lire son papier ». Inversement, c'est par la
recherche que les candidats à des chaires universitaires se
font remarquer chez nos voisins. Ils restent dans l'orbite des
séminaires qui les ont formés et constituent un milieu de
recherche dont la France n'a pas l'équivalent.

Le lien entre la profession historienne et le secondaire
n'explique pas seulement le goût des idées générales et l'importance accordée aux qualités de composition et d'expression. Il explique aussi la parenté très forte qui unit l'histoire
à la géographie. Les historiens français ont tous fait de la
géographie, car elle est obligatoire à l'agrégation et ils l'ont
tous enseignée, avec l'histoire, aux élèves du secondaire. Du
coup, la géographie est enseignée en France dans les facultés
des lettres, et non dans celles de sciences, comme à l'étranger. Cette singularité épistémologique a été renforcée par
l'influence de maîtres comme Vidal de Lablache, dont le
Tableau de la géographie de la France[8] a marqué des générations d'historiens, et notamment les fondateurs des
Annales, comme ils se sont plu eux-mêmes à le relever. De
ce point de vue, un bilan des conséquences positives et négatives de l'impact de la géographie sur Bloch, Febvre ou
Braudel mériterait d'être tenté.

---

7. Voir sur ce point l'*Histoire de l'agrégation* d'André Chervel, et
notamment son chapitre VIII, « L'agrégation et les disciplines scolaires ».
8. Tome I de l'*Histoire de la France depuis les origines jusqu'à la
Révolution* dirigée par Lavisse (1903).

Les *Annales* et l'histoire-recherche

Une revue de combat

Dans l'univers académique, la profession historienne bénéficie à la fin du XIXᵉ siècle d'une double prééminence. D'une
part, on l'a vu plus haut, la fonction sociale de l'histoire est
éminente : c'est par l'histoire que la société française se
pense elle-même. D'autre part, l'histoire constitue un
modèle méthodologique pour d'autres disciplines. La critique littéraire devient histoire littéraire, et la philosophie
histoire de la philosophie. Pour échapper à la subjectivité du
bien dire et tenir un discours rigoureux, qui puisse se prétendre « scientifique », dans les matières « littéraires », les
contemporains ne voient d'autres méthodes que celles de
l'histoire.

Cette double prééminence est menacée par l'émergence de
la sociologie, avec Durkheim et l'*Année sociologique* à partir de 1898. La sociologie prétend proposer une théorie d'ensemble de la société, et par des méthodes plus rigoureuses.
Nous aurons l'occasion de revenir par la suite longuement
sur le débat épistémologique majeur qui oppose alors historiens et sociologues. L'attaque vient de ceux-ci. Elle est portée par Simiand, en 1903, et prend pour cible Seignobos, le
second de Lavisse et le théoricien de la méthode historique.
Mais elle fait long feu. En effet, pour des raisons complexes,
dont la moindre n'est pas l'absence de lien historique avec le
secondaire, la sociologie ne réussit pas à s'implanter alors
dans l'université française[9]. L'échec des sociologues à se
constituer en profession laisse donc provisoirement intacte la
position avantageuse des historiens.

L'organisation de la profession va pourtant se modifier,
sous l'influence de trois facteurs de nature et d'importance
très inégale, l'engourdissement des facultés des lettres, la
création des *Annales* et celle du CNRS. Le contexte des
années 1930 n'est guère favorable aux facultés. Le marché

---

9. Voir sur ce point Terry N. Clark, *Prophets and Patrons*, et Victor
Karady, « Durkheim, les sciences sociales et l'Université ».

universitaire se contracte[10] ; les créations de chaires se font
rares, et elles s'effectuent essentiellement en province. On
compte 68 chaires d'histoire en 1938, contre 55 en 1914,
mais toujours 12 en Sorbonne dont la porte devient de plus
en plus étroite. La retraite survenant à 70 ans, et même 75
pour les membres de l'Institut, il faut attendre longtemps
qu'une chaire se libère. G. Lefebvre, par exemple, candidat à
la Sorbonne en 1926, élu à une autre chaire en 1935, attend
d'avoir 63 ans pour accéder à la chaire d'histoire de la Révolution en 1937.

Le repli et le vieillissement de l'histoire universitaire entraînent un conservatisme certain. Le renouvellement méthodologique, l'ouverture à de nouvelles problématiques, à de nouveaux
horizons, sont compromis par l'immobilisme. L'histoire politique règne, en raison notamment de sa place dans l'enseignement secondaire et de son rôle à l'agrégation. Du point de
vue institutionnel, il faut chercher des palliatifs. La fermeture
de la Sorbonne accroît l'intérêt des établissements français à
l'étranger comme les Écoles d'Athènes et de Rome, et plus
encore, à Paris, de l'École des hautes études (IVe section) et
du Collège de France.

Simultanément, les premiers éléments de ce qui deviendra
le Centre national de la recherche scientifique apparaissent.
La Caisse des recherches scientifiques, créée en 1921, sub-
ventionne des travaux en cours. Marc Bloch en bénéficie en
1929 pour son enquête sur les structures agraires. La Caisse
nationale des lettres (1930), le Conseil supérieur de la recherche
scientifique (1933), la Caisse nationale de la recherche scientifique (1935) traitent bien les historiens. Ils financent des collections et des grands répertoires. G. Lefebvre obtient en 1938
une subvention pour faire faire des recherches dans les ter-
riers. Voici donc qu'apparaissent les premiers vacataires, et
l'on voit même l'État rémunérer des chercheurs professionnels, dont la seule obligation est d'effectuer leur recherche. Ce
sont alors souvent, en histoire, des gens âgés dont on reconnaît un peu tard le mérite, comme Léon Cahen, secrétaire

---

10. Tout ce développement est directement issu de la thèse fondamentale d'O. Dumoulin, *Profession historien*. On s'étonne que cette thèse
excellente n'ait pas été publiée, alors que tant d'autres qui ne la valent pas
l'ont été…

de la Société d'histoire moderne, chargé de recherche à 62 ans.

C'est dans ce contexte institutionnel d'une profession en crise qu'il faut replacer la fondation par Marc Bloch et Lucien Febvre, en 1929, des *Annales d'histoire économique et sociale*[11]. L'entreprise doit s'analyser à la fois comme une stratégie professionnelle et comme un nouveau paradigme de l'histoire. Ces deux aspects sont indissociables : la qualité scientifique du paradigme conditionne la réussite de la stratégie ; inversement, la stratégie oriente le paradigme. Le succès couronne d'ailleurs l'entreprise, sous son double aspect : L. Febvre et M. Bloch sont tous deux nommés à Paris, le premier au Collège de France en 1933, le second à la Sorbonne en 1936, et le type d'histoire qu'ils promeuvent s'impose.

La nouveauté des *Annales* n'est pas dans la méthode, mais dans les objets et les questions. L. Febvre et M. Bloch respectent parfaitement les normes de la profession ; ils travaillent sur documents et citent leurs sources. C'est à l'école de Langlois et Seignobos qu'ils ont appris le métier[12]. Mais ils

---

11. Peu d'épisodes de l'historiographie ont été aussi étudiés. On se reportera notamment au colloque de Strasbourg édité par C.-O. Carbonell et G. Livet, *Au berceau des « Annales »*. Du côté des défenseurs de l'héritage, voir les articles « Annales » et « Histoire nouvelle », dus respectivement à Jacques Revel et Roger Chartier pour l'un, Jacques Le Goff pour l'autre, dans J. Le Goff *et al.*, *La Nouvelle Histoire* ; voir aussi les articles d'André Burguière, « Histoire d'une histoire », et de J. Revel, « Les paradigmes des *Annales* », dans les *Annales ESC* du cinquantenaire (nov.-décembre 1979), celui de Krzysztof Pomian, « L'heure des *Annales* », dans *Les Lieux de mémoire* de P. Nora, ainsi que l'ouvrage de Traïan Stoianovich préfacé par F. Braudel, *French Historical Method. The* Annales *Paradigm*. On ne négligera pas pour autant les adversaires, notamment Hervé Coutau-Bégarie, dont l'ouvrage, *Le Phénomène nouvelle histoire*, parfois excessif, est remarquablement informé. L'article de J.H. Hexter, « Fernand Braudel & the Monde Braudellien [*sic*] », repris dans *On Historians*, p. 61-145, est plein de verve et de perspicacité, et le bilan dressé par Jean Glénisson en 1965, « L'historiographie française contemporaine », reste utile et pénétrant. Pour l'évolution ultérieure, outre le manuel de G. Bourdé et H. Martin, on se reportera à François Dosse, *L'Histoire en miettes*. J'ai pris connaissance trop tard de l'ouvrage de Lutz Raphaël, *Die Erben von Bloch und Febvre. « Annales » Geschichtsschreibung und Nouvelle Histoire in Frankreich 1945-1980*, Stuttgart, Klett-Cotta, 1994, pour pouvoir en tenir compte ici.
12. Marc Bloch évoque « l'homme à l'intelligence si vive que fut mon cher maître Charles Seignobos » (*Apologie*, p. XVI) et ailleurs, parlant de

critiquent l'étroitesse des interrogations et le cloisonnement des investigations. Ils refusent l'histoire politique événementielle qui domine alors une Sorbonne qui se fige et se ferme. Ils diabolisent même, au prix d'excès et de simplifications [13], cette histoire « historisante » – le terme a été créé par Simiand dans le débat de 1903 – pour mieux lui opposer une histoire largement ouverte, une histoire totale qui prenne en charge tous les aspects de l'activité humaine. Cette histoire « économique et sociale », pour reprendre le titre de la nouvelle revue, se veut accueillante aux autres disciplines : à la sociologie, à l'économie, à la géographie. Histoire vivante, elle s'intéresse directement aux problèmes contemporains. La plus grande originalité de la revue, entre 1929 et 1940, est la place considérable qu'elle accorde aux XIXe et XXe siècles : 38,5 % des articles portent sur cette période, contre 26 % des diplômes d'études supérieures, 15,6 % des thèses et 13,1 % des articles de la *Revue historique* [14].

Scientifiquement, le paradigme des *Annales* apportait à l'histoire une intelligibilité très supérieure : la volonté de synthèse, mettant en relation les différents facteurs d'une situation ou d'un problème, permettait de comprendre à la fois le tout et ses parties. C'était une histoire plus riche, plus vivante et plus intelligente.

La création des *Annales* poursuivait pourtant simultanément des enjeux plus stratégiques, tant il vrai que « tout projet scientifique est inséparable d'un projet de pouvoir [15] ». En l'occurrence, les *Annales* engageaient le combat sur deux

---

lui et de Langlois, il écrit : « Ils m'ont donné, l'un et l'autre, de précieuses marques de leur bienveillance. Mon éducation première a dû beaucoup à leur enseignement et à leur œuvre » (*ibid.*, p. 109).

13. Voir O. Dumoulin, « Comment on inventa les positivistes », in *L'Histoire entre épistémologie et demande sociale*, p. 70-90, et mon propre article, « Seignobos revisité ».

14. O. Dumoulin, *Profession historien*. Rappelons que le diplôme d'études supérieures est notre actuelle maîtrise.

15. A. Burguière, « Histoire d'une histoire » : « L'historien est inséré dans un réseau complexe de relations universitaires et scientifiques dont l'enjeu est la légitimation de son savoir – c'est-à-dire de son travail –, et la prééminence de sa discipline. De la domination purement intellectuelle aux multiples "retombées" sociales de cette domination, l'ambition scientifique peut se donner tout un éventail d'objectifs plus ou moins vulgaires selon le tempérament du savant et sa place dans la société. »

fronts. D'une part, elles s'en prenaient à la conception dominante de l'histoire, ce qui était de bonne guerre puisqu'elles étaient en compétition avec les partisans de cette histoire pour l'hégémonie dans le champ de la discipline[16]. D'autre part, elles revendiquaient pour l'histoire une position privilégiée dans le champ des sciences sociales encore en voie de structuration. En préconisant une histoire ouverte sur les autres sciences sociales, en affirmant l'unité profonde de celles-ci et la nécessité de leur lien réciproque, elles posaient l'histoire comme le lieu même de ce lien. Elles lui conféraient ainsi une sorte de prééminence : l'histoire, seule capable de faire converger les sciences sociales et de nouer leurs apports respectifs, devenait la discipline reine, *mater et magistra*... d'autant qu'aucune rivale n'était encore assez forte pour lui contester ce rôle. Reprenant à leur compte, avec la condamnation de l'histoire historisante, les perspectives défendues par les sociologues dans le débat de 1903, les *Annales* confortaient l'histoire dans la position dominante qui était la sienne au début du siècle. Les historiens pouvaient d'autant mieux rallier leur camp qu'elles apparaissaient comme les mieux placées pour confirmer la suprématie de l'histoire. La stratégie externe des *Annales*, face aux autres sciences sociales, conforte ainsi leur stratégie interne, face aux autres formes d'histoire.

L'institutionnalisation d'une école

Après la guerre, les *Annales*, devenues *Annales, Économies, Sociétés, Civilisations*, poursuivent cette double stratégie avec succès dans un contexte différent. C'est d'abord, en 1947, avec le soutien de fondations américaines et de la direction de l'enseignement supérieur, la création d'une VIᵉ section à l'École pratique des hautes études, pour les sciences économiques et sociales. L. Febvre en prend la

---

16. Redoutable polémiste, Lucien Febvre s'est laissé emporter, dans ce combat, à des injustices qui survivent. J'en ai donné quelques exemples dans mon article « Seignobos revisité ». Sur la « diabolisation » de leurs adversaires par les *Annales*, voir O. Dumoulin, « Comment on inventa les positivistes », in *L'Histoire entre épistémologie et demande sociale*, p. 79-103.

direction. Fernand Braudel, que consacre bientôt (1949) sa thèse sur *La Méditerranée à l'époque de Philippe II*, le relaie au début des années 1950. Il a un tempérament de bâtisseur d'empire. Grâce aux mêmes soutiens et à l'appui du CNRS, il développe la VIe section qui devient en 1971 l'EHESS, École des hautes études en sciences sociales. Des postes de directeurs d'étude ou de chercheurs sont créés ; ils permettent aux historiens de la nouvelle école, comme J. Le Goff[17] ou F. Furet par exemple, d'obtenir en dehors des lycées et des universités des positions stables où ils puissent se consacrer entièrement à leurs recherches.

Ce développement permet à l'histoire de relever dans les années soixante le défi de la linguistique, de la sociologie et de l'ethnologie qui la mettaient en cause dans son insuffisance théorique et dans ses objets : l'économique et le social. Les historiens n'auraient sans doute pu faire face à cette offensive, menée notamment par le structuralisme, sans l'existence de lieux voués à la recherche : les universités étaient secouées par leur croissance puis par le choc de 1968 et ses suites. L'EHESS a donc été au cœur d'un renouvellement qui a porté au premier plan l'histoire des mentalités puis l'histoire culturelle, en empruntant aux autres sciences sociales leurs problématiques et leurs concepts, pour traiter leurs objets propres selon des méthodes transposées de l'histoire économique et sociale[18]. De nombreux universitaires ont participé à l'entreprise[19], qui a finalement réussi – du moins les historiens le disent – pour le plus grand bénéfice de toute la profession ; l'histoire a pu ainsi conserver sa position privilégiée en renouvelant sa légitimité scientifique.

Ce succès débouche cependant sur des révisions déchirantes, qu'a bien analysées F. Dosse. Dans les années soixante, les *Annales* désignaient clairement l'histoire qu'il

17. Jacques Le Goff a dit lui-même l'heureuse surprise que fut pour lui cette position dont il ne soupçonnait même pas l'existence. Voir sa contribution aux *Essais d'égo-histoire*, dirigés par P. Nora, p. 216 *sq.*
18. Caractéristiques de cette entreprise sont les trois volumes dirigés par J. Le Goff et P. Nora, *Faire de l'histoire*. I. *Nouveaux Problèmes*. II. *Nouvelles Approches*. III. *Nouveaux Objets*.
19. Le CNRS a joué sur ce point un rôle important en permettant, par des détachements de deux ou trois ans, à des professeurs de lycée d'explorer les nouveaux territoires de l'histoire avant d'entrer en faculté.

ne fallait plus faire et celle qu'il fallait faire. D'un côté, le refus de l'histoire politique, événementielle, du temps court, de la période préconstruite. De l'autre, l'histoire-problème, en longue durée, volontiers sérielle : le Beauvaisis de P. Goubert ou la Méditerranée de F. Braudel, une histoire globale, attentive aux cohérences qui soudent l'économique, le social et le culturel.

Pour relever le défi de la linguistique et de l'ethnologie, les historiens qui s'autoproclament « nouveaux » ont privilégié de nouveaux objets et de nouvelles approches, pour reprendre les titres de deux des trois volumes de *Faire de l'histoire*. Certes, il subsiste des historiens fidèles à la volonté de compréhension globale des premières *Annales*, mais beaucoup renoncent à cette ambition qu'ils jugent excessive pour s'adonner à l'étude d'objets limités dont ils démontent le fonctionnement. Le *Montaillou* d'E. Le Roy Ladurie (1975), par son succès même, atteste le déplacement des curiosités : malgré d'évidentes continuités, la monographie intéresse désormais davantage que la fresque d'ensemble, l'événement devient le « révélateur de réalités autrement inaccessibles [20] », et l'on passe des structures matérielles aux mentalités tandis que le dépaysement l'emporte sur le rapport au présent.

Simultanément, le politique revient en force, et avec lui l'événement : l'implosion des démocraties populaires, le travail collectif sur la mémoire de la guerre remettent en honneur le temps court, et l'on voit avec un vif intérêt un ancien secrétaire de la rédaction des *Annales*, Marc Ferro, revisiter semaine après semaine les actualités de la dernière guerre dans la série télévisée *Histoire parallèle*.

Dès lors, toutes les histoires sont possibles : l'extension indéfinie des curiosités historiennes entraîne le fractionnement des objets et des styles d'analyse. C'est le thème de l'histoire « en miettes » (F. Dosse). L'école des *Annales* ne se définit plus par un paradigme scientifique précis, mais par sa réalité sociale de groupe centré sur une institution (l'EHESS et la revue). L'histoire en miettes n'est pas la fin des pôles d'influence : seulement celle de leur définition en termes scientifiques.

---

20. K. Pomian, *L'Ordre du temps*, p. 35. Je reviendrai sur ce point dans la conclusion de ce livre.

L'éclatement de la profession

Pôles d'influence

La réussite au moins provisoire de cette stratégie externe préserve la place de l'histoire dans le champ des sciences sociales ; elle s'accompagne du succès de la stratégie interne à la discipline. La création de l'EHESS n'est pas qu'un changement de nom : égal aux universités, le nouvel établissement peut conférer des doctorats. Face à la Sorbonne, que 1968 affaiblit et divise, un pôle autonome se constitue et s'étoffe, où s'affirme une histoire affranchie des contraintes de l'enseignement, fût-il supérieur. Au même moment, l'effectif des historiens connaît une brusque croissance : on passe de quelques centaines en 1945 à un petit millier d'universitaires et de chercheurs en 1967, puis au double en 1991 [21]. La profession historienne éclate ainsi peu à peu entre deux, ou plutôt trois pôles d'influence inégale qui dessinent comme un triangle du quartier Latin. Chacun dispose de ses propres moyens de publication, de ses propres réseaux d'influence et de ses clientèles.

Le pôle universitaire reste le plus important, et par force le plus traditionnel puisqu'il conduit aux concours de recrutement. Il est lui-même pluriel, éclaté entre une demi-douzaine d'universités en région parisienne et quelques grands centres provinciaux (Lyon ou Aix par exemple). Il contrôle les revues classiques, comme la *Revue historique* ou la *Revue d'histoire moderne et contemporaine*. Il trouve dans les presses des universités, et dans les PUF ou les maisons classiques (Hachette), des éditeurs pour ses recherches. Il maîtrise les thèses, les commissions de spécialistes et les carrières universitaires. C'est de loin le plus puissant par le nombre et la diversité, encore que ses rivalités internes l'empêchent de tirer parti de sa richesse.

---

21. Voir C. Charle, « Être historien en France : une nouvelle profession ? », in François Bédarida (dir.), *L'Histoire et le Métier d'historien*, p. 21-44, et J. Boutier, D. Julia, « Ouverture : A quoi pensent les historiens ? », in *Passés recomposés*, p. 13-53. Ces auteurs indiquent (p. 29) pour les seuls historiens titulaires de postes dans les universités les chiffres de 302 en 1963 et de 1 155 en 1991.

Le deuxième pôle est constitué par l'EHESS renforcée par
le CNRS. Les recherches y sont plus libres, l'innovation plus
facile. Le désir d'explorer de nouveaux territoires ou de nouvelles démarches n'est bridé par aucune contrainte pédagogique. Ce pôle est appuyé sur un puissant réseau de relations
internationales auquel le prestige des *Annales* n'est pas
étranger. L'une de ses forces, cultivée avec soin, réside dans
les relations qu'il a nouées avec les médias et les maisons
d'édition. *Le Nouvel Observateur* accueille volontiers les
comptes rendus faits par l'un ou l'autre des directeurs
d'étude ou de recherche de la maison du boulevard Raspail
sur le dernier livre de tel ou tel autre membre de la prestigieuse institution... à charge de revanche. Mouton, pour
l'édition érudite, Gallimard et d'autres éditeurs, pour les
publications moins pointues, accueillent les ouvrages de ces
chercheurs. De grandes entreprises éditoriales, comme *Faire
de l'histoire* (1974), le dictionnaire *La Nouvelle Histoire*
(1978), les volumes des *Lieux de mémoire* de P. Nora, œcu-
méniquement ouverts aux historiens extérieurs à ce pôle, en
élargissent l'influence.

Le troisième pôle est moins cohérent. Il est constitué par
quelques grandes institutions, comme l'École française de
Rome pour l'Antiquité et le Moyen Age, et surtout l'Institut
d'études politiques de Paris pour l'histoire politique contemporaine. Adossé à la Fondation des sciences politiques, prési-
dée longtemps par P. Renouvin et, plus récemment, par
R. Rémond, disposant de moyens financiers autonomes éventuellement complétés par le CNRS, de postes de chercheurs,
d'universitaires auxquels il assure des conditions de travail
moins astreignantes que les universités, ce pôle est en mesure
de s'opposer, jusqu'à un certain point, aux *Annales* et à
l'EHESS. Il dispose de presses propres, longtemps liées à
Armand Colin, et de relations cordiales avec le Seuil dont on
connaît les grandes collections, elles aussi œcuméniques,
comme l'*Histoire de la France rurale*, celle de *La France
urbaine* ou celle de *La Vie privée*. Le lancement, en lien avec
l'Institut d'histoire du temps présent fondé par le CNRS en
1979, d'une nouvelle revue, *Vingtième siècle, revue d'histoire,* renforce l'influence de ce pôle.

Entre ces trois pôles, qu'on n'imagine pas des frontières
infranchissables : les historiens ne sont pas assez stupides

pour ignorer leurs collègues amis et néanmoins rivaux. L'homogénéité de la formation reçue, la stabilité de sa définition
depuis le début du siècle, comme la précocité générale de
la spécialisation historienne préservent la profession de
l'éclatement [22]. Il est des circulations entre les trois pôles, et
de bonnes manières maintiennent la possibilité de gérer
ensemble les institutions qui intéressent la communauté tout
entière. Mais il est aussi quelques mesquineries : on répugne
à dire trop de bien d'un collègue d'un autre pôle, voire à le
citer [23]. Il est aussi de vraies luttes, autour de vrais enjeux.
On le vit bien quand M. Winock et les éditions du Seuil
eurent l'idée d'un grand magazine de vulgarisation, où les
articles à l'usage du grand public seraient rédigés par les
meilleurs historiens. Le pôle des *Annales* et de l'EHESS
estima qu'on marchait sur ses brisées : il lui revenait de pro-
mouvoir l'entreprise. Il commença par refuser son concours
– le sommaire des premiers numéros de *L'Histoire* en
témoigne – et tenta de contrer l'entreprise en lançant une
revue concurrente chez Hachette, *H Histoire*. La contre-
offensive échoua cependant, l'équipe du Seuil, appuyée sur
un autre grand magazine de vulgarisation scientifique, *La
Recherche*, disposant d'un savoir-faire et de réseaux plus
efficaces. Et les historiens des *Annales* se résignèrent à écrire
dans *L'Histoire* [24].

L'épisode est révélateur à la fois des solidarités et des
enjeux. Des solidarités d'abord, car l'espace universitaire
français est trop étroit pour que l'EHESS, les universités et
Sciences po se livrent une vraie guerre : mieux valent les
compromis ou les alliances tactiques que les francs anathèmes,
et les conflits feutrés que les duels au soleil. On le voit bien

---

22. Les sociologues sont très sensibles à ces facteurs d'unité qui leur
manquent. Voir Jean-Claude Passeron, *Le Raisonnement sociologique*,
p. 66 *sq.*
23. Ainsi l'article de J. Le Goff sur « L'histoire nouvelle », dans
La Nouvelle Histoire, mentionne une fois Maurice Agulhon, le promoteur
de l'histoire de la sociabilité, pourtant proche des *Annales*. Il ignore
Michelle Perrot, Alain Corbin, Daniel Roche, Claude Nicolet. De l'autre
côté, on trouverait des silences symétriques, mais on n'y prétend pas trier
le bon grain de l'ivraie et l'on n'y publie pas de cote des historiens.
24. Stéphane Grand-Chavin, *Le Développement de « L'Histoire » : rencontre entre l'édition, l'Université et le journalisme*, mémoire de DEA
sous la direction de Ph. Levillain, Paris, IEP, 1994.

quand on examine les titres des grandes collections d'histoire. C'est ainsi que la collection « L'Univers historique », au Seuil, a accueilli, de sa création en 1970 à la fin de 1993, autant de chercheurs de l'EHESS que d'historiens des universités ou de Sciences po, un nombre appréciable d'étrangers complétant le groupe (un quart). Symétriquement, *Les Lieux de mémoire*, de Pierre Nora, chez Gallimard, équilibrent approximativement les groupes et accueillent à peine plus de chercheurs du pôle EHESS que du pôle universités-Sciences po [25].

Les enjeux ensuite. C'est que le contrôle des médias et l'accès au grand public détiennent aujourd'hui une importance professionnelle. Les réputations d'historiens ne se font plus seulement dans l'intimité des amphithéâtres – au demeurant surpeuplés – ni dans l'ambiance feutrée, érudite et allusive des jurys de thèse ou des comités de rédaction des revues savantes. Elles se font aussi dans le grand public, par l'intervention dans les médias, la télévision, les magazines.

Un marché mal régulé

On a pu ainsi soutenir la thèse d'un double marché de l'histoire, comme des autres sciences sociales [26]. D'un côté, un marché académique, où la compétence scientifique est

25. G. Noiriel, « "L'Univers historique" : une collection d'histoire à travers son paratexte (1970-1993) », *Genèses*, n° 18, janvier 1995, p. 110-131, a bien vu ces solidarités sans les exploiter pleinement. D'après le tableau qu'il fournit, je dénombre parmi les auteurs 26 chercheurs de l'EHESS, 16 de l'Université, 9 de Sciences po et 16 étrangers. Pour *Les Lieux de mémoire*, la table des collaborateurs en fin de chaque volume facilite le décompte, mais, d'un volume à l'autre, les rattachements institutionnels peuvent changer. Si l'on distingue les quatre premiers volumes des trois derniers, pour respectivement 63 et 65 collaborateurs, les universitaires sont 21 puis 18, Sciences po intervient pour 1 et 4, l'EHESS au sens étroit pour 11 et 19, mais il faut y ajouter le CNRS (5 et 5) et le Collège de France (5 et 5 également). L'étranger compte assez peu (8 et 4). L'originalité est le groupe des conservateurs de musées, archivistes ou amateurs éclairés, dont la place n'est pas négligeable (12 et 10). Au total, avec le Collège et le CNRS, l'EHESS représente 40 % des collaborateurs de cette grande entreprise, et les universités, renforcées par Sciences po, un peu moins de 35 %.

26. Voir Raymond Boudon, « L'intellectuel et ses publics : les singularités françaises », in *Français, qui êtes-vous ?*, sous la dir. de Jean-Daniel Reynaud et Yves Grafmeyer, Paris, La Documentation française, 1981, p. 465-480. Voir aussi Pierre Bourdieu, « La cause de la science », p. 4.

attestée par des travaux érudits et la reconnaissance accordée par les pairs, concurrents virtuels peu enclins à l'indulgence. Ici la valeur est rémunérée d'abord par des gratifications symboliques ou morales, puis éventuellement par des avantages de carrière. D'un autre côté, le marché du grand public. Ici, les qualités les plus prisées ne sont point la nouveauté (on peut réécrire la même *Jeanne d'Arc* tous les quinze ans…), ni l'originalité méthodologique, encore qu'elles puissent constituer un piment intéressant. Ce sont celles qui assurent le succès auprès des profanes : l'ampleur et l'intérêt du sujet, une mise en œuvre synthétique et élégante, débarrassée de l'appareil critique, parfois la charge idéologique de l'ouvrage et la capacité de l'auteur – ou du service de presse de sa maison d'édition – à susciter des commentaires élogieux. Sur ce marché, le verdict du nombre est souverain : il entraîne des rémunérations en termes de notoriété, de tirages et de droits d'auteur.

Je ne suis pas sûr que cette thèse soit très neuve : après tout, le double marché a toujours existé, et Michelet ou Taine ont su jouer de l'un et de l'autre aussi bien que l'école des *Annales*… Sans doute le dernier demi-siècle a-t-il été marqué par ce que C. Charle appelle la « recomposition du public de l'histoire », ou l'émergence d'un « nouveau public spécifique ». Ce qui a changé, c'est « l'intellectualisation de ce public de masse. Il lit aujourd'hui ce qui était autrefois réservé au public savant ou captif des universités [27] ». Mais, en fait, le double marché traduit la double réalité d'une profession spécialisée qui remplit une fonction sociale. P. Bourdieu l'analyse comme « une sorte de double jeu ou de double conscience » :

**Pierre Bourdieu : L'organisation
du champ historique**

Elle [l'histoire] balance entre le modernisme d'une science des faits historiques et l'académisme et le conformisme prudents d'une tradition lettrée (visibles notamment dans le rapport aux concepts et à l'écriture), ou, plus précisément, entre une recherche nécessairement

---

27. C. Charle, « Être historien en France : une nouvelle profession ? », in F. Bédarida (dir.), *L'Histoire et le Métier d'historien*, p. 36 et 37.

> *critique, puisqu'appliquée à des objets* construits contre
> *les représentations ordinaires et totalement ignorés de
> l'histoire de célébration, et une histoire officielle ou
> semi-officielle, vouée à la gestion de la mémoire collec-
> tive à travers sa participation aux commémorations [...]
> Il s'ensuit que le champ historique tend à s'organiser
> autour de l'opposition entre deux pôles, différenciés
> selon leur degré d'autonomie à l'égard de la demande
> sociale : d'un côté, l'histoire scientifique, qui est affran-
> chie de l'objet strictement national (l'histoire de France
> au sens traditionnel), au moins par la manière de la
> construire, et qui est le fait de professionnels produisant
> pour d'autres professionnels ; de l'autre, l'histoire com-
> mémorative qui permet à certains des professionnels,
> souvent les plus consacrés, de s'assurer les prestiges et
> les profits mondains du livre d'étrennes (grâce notam-
> ment aux biographies) et de la littérature de commémora-
> tion ou des grandes œuvres collectives à grand tirage, en
> jouant de l'ambiguïté pour étendre le marché des travaux
> de recherche [...]. Je ne puis m'empêcher de craindre
> que le poids du marché, et du succès mondain, qui se fait
> sentir de plus en plus, à travers la pression des éditeurs,
> et de la télévision, instrument de promotion commerciale
> et aussi de promotion personnelle, ne renforce de plus en
> plus le pôle de l'histoire commémorative.*
>
> « *Sur les rapports entre la sociologie
> et l'histoire en Allemagne et en France* », p. 109-110.

Que cette tension soit constitutive du champ de l'histoire
interdit de s'en réjouir ou de s'en affliger. A tout prendre, il
est plutôt heureux que des professionnels réussissent auprès
du grand public. Il faudrait d'ailleurs nuancer l'analyse : les
rapports entre les deux marchés sont plus complexes qu'on
ne peut le suggérer ici[28]. Il faudrait aussi prendre en compte
l'histoire qui s'enseigne dans les classes : les historiens que
lisent les professeurs du secondaire ne sont sans doute ni les
vulgarisateurs heureux ni les spécialistes pointus... Il n'y
aurait lieu de s'inquiéter que si l'on venait monnayer sur le

---

28. Voir sur ce point Claude Langlois, « Les effets retour de l'édition
sur la recherche », in *Passés recomposés*, p. 112-124.

marché professionnel la reconnaissance obtenue du grand public.

Là réside peut-être le danger. Pour des raisons qui tiennent au fonctionnement même des institutions, l'évaluation procède, en effet, beaucoup plus lentement sur le premier marché que sur le second. Le jugement des pairs s'exprime dans les revues spécialisées, souvent trimestrielles, et il faut plusieurs mois pour qu'une recension soit publiée. Sur le marché du grand public – qui n'est pas si grand ! – l'évaluation est immédiate. A peine paru, quand il n'a pas été précédé par de « bonnes pages », un livre bien lancé est salué comme un événement scientifique majeur par des journalistes dont on se demande où ils ont trouvé le temps de le lire. Les pairs infirmeront peut-être plus tard ce jugement, mais cela n'aura alors guère d'influence, et d'ailleurs leur évaluation ne sera-t-elle pas infléchie par ces jugements rapides ? Comment dire du mal, dans une revue scientifique, d'un livre dont tant de plumes reconnues ont déjà dit tant de bien ? Le risque d'une contamination du jugement scientifique par le jugement médiatique est réel ; il conduit à celui d'une validation sur le premier marché des mérites conquis sur le second : on peut s'attendre à voir des historiens obtenir l'habilitation à diriger des recherches, puis une chaire dans une université, au vu des séries télévisées qu'ils auront produites ou de la réputation que leur auront faite des journalistes qui n'ont jamais mis les pieds dans un dépôt d'archives ni lu vraiment un ouvrage savant.

Cette menace guette peut-être un peu plus l'histoire que les autres sciences sociales, pour deux raisons. D'abord l'intérêt qu'elle suscite dans le grand public : les lecteurs profanes se penchent plus volontiers sur un travail historique que sur une étude de linguistique chomskienne. Ensuite, par la faiblesse même de la communauté scientifique. Affaiblie par son éclatement, la profession ne s'est pas donné d'instance de régulation interne analogue aux grandes associations disciplinaires américaines. Il y a trente ans, l'Association d'histoire moderne et contemporaine jouait ce rôle, et ses réunions, un dimanche chaque mois, constituaient une véritable bourse des valeurs universitaires. Les débutants y étaient conviés à présenter une communication devant l'*establishment* de la profession et il n'était pas mauvais qu'un professeur de province candidat à la Sorbonne vienne exposer ses travaux dans cette enceinte. L'extension numérique de la profession a étouffé cette instance que rien n'a remplacée.

Entre les différentes stratégies de pouvoir qui se déploient sous couvert du progrès de la science, un arbitrage scientifique reconnu serait pourtant utile. Or il est rare. Les soutenances et les colloques, qui devraient constituer les moments mêmes de la confrontation scientifique, sont aussi, sinon d'abord, des manifestations de sociabilité où la bienséance l'emporte sur la rigueur et la recherche de vérité. Les soutenances de thèses tendent à devenir de simples célébrations des mérites du candidat, et la formulation d'une critique – à plus forte raison justifiée – apparaît parfois déplacée. Pour se dérouler harmonieusement, le rite de passage auquel l'impétrant a convié ses amis, ses proches et sa famille, exige des parrains de préférence prestigieux, mais avant tout bienveillants. Que la dérive se poursuive, et les membres des jurys qui relèveront des erreurs dans une thèse – il s'en trouve toujours, comme dans tout livre d'histoire – seront jugés aussi mal élevés qu'un convive qui remarque qu'un rôti est brûlé.

Quant aux colloques, ils sont bien trop nombreux pour être tous honnêtes – je veux dire scientifiquement justifiés. Les organisateurs poursuivent sans doute des buts scientifiques ; du moins ils le donnent à croire, et sans doute le croient-ils. Mais ils visent aussi à s'imposer, ou à imposer leur institution, comme instance scientifiquement légitime dans le domaine : prétention parfois fondée, et parfois non. J. Le Goff a dénoncé l'abus de colloques inutiles, qui « dérobent trop de temps à la recherche, à l'enseignement et à la rédaction d'articles et d'ouvrages ». « Nous en sommes arrivés, dit-il, à un point où le nombre et la fréquence des colloques ont quelque chose de pathologique. Il faut nous vacciner contre la colloquite [29]. » Le colloque donne lieu, assurément, à des discussions ; il en est même d'intéressantes ; beaucoup pourtant sont ennuyeuses et n'apportent guère. Non que les sujets soient sans intérêt ou les partici-

29. J. Le Goff, « Une maladie scientifique », *La Lettre SHS*, n° 32, décembre 1993, p. 35.

pants sans compétence : simplement, ils ne sont pas là pour débattre, mais pour se montrer. Les plus intéressants sont les débutants quand ils ont quelque chose à dire ; comme ils ont besoin de se faire connaître et reconnaître, ils restent assez longtemps. Les notables de la profession, chargés d'obligations multiples, se contentent de marquer par leur passage l'intérêt qu'ils portent aux organisateurs ou au sujet : après un petit tour, ils s'en vont, satisfaits d'avoir apporté leur caution et accompli leur devoir mandarinal. Certains ont la conscience professionnelle de parcourir, avant la séance à laquelle ils assistent – ou plutôt qu'ils président –, les communications qui doivent y être présentées. D'autres, plus imbus de leur personne, ou plus à court de temps, mais pas nécessairement plus âgés, s'en dispensent au risque de commettre des contresens ; on en a même vu présenter un rapport général sur des communications qu'ils n'avaient pas lues... Ce qui prouve bien qu'ici les enjeux véritables ne sont pas de l'ordre de la science, mais de la sociabilité professionnelle et des stratégies de pouvoir[30].

Une certaine régulation chemine cependant, à travers ces discussions de salle ou de couloir. Des informations circulent, des réputations se font, se confirment ou se défont, comme dans les séminaires de recherche où des chercheurs plus ou moins proches viennent à tour de rôle exposer leurs travaux. Réduire les soutenances et les colloques, ou les politiques éditoriales des revues, à de simples échanges de sociabilité ou de pures stratégies de pouvoir serait rendre énigmatique leur existence même. Il reste que les critères proprement scientifiques de régulation d'une profession qui se veut savante manquent de clarté. D'où peut-être l'importance nouvelle que prend, en ce moment précis de l'histoire de la corporation, la réflexion épistémologique sur la discipline.

30. Ces usages sociables plus que scientifiques des colloques ne sont propres ni à la France ni aux historiens. David Lodge a fait rire des milliers de lecteurs avec sa critique acérée des usages américains du congrès scientifique. Voir _Un tout petit monde_, préface d'Umberto Eco, traduit de l'anglais par Maurice et Yvonne Couturier, Éd. Rivages/poche, 1992 [1ʳᵉ éd. anglaise, 1984].

Nous retrouvons ici notre affirmation initiale : l'histoire est une pratique sociale tout autant que scientifique, et l'histoire que font les historiens, comme leur théorie de l'histoire, dépendent de la place qu'ils occupent dans ce double ensemble, social et professionnel. Voici qui relativise ce livre même. Refuser de choisir normativement une histoire qui serait seule valable, poser que toute histoire reconnue comme telle mérite d'être prise au sérieux et analysée, argumenter que nul n'est entièrement libre d'écrire ce qu'il veut, que chacun fait toujours peu ou prou l'histoire qu'implique sa position dans le champ, c'est d'une certaine manière tenir un discours sur l'histoire adapté à la période d'indécision et d'éclatement que connaît aujourd'hui la discipline, en même temps que tenter d'y remédier. Comme toute méthode, tout discours de la méthode est tributaire d'une situation. Ce qui ne veut pas dire qu'ils s'y réduisent, mais seulement qu'ils ne peuvent l'ignorer. A plus forte raison s'ils visent à s'en affranchir.

3

Les faits et
la critique historique

S'il est une conviction bien ancrée dans l'opinion publique, c'est qu'en histoire il y a des faits, et qu'il faut les savoir.

Cette conviction est à l'origine de la contestation des programmes d'histoire de 1970 et 1977, et elle s'exprime dans les débats de 1980 avec une naïveté révélatrice. « Les élèves ne savent plus rien... », voilà le grand reproche. C'est donc qu'en histoire, il y a des choses à savoir. Ou plus exactement des faits et des dates. D'honnêtes gens qui ignorent si Marignan fut une victoire ou une défaite, et quels en étaient les enjeux, s'indignent que les élèves en ignorent la date. Pour le grand public, l'histoire se réduit souvent à un squelette constitué de faits datés : révocation de l'édit de Nantes 1685, Commune de Paris 1871, découverte de l'Amérique 1492, etc. Apprendre les faits, les mémoriser, c'est cela apprendre l'histoire. Et même à des niveaux d'étude avancés : « Si tu as de la mémoire, tu auras l'agrégation d'histoire », ai-je entendu répéter quand je préparais ce concours.

On touche ici sans doute la différence majeure entre l'enseignement et la recherche, entre l'histoire qui s'expose didactiquement et celle qui s'élabore. Dans l'enseignement, les faits sont tout faits. Dans la recherche, il faut les faire.

La méthode critique

Telle qu'elle s'enseigne dans les classes, voire les amphithéâtres, l'histoire procède en deux temps : d'abord connaître les faits, ensuite les expliquer, les nouer dans un discours

cohérent. Cette dichotomie entre l'établissement des faits et
leur interprétation a été théorisée à la fin du siècle dernier
par l'école « méthodique », et notamment par Langlois
et Seignobos. Elle structure le plan de l'*Introduction aux
études historiques* (1897) comme de *La Méthode historique
appliquée aux sciences sociales* (1901).

Les faits comme preuves

Langlois et Seignobos ne considèrent pas que les faits
soient tout faits : ils passent au contraire beaucoup de temps
à expliquer quelles règles on doit suivre pour les construire.
Mais, dans leur esprit comme dans celui de toute l'école
méthodique qu'ils formalisent, les faits une fois construits le
sont définitivement. D'où la division du travail historique en
deux temps et entre deux groupes de professionnels : les
chercheurs – entendez les professeurs de faculté – établissent
les faits ; les professeurs de lycée les utilisent. Les faits sont
comme les pierres avec lesquelles on construit les murs de
l'édifice nommé histoire. Dans son petit livre sur *L'Histoire
dans l'enseignement secondaire*, Seignobos tire même une
certaine fierté de ce travail de fabricant de faits :

> L'habitude de la critiqué m'a permis de faire le triage des
> histoires traditionnelles que les professeurs se transmettaient
> de génération en génération et d'écarter les anecdotes apo-
> cryphes et les traits légendaires. J'ai pu renouveler la provi-
> sion de faits caractéristiques certains dont l'enseignement de
> l'histoire doit être nourri [1].

Cette importance accordée au travail de construction des
faits s'explique par une préoccupation centrale : comment
donner au discours de l'historien un statut scientifique ?
comment s'assurer que l'histoire n'est pas une suite d'opinions subjectives que chacun serait libre d'accepter ou de
refuser, mais l'expression d'une vérité objective et qui s'impose à tous ?
La question n'est pas de celles qu'on puisse déclarer

---

1. *L'Histoire dans l'enseignement secondaire*, p. 31.

superflues, inutiles ou périmées. On ne peut la congédier aujourd'hui sans renonciation majeure. Il suffit, pour s'en convaincre, de songer au génocide hitlérien. L'affirmation que l'Allemagne nazie a conduit pendant plusieurs années une entreprise d'extermination systématique des juifs n'est pas une opinion subjective que l'on serait libre de partager ou de refuser. C'est une vérité. Mais, pour qu'elle ait ce statut objectif, il faut qu'elle repose sur des faits. C'est un fait, par exemple, que les SS ont construit des chambres à gaz dans certains camps, et un fait que l'on peut prouver[2].

Les faits sont donc, dans le discours des historiens, l'élément dur, celui qui résiste à la contestation. « Les faits sont têtus », dit-on à juste titre. Le souci des faits en histoire est celui même de l'administration de la preuve, et il est indissociable de la référence. Je viens de donner des références en note sur l'existence des chambres à gaz, parce que telle est la règle de la profession. L'historien ne demande pas qu'on le croie sur parole, sous prétexte qu'il serait un professionnel qui connaîtrait son métier, bien que ce soit en général le cas. Il donne au lecteur le moyen de vérifier ce qu'il affirme ; les « procédés d'exposition strictement scientifiques » que G. Monod revendiquait pour la *Revue historique* veulent que « chaque affirmation soit accompagnée de preuves, de renvois aux sources et de citations[3] ». De l'école méthodique à celle des *Annales* (voir le texte de M. Bloch en encadré), l'unanimité règne sur ce point : c'est bien une règle commune de la profession.

2. Voir Eugen Kogon, Hermann Langbein, Adalbert Rückerl, *Les Chambres à gaz, secret d'État*, Paris, Éd. de Minuit, 1984, rééd. Points Histoire, 1987, et l'ouvrage d'un ancien révisionniste qui s'est attaqué aux archives pour prouver ses thèses... et qui est parvenu à des conclusions rigoureusement inverses, en ne trichant pas avec ses sources : Jean-Claude Pressac, *Les Crématoires d'Auschwitz, la machinerie du meurtre de masse*, Paris, CNRS Éditions, 1993.

3. G. Monod, G. Fagniez, Avant-propos du premier numéro de la *Revue historique*, repris par celle-ci, n° 518, avr.-juin 1976, p. 295-296. Voir aussi Gabriel Monod, « Du progrès des études historiques en France depuis le XVIe siècle », *ibid.*, p. 297-324.

Marc Bloch : Éloge des notes infrapaginales

Mais lorsque certains lecteurs se plaignent que la moindre ligne, faisant cavalier seul au bas du texte, leur brouille la cervelle, lorsque certains éditeurs prétendent que leurs chalands, sans doute moins hypersensibles en réalité qu'ils ne veulent bien les peindre, souffrent le martyre à la vue de toute feuille ainsi déshonorée, ces délicats prouvent simplement leur imperméabilité aux plus élémentaires préceptes d'une morale de l'intelligence. Car, hors des libres jeux de la fantaisie, une affirmation n'a le droit de se produire qu'à la condition de pouvoir être vérifiée ; et pour un historien, s'il emploie un document, en indiquer le plus brièvement possible la provenance, c'est-à-dire le moyen de le retrouver, équivaut sans plus à se soumettre à une règle universelle de probité. Empoisonnée de dogmes et de mythes, notre opinion, même la moins ennemie des lumières, a perdu jusqu'au goût du contrôle. Le jour où, ayant pris soin d'abord de ne pas la rebuter par un oiseux pédantisme, nous aurons réussi à la persuader de mesurer la valeur d'une connaissance sur son empressement à tendre le cou d'avance à la réfutation, les forces de la raison remporteront une de leurs plus éclatantes victoires. C'est à la préparer que travaillent nos humbles notes, nos petites références tatillonnes que moquent aujourd'hui, sans les comprendre, tant de beaux esprits.

Apologie pour l'histoire, *p. 40.*

Nous devrons pousser plus loin l'analyse, car l'idée d'une vérité objective qui repose sur des faits demande plus ample discussion. Elle reste cependant constitutive de l'histoire à un premier niveau. Les historiens pourchassent quotidiennement les affirmations sans preuves dans les copies d'étudiants comme dans les articles des journalistes. Il y a là, quoi qu'on doive dire ensuite pour éviter les simplismes, une base essentielle au métier d'historien : pas d'affirmations sans preuves, c'est-à-dire pas d'histoire sans faits.

Les techniques de la critique

A ce stade de la réflexion, la question qui se pose est celle de l'établissement des faits : comment établir des faits certains ? Quelle procédure suivre ? La réponse réside dans la méthode critique, que l'on peut faire remonter au moins à Mabillon et au *De Re Diplomatica* (1681). Langlois et Seignobos la détaillent longuement. En réalité, ils ne s'intéressent qu'aux faits construits à partir de documents écrits, notamment de textes d'archives. On peut leur reprocher de ne pas avoir élargi leur propos à d'autres sources, mais cela ne suffit pas à les disqualifier. En effet, la plupart des historiens continuent à travailler à partir de ce type de document, y compris ceux qui, comme L. Febvre, F. Braudel ou J. Le Goff, ont plaidé pour le nécessaire élargissement du répertoire documentaire. C'est G. Duby qui évoquait « le gros tas de mots écrits, tout juste extraits de ces carrières où les historiens vont s'approvisionner, triant, retaillant, ajustant, pour bâtir ensuite l'édifice dont ils ont conçu le plan provisoire [4] ». Quoi qu'on dise, les historiens risquent de se reconnaître longtemps encore, comme Arlette Farge, au goût de l'archive.

Quel que soit l'objet sur lequel elle porte, la critique n'est pas affaire de débutant, comme le montrent bien les difficultés des étudiants aux prises avec un texte. Il faut déjà être historien pour critiquer un document, car il s'agit, pour l'essentiel, de le confronter avec tout ce que l'on sait déjà du sujet qu'il traite, du lieu et du moment qu'il concerne. En un sens, la critique, c'est l'histoire même, et elle s'affine au fur et à mesure que l'histoire s'approfondit et s'élargit.

On le voit à l'évidence à chaque étape qu'analysent les maîtres de la méthode critique, Langlois et Seignobos. Ils distinguent critique externe et critique interne. La critique externe porte sur les caractères matériels du document : son papier, son encre, son écriture, les sceaux qui l'accompagnent ; la critique interne sur la cohérence du texte, par exemple sur la compatibilité entre la date qu'il porte et les faits dont il parle.

Les médiévistes comme Langlois, confrontés à de nombreux diplômes royaux ou décrets pontificaux apocryphes,

4. *L'histoire continue*, p. 25.

sont très attentifs à la critique externe pour distinguer le document authentique du faux. Les sciences auxiliaires de l'histoire constituent en ce domaine de précieux auxiliaires. La *paléographie*, ou science des vieilles écritures, permet de dire si la graphie d'un manuscrit correspond à sa date prétendue. La *diplomatique* enseigne les conventions suivant lesquelles les documents étaient composés : comment ils commençaient, comment étaient composés l'introduction et le corps du document (le *dispositif*), comment on désignait le signataire, avec quels titres et dans quel ordre (la *titulature*) ; la *sigillographie* répertorie les divers sceaux et leurs dates d'emploi. L'*épigraphie* indique les règles suivant lesquelles étaient ordinairement composées dans l'Antiquité les inscriptions, notamment funéraires.

Ainsi armée, la critique externe peut discerner les documents probablement authentiques des faux, ou de ceux qui ont subi des modifications (critique de provenance). Il est clair, par exemple, qu'une charte écrite sur papier, et non sur parchemin, qui se prétend du XIIᵉ siècle est un faux. Éventuellement la critique rétablit le document original après l'avoir dépouillé de ses adjonctions, ou avoir restitué les parties manquantes, comme on le fait souvent pour les inscriptions romaines ou grecques (critique de restitution). Un cas particulier d'application de ces méthodes est l'édition critique, comme la philologie allemande excellait à le faire, en comparant tous les manuscrits pour recenser les variantes, établir les filiations d'un manuscrit à l'autre et proposer une version aussi proche que possible du texte primitif. Mais la méthode ne vaut pas que pour les textes anciens : il vaut la peine, par exemple, de confronter les enregistrements radiophoniques du maréchal Pétain aux textes écrits de ses messages et discours, si l'on veut savoir avec exactitude ce qu'il a dit[5].

Ce point établi, l'historien n'est pas encore au bout de ses peines. Que le document soit ou non authentique ne dit rien sur son sens. Une copie de diplôme mérovingien faite trois siècles après l'original n'est pas un document authentique. Ce n'est pourtant pas nécessairement un faux. La copie peut avoir été faite fidèlement. La critique interne examine alors

---

5. Voir l'édition de Jean-Claude Barbas, *Philippe Pétain, Discours aux Français*, Paris, Albin Michel, 1989.

la cohérence du texte et s'interroge sur sa compatibilité avec ce que l'on connaît par ailleurs des documents analogues. La critique interne procède toujours par rapprochements : si nous ignorions tout d'une période, ou d'un type de document, aucune critique ne serait possible. Où il apparaît que la critique ne saurait être un commencement absolu : il faut déjà être historien pour pouvoir critiquer un document.

Il ne faut pas croire que ces problèmes se posent seulement pour les textes anciens. On en donnera ici deux exemples pris dans l'histoire du XXe siècle. Le premier est l'appel que le Parti communiste aurait lancé le 10 juillet 1940 pour inciter à la résistance. Or cet appel mentionne des noms de ministres nommés le 13 juillet ; en outre il ne cadre pas avec ce que l'on sait de la stratégie de ce parti en juillet 1940, alors qu'il mène des discussions avec les occupants pour la reparution d'un quotidien. Les historiens ont donc généralement considéré qu'il s'agissait d'un texte postérieur et, comme il ne s'intègre pas dans la série des *Humanité* clandestines, il a probablement été imprimé à une date plus tardive même que la fin juillet. La supercherie ne résiste pas à la critique.

Le second exemple est emprunté à une polémique récente dont Jean Moulin est l'enjeu. Dans un ouvrage destiné au grand public, le journaliste Thierry Wolton affirme que Jean Moulin, alors préfet d'Eure-et-Loir, donnait des renseignements à un espion soviétique, Robinson. A l'appui de ses dires, il cite un rapport envoyé par Robinson à Moscou, signalant une intense activité sur les aérodromes de Chartres et de Dreux, des travaux d'allongement des pistes jusqu'à 4,5 kilomètres et la présence de 220 gros bombardiers sur l'aérodrome de Chartres. Devant la précision de ces informations, il conclut que seul le préfet pouvait les avoir fournies. Un peu de critique interne aurait dû le dissuader d'utiliser l'argument. En effet, les chiffres cités sont absurdes : des pistes de 4,5 kilomètres de long n'ont aucune justification pour l'aviation de 1940 (il faut 2 kilomètres seulement pour les Boeing 747), et l'aviation allemande comptait au total 800 bombardiers en octobre 1940. Il y en avait 30, dont 22 opérationnels à Chartres. On ne peut dire que l'informateur de Robinson était bien informé[6] !

6. Nous empruntons cet exemple à François Bédarida, « L'histoire de la Résistance et l'"affaire Jean Moulin" », *Les Cahiers de l'IHTP*, n° 27, juin

Toutes les méthodes critiques visent à répondre à des questions simples. D'où vient le document ? Qui en est l'auteur, comment a-t-il été transmis et conservé ? L'auteur est-il sincère ? A-t-il des raisons, conscientes ou non, de déformer son témoignage ? Dit-il vrai ? Sa position lui permettait-elle de disposer de bonnes informations ? Impliquait-elle des biais ? Ces deux séries de questions sont distinctes : la *critique de sincérité* porte sur les intentions, avouées ou non, du témoin, la *critique d'exactitude* sur sa situation objective. La première est attentive aux mensonges, la seconde aux erreurs. Un auteur de mémoires sera suspect de se donner le beau rôle, et la critique de sincérité sera particulièrement exigeante. S'il décrit une action ou une situation à laquelle il a assisté sans être partie prenante, la critique d'exactitude lui accordera plus d'intérêt que s'il se fait seulement l'écho de tiers.

De ce point de vue, la distinction classique entre témoignages volontaires et involontaires est pertinente. Les premiers ont été constitués pour l'information de leurs lecteurs, présents ou futurs. Les chroniques, les mémoires, toutes les sources « narratives » relèvent de cette catégorie, mais aussi les rapports des préfets, les monographies des instituteurs sur leur village pour l'exposition de 1900, et toute la presse... Les témoignages involontaires n'étaient pas destinés à nous informer. M. Bloch parle joliment de « ces indices que, sans préméditation, le passé laisse tomber sur sa route[7] ». Une correspondance privée, un journal vraiment intime, des comptes d'entreprise, des actes de mariage, des déclarations de succession, mais aussi des objets, des images, les scarabées d'or retrouvés dans des tombes mycéniennes, les débris de poterie jetés dans des puits du XIVe siècle, ou les ferrailles des trous d'obus, plus instructives sur le champ de bataille de Verdun que le témoignage volontaire (fabriqué et falsifié) de la tranchée des baïonnettes...

La critique de sincérité et d'exactitude est beaucoup plus exigeante à l'égard des témoignages volontaires. Mais il ne faut pas durcir la distinction, car l'habileté des historiens

---

1994, *Jean Moulin et la Résistance en 1943*, p. 160. Pour d'autres exemples analogues à propos du même ouvrage prétendument historique, voir Pierre Vidal-Naquet, *Le Trait empoisonné : réflexions sur l'affaire Jean Moulin*, Paris, La Découverte, 1993.

7. *Apologie*, p. 25.

consiste souvent à traiter les témoignages volontaires comme involontaires, et à les interroger sur autre chose que ce qu'ils voulaient dire. Aux discours prononcés le 11 novembre devant les monuments aux morts, l'historien ne demandera pas ce qu'ils disent, qui est bien pauvre et bien répétitif ; il s'intéressera aux termes utilisés, à leurs réseaux d'oppositions ou de substitutions, et il y retrouvera une mentalité, une représentation de la guerre, de la société, de la nation. M. Bloch, toujours, note avec humour à ce sujet que, « condamnés à le connaître [le passé] par ses traces, nous parvenons toutefois à en savoir sur lui beaucoup plus qu'il n'avait lui-même cru bon de nous en faire connaître [8] ».

Que le témoignage soit volontaire ou non, l'auteur sincère et bien informé ou pas, il faut de toute façon ne pas se tromper sur le sens du texte (critique d'interprétation). L'attention veille ici au sens des termes, aux emplois détournés ou ironiques, aux propos dictés par la situation (on dit nécessairement du bien du défunt dans son oraison funèbre). M. Bloch, déjà, qui trouvait beaucoup trop courte la liste des sciences auxiliaires de l'histoire proposées aux étudiants, suggérait d'y ajouter la linguistique : « Des hommes qui, la moitié du temps, ne pourront atteindre les objets de leurs études qu'à travers les mots, par quel absurde paralogisme leur permet-on [...] d'ignorer les acquisitions fondamentales de la linguistique [9] ? » Les concepts ont beaucoup changé de sens, et ceux qui nous paraissent transparents sont les plus dangereux. « Bourgeois » ne désigne pas la même réalité sociale dans un texte médiéval, un manifeste romantique ou chez Marx. Aussi pourrait-on ériger l'histoire des concepts en préalable de toute autre histoire [10].

Plus généralement, tout texte est codé par un système de représentations solidaire d'un vocabulaire. Un rapport de

8. *Ibid.*
9. *Ibid.*, p. 28.
10. Voir Reinhart Koselleck, « Histoire des concepts et histoire sociale », in *Le Futur passé*, p. 99-118. Koselleck prend l'exemple d'un texte de Hardenberg (1907) : « De toute façon, une hiérarchie raisonnable qui ne favoriserait pas un ordre plus que l'autre mais qui permettrait aux citoyens de tous les ordres de prendre place les uns à côté des autres selon certains critères de classe, voilà qui fait partie des besoins authentiques et non négligeables d'un État. » L'analyse des concepts, d'âges différents, permet de dégager la nouveauté du propos et sa pointe polémique.

préfet de la Restauration sur la situation politique et sociale d'un département rural est inconsciemment et imperceptiblement gauchi par la représentation qu'il se fait des paysans : il voit ce qu'il s'attend à voir et que sa représentation préalable lui permet d'accueillir ; il néglige éventuellement ce qui ne s'inscrit pas dans ce cadre. L'interprétation de son rapport suppose donc que l'historien tienne compte du système de représentations qui était celui des notables de l'époque[11]. La prise en compte des « représentations collectives » est ainsi indispensable à l'interprétation des textes.

On pourrait prolonger la description de la démarche critique. Mieux vaut sans doute s'attarder sur l'esprit qui la fonde.

L'esprit critique de l'historien

On a parfois l'impression que la critique est seulement affaire de bon sens et que la discipline exigée par la corporation est superflue. Ce serait manie d'érudits, coquetterie de savants, signe de reconnaissance pour initiés.

Rien n'est plus faux. Les règles de la critique et de l'érudition, l'obligation de donner ses références ne sont pas des normes arbitraires. Elles instituent certes la différence entre l'historien professionnel et l'amateur ou le romancier. Mais elles ont d'abord pour fonction d'éduquer le regard que l'historien porte sur ses sources. C'est une ascèse, si l'on veut, en tout cas une attitude apprise, non spontanée, mais qui forme une tournure d'esprit essentielle au métier.

On le voit bien quand on compare les travaux des historiens et ceux des sociologues ou des économistes. Les premiers pratiquent généralement une question préalable sur l'origine des documents et des faits dont ils parlent. S'agit-il, par exemple, de la statistique des grèves ? L'historien ne prendra pas les chiffres officiels pour argent comptant ; il s'interrogera sur la façon dont ils ont été collectés : par qui, suivant quelle procédure administrative ?

---

11. A. Corbin, « "Le vertige des foisonnements" », R. Chartier, « Le monde comme représentation », G. Noiriel, « Pour une approche subjectiviste du social ».

L'attitude critique n'est pas naturelle. Seignobos le dit fort bien (voir encadré), en prenant la comparaison de l'homme qui tombe à l'eau et que ses mouvements spontanés font se noyer : « Apprendre à nager, c'est acquérir l'habitude de refréner ses mouvements spontanés et de faire des mouvements contre nature. »

Charles Seignobos : La critique est contre nature

...la critique est contraire à la tournure normale de l'intelligence humaine ; la tendance spontanée de l'homme est de croire ce qu'on lui dit. Il est naturel d'accepter toute affirmation, surtout une affirmation écrite – plus facilement si elle est écrite en chiffres –, encore plus facilement si elle provient d'une autorité officielle, si elle est, comme on dit, authentique. Appliquer la critique, c'est donc adopter un mode de pensée contraire à la pensée spontanée, une attitude d'esprit contre nature [...] On n'y parvient pas sans effort. Le mouvement spontané d'un homme qui tombe à l'eau est de faire tout ce qu'il faut pour se noyer ; apprendre à nager, c'est acquérir l'habitude de refréner ses mouvements spontanés et de faire des mouvements contre nature.

L'impression spéciale produite par les chiffres est particulièrement importante en sciences sociales. Le chiffre a un aspect mathématique qui donne l'illusion du fait scientifique. Spontanément on tend à confondre « précis et exact *» ; une notion vague ne peut être entièrement exacte, de l'opposition entre vague et exact, on conclut à l'identité entre « exact » et « précis ». On oublie qu'un renseignement très précis est souvent très faux. Si je dis qu'il y a à Paris 526 637 âmes ce sera un chiffre précis, beaucoup plus précis que « 2 millions et demi », et pourtant beaucoup moins vrai. On dit vulgairement : « brutal comme un chiffre » à peu près dans le même sens que « la vérité brutale », ce qui sous-entend que le chiffre est la forme parfaite de la vérité. On dit aussi : « Ce sont des chiffres, cela », comme si toute proposition devenait vraie dès qu'elle prend une forme arithmétique. La tendance est encore plus forte, lorsque au lieu d'un chiffre isolé on voit une série de chiffres liés par des opérations d'arithmétique. Les opérations sont scientifiques et certaines ;*

> *elles inspirent une impression de confiance qui s'étend*
> *aux données de fait sur lesquelles on a opéré ; il faut un*
> *effort de critique pour distinguer, pour admettre que dans*
> *un calcul juste les données peuvent être fausses, ce qui*
> *enlève toute valeur aux résultats.*
>
> La Méthode historique appliquée
> aux sciences sociales, *p. 32-35.*

Les crédulités contre lesquelles Seignobos croyait nécessaire de mettre en garde subsistent aujourd'hui. Il faut toujours résister au prestige des autorités officielles. Il est plus nécessaire que jamais de ne pas céder à la suggestion des chiffres précis ni au vertige des nombres. L'exactitude et la précision sont choses différentes, et un chiffre approximatif juste vaut mieux que des décimales illusoires. Les historiens feraient meilleur ménage avec les méthodes quantitatives souvent indispensables, s'ils étaient plus attentifs à démystifier chiffres et calculs.

A ces mises en garde, qui restent d'actualité, il convient d'en ajouter de nouvelles. Elles concernent le témoignage des témoins directs et l'image. Notre époque, friande d'histoire orale, habituée par la télévision et la radio à « vivre » – comme on le dit sans rire – les événements en direct, accorde à la parole des témoins une valeur excessive. Dans un cours de licence où je datais un tract étudiant de la fin de novembre 1940 par critique interne – le texte se référait à la manifestation du 11 novembre comme à un fait relativement récent –, des étudiants dubitatifs regrettèrent qu'on ne puisse retrouver des étudiants de 1940 qui auraient distribué ce tract et se seraient souvenus à quelle date. Comme si la mémoire des témoins directs, un demi-siècle après l'événement, était plus fiable que les indications matérielles fournies par le document lui-même.

Il en va de même pour les images. La photographie emporte la conviction : comment la pellicule n'aurait-elle pas fixé la vérité ? Il faut avoir comparé longuement deux photographies de la signature du pacte germano-soviétique, l'une avec les seuls Ribbentrop et Molotov, l'autre avec les mêmes, un décor différent et debout derrière eux tous les officiels de l'URSS, y compris Staline, pour mesurer l'ampleur éventuelle des trucages [12]. Et quand

---

12. Le faux est la photographie sans Staline et le Bureau politique, pour deux raisons. Critique externe : il est plus facile de détourer les deux per-

on sait que dans tous les films alliés sur la Première Guerre mondiale il n'y a en tout et pour tout que deux séquences tournées effectivement dans les lignes, on réalise à quel point une critique en termes de représentations collectives est essentielle avant d'utiliser éventuellement ce type de documents.

On l'aura noté, cependant, ni la critique des témoignages oraux ni celle des photographies ou des films ne diffèrent de la critique historique classique. C'est la même méthode, appliquée à d'autres documents. Elle utilise parfois des savoirs spécifiques – par exemple une connaissance précise des conditions de filmage à une époque donnée. Mais c'est fondamentalement la même démarche que celle du médiéviste face à ses chartes. La méthode critique est une, et c'est, on le verra plus loin, la seule méthode propre à l'histoire.

Fondements et limites de la critique

L'histoire, connaissance par traces

L'importance que tous les ouvrages sur l'épistémologie de l'histoire accordent à la méthode critique est un signe qui ne trompe pas : nous touchons là un point central. Pourquoi n'y a-t-il pas d'histoire sans critique ? La réponse est toujours la même, de Langlois et Seignobos à Bloch et à Marrou : parce que l'histoire porte sur le passé, et qu'à ce titre elle est connaissance par traces.

On ne peut définir l'histoire comme la connaissance du passé, ainsi qu'on le dit parfois un peu vite, parce que le caractère *passé* ne suffit pas à désigner un fait ou un objet de connaissance. Tous les faits *passés* ont d'abord été des faits *présents* : entre les uns et les autres, aucune différence de nature. *Passé* est un adjectif, non un substantif et c'est abusivement qu'on utilise le terme pour désigner l'ensemble indé-

sonnages centraux pour effacer les autres que de rajouter ceux-ci. Critique interne : il y avait un intérêt pour les Soviétiques à minimiser l'engagement de Staline après l'offensive allemande en Russie. Sur la critique du document photographique, voir Alain Jaubert, *Le Commissariat aux archives. Les photos qui falsifient l'histoire*.

finiment ouvert des objets qui peuvent présenter ce caractère, recevoir cette détermination.

Ce constat entraîne deux conséquences auxquelles on n'accordera jamais assez d'importance. En premier lieu, il interdit de spécifier l'histoire par son objet. Les sciences proprement dites ont leur domaine propre, quelle que soit leur interdépendance. Leur seul nom permet d'isoler le domaine qu'elles explorent de ceux qui ne les concernent pas. L'astronomie étudie les astres, pas les silex ni les populations. La démographie étudie les populations, etc. Mais l'histoire peut s'intéresser aussi bien aux silex qu'aux populations, voire au climat… Il n'y a pas de faits *historiques* par nature comme il y a des faits *chimiques* ou *démographiques*. Le terme *histoire* n'appartient pas au même ensemble que les termes *biophysique moléculaire*, *physique nucléaire*, *climatologie* ou même *ethnologie*. Comme le dit fortement Seignobos, « il n'y a de faits historiques que par position ».

Charles Seignobos : Il n'y a de faits historiques que par position

Mais, dès qu'on cherche à délimiter pratiquement le terrain de l'histoire, dès qu'on essaie de tracer les limites entre une science historique des faits humains du passé et une science actuelle des faits humains du présent, on s'aperçoit que cette limite ne peut pas être établie, parce qu'en réalité il n'y a pas de faits qui soient historiques par leur nature, comme il y a des faits physiologiques ou biologiques. Dans l'usage vulgaire le mot « historique » est pris encore dans le sens antique : digne d'être raconté ; on dit en ce sens une « journée historique », un « mot historique ». Mais cette notion de l'histoire est abandonnée ; tout incident passé fait partie de l'histoire, aussi bien le costume porté par un paysan du XVIIIᵉ siècle que la prise de la Bastille ; et les motifs qui font paraître un fait digne de mention sont infiniment variables. L'histoire embrasse l'étude de tous les faits passés, politiques, intellectuels, économiques, dont la plupart ont passé inaperçus. Il semblerait donc que les faits historiques puissent être définis : les « faits passés », par opposition aux faits actuels qui sont l'objet des sciences descriptives de l'humanité. C'est précisément cette opposition qu'il est impossible de maintenir en pratique. Être présent ou passé n'est pas une différence de caractère interne, tenant à la nature d'un fait ; ce n'est qu'une différence de position par rapport à un observateur donné. La Révolution de 1830 est un fait passé pour nous, présent pour les gens qui l'ont faite. Et de même la séance d'hier à la Chambre est déjà un fait passé.

Il n'y a donc pas de faits historiques par leur nature ; il n'y a de faits historiques que par position. *Est historique tout fait qu'on ne peut plus observer directement parce qu'il a cessé d'exister. Il n'y a pas de caractère historique inhérent aux faits, il n'y a d'historique que la façon de les connaître. L'histoire n'est pas une science, elle n'est qu'un procédé de connaissance.*

Alors se pose la question préalable à toute étude historique. Comment peut-on connaître un fait réel qui n'existe plus ? Voici la Révolution de 1830 : des Parisiens, tous morts aujourd'hui, ont pris sur des soldats, morts aussi, un bâtiment qui n'existe plus. Pour prendre en exemple un fait économique : des ouvriers morts aujourd'hui dirigés par un ministre mort aussi ont fondé l'établissement des Gobelins. Comment atteindre un fait dont aucun élément ne peut plus être observé ? Comment connaître des actes dont on ne peut plus voir ni les acteurs ni le théâtre ? – Voici la solution de cette difficulté. Si les actes qu'il s'agit de connaître n'avaient laissé aucune trace, aucune connaissance n'en serait possible. Mais souvent les faits disparus ont laissé des traces, quelquefois directement sous forme d'objets matériels, le plus souvent indirectement sous la forme d'écrits rédigés par des gens qui ont eux-mêmes vu ces faits. Ces traces, ce sont les documents, *et la méthode historique consiste à examiner les documents pour arriver à déterminer les faits anciens dont ces documents sont les traces. Elle prend pour point de départ le document observé directement ; de là elle remonte, par une série de raisonnements compliqués, jusqu'au fait ancien qu'il s'agit de connaître. Elle diffère donc radicalement de toutes les méthodes des autres sciences. Au lieu d'*observer *directement des faits, elle opère indirectement en* raisonnant *sur des documents. Toute connaissance historique étant indirecte, l'histoire est essentiellement une science de raisonnement. Sa méthode est une méthode* indirecte, *par raisonnement.*

La Méthode historique appliquée
aux sciences sociales, *p. 2-5.*

S'il n'y a pas de caractère historique inhérent aux faits, s'il n'y a d'historique que la façon de les connaître, alors il en résulte comme le marque clairement Seignobos, avocat pourtant d'une histoire « scientifique », que « l'histoire n'est pas une science, elle n'est qu'un procédé de connaissance ». C'est un point très souvent et très légitimement souligné. Il justifie par exemple le titre qu'H.-I. Marrou donnait à son livre : *De la connaissance historique.*

Comme procédé de connaissance, l'histoire est une connaissance par traces[13]. Comme le dit joliment J.-Cl. Passeron, c'est « un travail sur des objets perdus ». Elle procède à partir des traces que le passé a laissées, d'« informations vestigiales solidaires de contextes non directement observables[14] ». Le plus souvent il s'agit de documents écrits : archives, périodiques, ouvrages, mais il peut s'agir aussi d'objets matériels : une pièce de monnaie ou une poterie dans une sépulture par exemple, ou, plus près de nous, des bannières de syndicats, des outils, des cadeaux offerts à un ouvrier qui prend sa retraite... Dans tous les cas, l'historien effectue un travail sur les traces pour reconstituer les faits. Ce travail est constitutif de l'histoire ; en conséquence, les règles de la méthode critique qui le gouvernent sont, au sens propre du mot, fondamentales.

On comprend mieux alors ce que disent les historiens quand ils parlent des faits. Un fait n'est rien d'autre que le résultat d'un raisonnement à partir de traces suivant les règles de la critique. Il faut l'avouer, ce que les historiens appellent indifféremment des « faits historiques » constitue un véritable « bazar », digne d'un inventaire à la Prévert. Voici par exemple quelques faits : Orléans a été libérée par Jeanne d'Arc en 1429 ; la France était le pays le plus peuplé d'Europe à la veille de la Révolution ; au moment des élections de 1936 il y avait moins d'un million de chômeurs en France ; sous la Monarchie de Juillet, la journée de travail des ouvriers dépassait souvent douze heures ; la laïcité est

---

13. M. Bloch (*Apologie*, p. 21) attribue à Simiand la paternité de cette « heureuse expression ». Le texte de Seignobos donné en encadré, antérieur, montre qu'à tout le moins l'idée était dans l'air...
14. *Le Raisonnement sociologique*, p. 69.

devenue un enjeu politique à la fin du Second Empire ; l'usage des robes blanches pour les mariées s'est répandu sous l'influence des grands magasins dans la seconde moitié du XIXᵉ siècle ; la législation antisémite de Vichy ne lui a pas été dictée par les Allemands... Qu'y a-t-il de commun entre tous ces « faits » hétéroclites ? Un seul point : ce sont des affirmations vraies, parce qu'elles résultent d'une élaboration méthodique, d'une reconstitution à partir de traces.

On notera au passage que, si ce procédé de connaissance est le seul possible pour le « passé », il ne lui est pas propre. Les politologues qui analysent la popularité des présidentiables, les spécialistes de « marketing » qui évaluent la clientèle possible d'un nouveau produit, les économistes qui s'interrogent sur la récession ou le retour à la croissance, les sociologues qui se penchent sur le malaise des banlieues, les juges qui traquent la drogue ou la corruption, tous interprètent des traces. L'usage de la méthode critique déborde de beaucoup l'histoire.

Pas de faits sans questions

L'école méthodique qui a fondé la profession historienne en France ne se contentait pas de cette analyse. Dans le contexte culturel de la fin du XIXᵉ siècle, dominé par la méthode expérimentale de Claude Bernard, le défi qu'elle prétendait relever consistait à faire de l'histoire une « science » à part entière. D'où son combat contre une conception « philosophique » ou « littéraire » de l'histoire.

Cette perspective obligeait à situer l'historien par rapport aux figures scientifiques du chimiste ou du naturaliste dans leurs laboratoires et donc à centrer l'argumentation sur l'observation. L'histoire, prétendaient Langlois et Seignobos, est elle aussi une science d'observation. Mais alors que le chimiste ou le naturaliste observent directement les phénomènes de leur discipline, l'historien doit se contenter d'observations indirectes, partant moins fiables. Ses témoins ne sont pas des laborantins qui établissent des comptes rendus d'expérience systématiques, suivant des protocoles précis. La méthode critique ne fonde pas alors seulement l'histoire comme connaissance, mais comme science. Alors que tout à l'heure

Seignobos déclarait que l'histoire ne pouvait être une science, voici qu'il compte sur la critique pour combler l'écart qui la sépare de la science.

Cette volonté de donner à l'histoire statut de science explique l'importance que cette génération d'historiens accordait à la publication systématique et définitive de documents critiqués, leur rêve d'un répertoire exhaustif de tous les textes disponibles, mis à la disposition des historiens, après une vigilante toilette critique. D'où aussi l'idée d'acquis définitifs d'une histoire débarrassée par la critique des légendes et des faux. D'où enfin la continuité entre l'enseignement secondaire et la recherche historique, celle-ci alimentant celui-là en faits prêts à l'emploi, l'histoire enseignée étant l'histoire savante, débarrassée de ses échafaudages critiques...

Il est facile de réduire à sa caricature cette conception de l'histoire. H.-I. Marrou raille ces érudits positivistes qui croient que

> peu à peu s'accumulent dans nos fiches le pur froment des « faits » : l'historien n'a plus qu'à les rapporter avec exactitude et fidélité, s'effaçant devant les témoignages reconnus valides. En un mot, il ne construit pas l'histoire, il la retrouve [15].

H.-I. Marrou poursuit en citant R.G. Collingwood [16] qui ne ménage pas ses sarcasmes, en effet, pour cette histoire « ciseaux-pot de colle » (*scissors and paste history*) faite à partir de faits tout-faits (*ready-made statements*) que les historiens n'auraient qu'à retrouver dans les documents, comme l'archéologue dégage une poterie de la terre qui l'entoure.

La caricature est excessive et jamais un Seignobos ne se serait reconnu dans une simplification aussi simpliste. Au demeurant, soyons francs : dans leur travail quotidien, la plupart des historiens, quand ils font des cours ou écrivent des

---

15. *De la connaissance historique*, p. 54.
16. J'avoue un faible pour Robin George Collingwood. Ce fut un grand esprit, à ma connaissance le seul philosophe qui ait été aussi un historien. Professeur de philosophie à Oxford, il était aussi archéologue et historien de l'Angleterre ancienne. On lui doit un volume de la *Cambridge Ancient History of England* et de nombreux articles érudits sur la Grande-Bretagne romaine. En outre, il est drôle et se lit avec plaisir...

ouvrages de synthèse, fonctionnent suivant le schéma de Seignobos. Les historiens passent beaucoup de temps à se lire les uns les autres et à réutiliser le travail de leurs collègues. Les livres des uns sont effectivement pour les autres des recueils de faits, des carrières dans lesquelles ils vont chercher des pierres pour leur édifice. Le domaine de l'histoire est si vaste, les sources si abondantes, qu'on aurait tort de ne pas utiliser le travail des collègues et des prédécesseurs, dès lors qu'il présente les garanties requises de méthode : tout reprendre à partir des sources serait une entreprise vaine et désespérée. Si les grands ancêtres de l'école méthodique avaient totalement tort, si les faits n'étaient pas, par certains aspects, des matériaux accumulés par la recherche critique à l'intention d'autres historiens, ceux-ci ne prendraient pas la peine d'accumuler tant de notes sur les livres de leurs collègues. Ils notent certes des idées qu'ils ont envie de prolonger ou de discuter. Mais ils notent aussi beaucoup de faits qui leur serviront. Il faut dire les pratiques telles qu'elles sont : aucun historien n'hésite à prendre chez d'autres historiens des faits tout-faits, pourvu qu'ils soient bien faits et qu'il puisse les réemployer dans sa propre construction.

Il reste que la dissociation entre l'établissement des faits par la méthode critique et leur interprétation ultérieure, si elle répond aux contraintes effectives de l'enseignement et de la synthèse, n'est pas logiquement soutenable. A l'ériger en principe de la recherche historique, on ferait fausse route[17].

Passons sur la distinction entre observation directe et indirecte, qui n'est pas d'une grande utilité dès lors que la méthode, on l'a vu, peut d'une part s'appliquer à des recherches sur le présent, d'autre part concerner des traces matérielles directement observées[18].

Passons aussi sur l'impossibilité logique de commencer pratiquement l'histoire par la critique des traces. L'exposé classique de la méthode historique qui place la critique au fondement logique de l'édifice exige de telles compétences de l'historien qui prétend critiquer un document que la tâche

---

17. Là réside l'erreur de Seignobos : croire que l'enseignement et la recherche procèdent suivant la même logique. Voir notre article, « Seignobos revisité ».
18. M. Bloch discute longuement ce point (*Apologie*, p. 17-20).

s'avère impossible à qui n'est pas déjà historien. Il faut y revenir : la critique procède par comparaisons et il est impossible de déceler qu'un document est faux si l'on ignore comment un document vrai aurait dû se présenter. Nous avons dit la nécessité de décoder les textes à partir des représentations collectives sous-jacentes à leur construction. Seul un historien aguerri est à même de pratiquer la critique. Ce que confirment les difficultés des étudiants devant les commentaires de texte qui les rassurent, en leur évitant le vertige de la feuille blanche, mais qui s'avèrent, d'expérience commune de correcteur, beaucoup plus difficiles que les dissertations. L'historien est enfermé en quelque sorte dans un cercle vertueux : ce qui le définit comme historien est la critique des sources, et il ne peut critiquer les sources que s'il est déjà historien.

La naïveté fondamentale de l'école méthodique de la fin du XIXe siècle est dans l'enchaînement trop simple document/critique/fait. M. Bloch, qui vise ici manifestement Langlois et Seignobos, le rappelle sobrement :

> Beaucoup de personnes et même, semble-t-il, certains auteurs de manuels se font de la marche de notre travail une image étonnamment candide. Au commencement, diraient-elles volontiers, sont les documents. L'historien les rassemble, les lit, s'efforce d'en peser l'authenticité et la véracité. Après quoi, et après quoi seulement, il les met en œuvre. Il n'y a qu'un malheur : aucun historien, jamais, n'a procédé ainsi. Même lorsque d'aventure il s'imagine le faire [19].

Effectivement, les Monod, les Lavisse, les Langlois, les Seignobos, qui ont théorisé les règles de la critique et constitué autour d'elles la déontologie de la profession, n'ont pas procédé ainsi. Mais ils n'en ont pas eu conscience parce que leur choix décisif, qui consistait à s'intéresser aux décisions des États et au fonctionnement des institutions, les a conduits à privilégier les documents des archives publiques. Comme ce choix leur semblait s'imposer de lui-même, ils ne se sont pas avisés de le justifier, ni même de l'expliciter. Or il les a aveuglés sur leur propre démarche.

Le même choix explique que leur histoire se présente

---

19. *Ibid.*, p. 26.

comme l'étude de périodes, car le devenir des régimes politiques qui les intéresse s'inscrit, en effet, dans des périodes claires. A cette histoire-période on a coutume d'opposer l'histoire-problème, où le questionnement, entièrement explicité, fonde le découpage de l'objet d'étude. L'opposition est ancienne, comme la prescription : le grand précepte de Lord Acton à la fin du XIXᵉ siècle était déjà « étudiez des problèmes, pas des périodes [20] ». En fait, même les historiens qui étudient des périodes construisent leur histoire à partir de questions, mais de questions qui restent implicites, et par conséquent mal maîtrisées.

En effet, l'histoire ne peut pas procéder à partir des faits : il n'y a pas faits sans questions, sans hypothèses préalables. Il arrive que le questionnement soit implicite ; mais, s'il faisait défaut, l'historien serait désemparé, ne sachant que chercher ni où. Il arrive que le questionnement soit vague au départ, mais, s'il ne se précise pas, la recherche avorte. L'histoire n'est pas une pêche au filet ; l'historien ne lance pas son chalut au hasard, pour voir s'il prendra des poissons, et lesquels. On ne trouve jamais la réponse à des questions qu'on ne s'est pas posées... En quoi l'histoire ne diffère pas des autres sciences, comme le notait déjà P. Lacombe en 1894 :

Paul Lacombe : Pas d'observation sans hypothèse

L'histoire [...] ne se prête pas à l'expérience, au sens scientifique du mot. A son égard, le seul procédé possible est l'observation. Il faut s'entendre sur ce mot. On imagine assez généralement que l'observation consiste à tenir les yeux fixés sur les flots infinis des phénomènes qui passent, et à attendre qu'en passant les phénomènes vous jettent une de ces idées qui sont la révélation de leurs aspects généraux. Mais l'infinie diversité des phénomènes n'envoie qu'incertitude et doute à l'esprit vide de toute conception. Observer, c'est précisément ne pas regarder tout d'un œil vaguement attentif et expectant. C'est concentrer sa vue sur certaines régions ou certains

---

20. Lord Acton, *A Lecture on the Study of History, Delivered at Cambridge, june 11 1895*, Londres, Macmillan, 1895, 142 p. Voir aussi F. Furet, *De l'histoire récit à l'histoire problème*.

> *aspects en vertu d'un principe d'élimination et de choix,*
> *indispensable devant l'énorme multiplicité des phéno-*
> *mènes. Une hypothèse formée, un projet préconçu de*
> *vérification, fournissent seuls ce principe, qui circonscrit*
> *la vue, ouvre l'attention dans un sens spécial, et la ferme*
> *dans tout autre. S'il est évident qu'une hypothèse demande*
> *à être vérifiée, il est aussi certain, quoique moins évident,*
> *que l'observation demande au préalable la conception*
> *d'une hypothèse.*
>
> De l'histoire considérée comme science, *p. 54.*

Les historiens de l'école des *Annales*, qui se réclamaient
d'ailleurs de Lacombe comme de Simiand, ont particulièrement insisté sur ce point. A juste titre. L. Febvre, avec sa verve
habituelle, pourfend d'une comparaison terrienne les historiens sans questions :

> ...si l'historien ne se pose pas de problèmes, ou si, s'étant
> posé des problèmes, il ne formule pas d'hypothèses pour les
> résoudre – en fait de métier, de technique, d'effort scienti-
> fique, je suis fondé à dire qu'il est un peu en retard sur le der-
> nier de nos paysans : car ils savent, eux, qu'il ne convient pas
> de lancer leurs bêtes, pêle-mêle, dans le premier champ venu
> pour qu'elles y pâturent au petit bonheur : ils les parquent, ils
> les attachent au piquet, ils les font brouter ici plutôt que là. Et
> ils savent pourquoi [21].

Les historiens de l'école méthodique comme Langlois et
Seignobos, parce qu'ils étaient relativement unanimes sur les
questions qui se posaient, n'ont pas dégagé cette interdépendance des faits, des documents et des questions. C'est le
point faible de leur épistémologie, encore qu'un Seignobos
ait bien vu qu'on allait au document pour lui poser des questions. M. Bloch rappelle même le mot « étonnant », qui n'est
assurément pas « le propos d'un fanfaron », échappé à son
cher maître : « Il est très utile de se poser des questions, mais
très dangereux d'y répondre [22]. »

---

21. *Combats pour l'histoire*, p. 23.
22. *Apologie*, p. XVI.

En revanche, leur déontologie de l'établissement des faits reste la règle de la profession. Quelle que soit l'école dont ils se réclament, les historiens actuels respectent les principes de la critique. G.-P. Palmade avait raison de signaler en 1969, dans sa préface à une réédition de l'*Histoire sincère de la nation française* de Seignobos, que nous sommes tous les héritiers « parfois inconscients ou ingrats » de la génération des fondateurs de la profession. Nous en minimisons l'apport « pour l'avoir trop complètement assimilé ».

Quels que soient, en effet, les documents utilisés et les questions posées, ce qui se joue au stade de l'établissement des faits, c'est la fiabilité, ou la vérité, du texte que l'historien donnera à lire. La valeur de l'histoire comme « connaissance » en dépend. L'histoire repose sur des faits, et tout historien est tenu d'en produire à l'appui de ses dires. La solidité du texte historique, sa recevabilité scientifique, dépendent du soin apporté à construire les faits. L'apprentissage du métier porte donc simultanément sur la démarche critique, la connaissance des sources et la pratique du questionnement. Il faut apprendre, simultanément, à prendre correctement des notes, à lire correctement un texte sans se tromper sur son sens, ses intentions, sa portée, et à se poser des questions pertinentes. D'où l'importance, dans les études d'histoire, telles qu'elles sont organisées en France, des « explications de documents », textes, images, tableaux statistiques, etc. D'où l'importance attachée, dans l'évaluation des chercheurs, au travail de première main, à l'indication des sources, des références, bref à tout ce qu'on appelle fort justement l'« apparat critique ». L'histoire, pour sa grandeur ou pour sa servitude, ne supporte pas l'à-peu-près. Une date, une référence, sont justes ou elles sont fausses. Ce n'est pas une question d'opinion. Et l'on doit, pour contester une lecture de l'histoire, produire d'autres faits, d'autres dates, d'autres références.

Peut-être est-ce à cette déontologie commune que, malgré les divisions qui la traversent comme tout groupe social, la profession historienne doit d'avoir préservé une certaine unité ?

4

Les questions
de l'historien

S'il n'y a pas de faits, pas d'histoire sans questions, les questions tiennent, dans la construction de l'histoire, une place décisive.

L'histoire ne peut, en effet, se définir ni par son objet, ni par des documents. Nous l'avons vu, il n'y a pas de faits historiques par nature, et le champ des objets potentiellement historiques est illimité. On peut faire – et on fait – l'histoire de tout : du climat, de la vie matérielle, des techniques, de l'économie, des classes sociales, des rites, des fêtes, de l'art, des institutions, de la vie politique, des partis politiques, de l'armement, des guerres, des religions, des sentiments (l'amour), des émotions (la peur), de la sensibilité, des perceptions (les odeurs), des mers, des déserts, etc. C'est la question qui construit l'objet historique, en procédant à un découpage original dans l'univers sans limites des faits et des documents possibles. Du point de vue épistémologique, elle remplit une fonction fondamentale, au sens étymologique du terme, puisque c'est elle qui fonde, qui constitue l'objet historique. En un certain sens, une histoire vaut ce que vaut sa question. D'où l'importance et la nécessité de poser la question de la question.

Qu'est-ce qu'une question historique ?

Questions et documents

La question de l'historien n'est pas naïve. Il ne lui viendrait pas à l'esprit de s'interroger par exemple sur le sentiment de la nature chez l'homme de Cro-Magnon, parce qu'il sait la question oiseuse, faute de traces. C'est perdre son temps que de s'en occuper. Avec la question de l'historien – et c'est pourquoi elle permet de construire les faits – il y a une idée des sources et des documents qui permettront de la résoudre, c'est-à-dire aussi une première idée de la façon dont on pourrait s'y prendre pour les traiter. « Chaque fois que l'historien pose une question – écrit R.G. Collingwood – il a déjà en tête une idée préliminaire et qu'il peut commencer à essayer du document qu'il sera capable d'utiliser [...] Poser des questions auxquelles on ne voit pas le moyen de répondre est le péché fondamental en science, comme de donner des ordres dont on ne pense pas qu'ils seront obéis en politique[1]. »

Il n'y a donc pas de question sans document. L'historien ne pose jamais une « simple question » – même quand il s'agit d'une question simple. Sa question n'est pas une question nue ; c'est une question armée, qui porte avec elle une idée des sources documentaires et des procédures de recherche possibles. Elle suppose déjà une connaissance minimale des diverses sources éventuelles et elle imagine leur utilisation par des méthodes pour lesquelles d'autres recherches ont montré la voie... On retrouve le cercle vertueux : il faut déjà être historien pour pouvoir poser une question historique.

Robin G. Collingwood : Questionner historiquement

De tout ce qu'il peut percevoir, il n'y a rien qu'il ne puisse raisonnablement utiliser comme moyen de preuve (evidence), *sur quelque sujet, s'il y vient avec la bonne question en tête. L'élargissement du savoir historique provient principalement de ce qu'on trouve comment uti-*

---

1. R.G. Collingwood, *The Idea of History*, p. 281 : « *Every time the historian asks a question, he has already in mind a preliminary and tentative idea of the evidence he will be able to use [...] To ask questions which you see no prospect of answering is the fundamental sin in science, like giving orders which you do not think will be obeyed in politics.* » Sauf mention contraire, je suis responsable de toutes les traductions de l'anglais et de leurs insuffisances.

liser comme moyen de preuve telle ou telle sorte de fait perçu que les historiens avaient jusqu'ici pensé sans utilité pour eux.

Ainsi le monde perceptible dans son entièreté est potentiellement et en principe moyen de preuve pour l'historien. Il devient moyen de preuve effectif dans la mesure où celui-ci peut l'utiliser. Et il ne peut l'utiliser à moins de venir à lui avec le bon type de savoir historique. Plus nous avons de savoir historique, plus nous pouvons apprendre de n'importe quel fragment de sources (evidence) donné ; si nous n'en avons pas, nous ne pouvons rien apprendre. Les sources sont sources quand quelqu'un les regarde historiquement.

The Historical Imagination, *p. 19.*

Il n'y a pas davantage de document sans question. C'est la question de l'historien qui érige les traces laissées par le passé en sources et en documents. Avant qu'on ne leur pose de question, les traces du passé ne sont même pas perçues comme traces possibles de quoi que ce soit. M. Bloch illustre ce point par un exemple très parlant : « Avant Boucher de Perthes, les silex abondaient, comme de nos jours, dans les alluvions de la Somme. Mais l'interrogateur manquait et il n'y avait pas de préhistoire [2]. »

C'est dire à la fois que « le document lui-même n'existe pas, antérieurement à l'intervention de la curiosité de l'historien [3] », et que tout peut être document, dès lors que l'historien s'en saisit, ce que R.G. Collingwood résume par une formule définitive : « *Everything in the world is potential evidence for any subject whatever* [4]. » A condition, toutefois, que l'historien sache comment l'utiliser. Ce que L. Febvre sait bien : la part la plus passionnante du travail d'historien consiste à faire parler les choses muettes.

---

2. *Apologie*, p. 26.
3. H.-I. Marrou, *De la connaissance historique*, p. 302.
4. R.G. Collingwood, *The Idea of History*, p. 280. Et encore « *anything is evidence which is used as evidence, and no one can know what is going to be useful as evidence until he has had occasion to use it* » (ibid.).

Lucien Febvre : Tout peut être document

*L'histoire se fait avec des documents écrits, sans doute.
Quand il y en a. Mais elle peut se faire, elle doit se faire,
sans documents écrits s'il n'en existe point. Avec tout ce
que l'ingéniosité de l'historien peut lui permettre d'utiliser
pour fabriquer son miel, à défaut des fleurs usuelles. Donc
avec des mots, des signes. Des paysages et des tuiles. Des
formes de champs et de mauvaises herbes. Des éclipses de
lune et des colliers d'attelage. Des expertises de pierres
par des géologues et des analyses d'épées en métal par des
chimistes. D'un mot, avec tout ce qui, étant à l'homme,
dépend de l'homme, sert à l'homme, exprime l'homme,
signifie la présence, l'activité, les goûts et les façons d'être
de l'homme. Toute une part, et la plus passionnante sans
doute de notre travail d'historien, ne consiste-t-elle pas
dans un effort constant pour faire parler les choses
muettes, leur faire dire ce qu'elles ne disent pas d'elles-
mêmes sur les hommes, sur les sociétés qui les ont produites – et constituer finalement entre elles ce vaste réseau
de solidarités et d'entr'aide qui supplée à l'absence du
document écrit.*

Combats pour l'histoire, *p. 428.*

Le primat de la question sur le document entraîne deux
conséquences. Il implique d'abord qu'on ne puisse faire de
lecture définitive d'un document donné. L'historien n'épuise
jamais ses documents, il peut toujours les réinterroger avec
d'autres questions, ou les faire parler avec d'autres méthodes.
Voici par exemple les déclarations de succession qui dorment
dans les archives fiscales. De grandes enquêtes en ont
dépouillé de vastes échantillons pour en tirer des informations
sur les fortunes des Français au XIXᵉ siècle [5]. Mais elles ren-
ferment bien d'autres renseignements : sur les régimes matri-
moniaux et les dots, si l'on s'intéresse au mariage, ou encore

5. *Les Fortunes françaises au XIXᵉ siècle*, enquête dirigée par Adeline
Daumard avec la collaboration de F. Codaccioni, G. Dupeux et J. Herpin,
J. Godechot et J. Sentou, Paris-La Haye, Mouton, 1973, et Pierre Léon,
Géographie de la fortune et Structures sociales à Lyon au XIXᵉ siècle,
Lyon, Université de Lyon-II, 1974.

sur la mobilité professionnelle et géographique... La déclaration mentionne en effet nécessairement le nom, l'adresse et la profession des héritiers, et l'on pourrait même, si l'on ne disposait par ailleurs d'une meilleure documentation sur le sujet, en tirer des études sur la mortalité.

On voit le rôle fondamental de la question dans la construction de l'objet historique. Les déclarations de succession peuvent servir de source à plusieurs histoires. C'est la question qui construit une histoire des fortunes ou une histoire de la mobilité sociale, à partir du même document, par un découpage différent et des traitements différents. Ce qui pose, évidemment, de gros problèmes aux archivistes : le manque de place les conduit souvent à vouloir épurer leurs fonds des documents « inutiles » ! Mais comment savoir aujourd'hui quels documents serviront demain aux historiens pour répondre à leurs questions, encore inconnues ?

En second lieu, la solidarité indissociable entre la question, le document et la procédure de traitement de celui-ci explique que le renouvellement du questionnaire entraîne un renouvellement des méthodes et/ou du répertoire documentaire. Nous ne développerons pas longuement ce point, qu'illustre superbement l'ouvrage de J. Le Goff et P. Nora : *Faire de l'histoire*, avec les titres de ses trois volumes successifs : *Nouveaux Problèmes, Nouvelles Approches, Nouveaux Objets*. Au fur et à mesure que l'historien pose de nouvelles questions, il constitue de nouveaux pans de la réalité présentement accessible en sources, en traces, c'est-à-dire en documents. Les historiens du XIXᵉ siècle privilégiaient les traces écrites. Le XXᵉ siècle a interrogé les fouilles archéologiques pour répondre aux questions sur l'histoire de la vie matérielle ; il s'est intéressé aux rites, aux symboles, aux cérémonies pour atteindre les pratiques sociales et culturelles. Les statues de la République, les monuments aux morts et les cloches de nos villages sont devenus documents. Les documents écrits ont été interrogés sur autre chose que ce qu'ils prétendaient dire grâce notamment à une approche linguistique et à la statistique lexicale. L'enquête orale a fait témoigner les survivants muets de l'histoire. Bref, nous aurons l'occasion d'y revenir, le répertoire documentaire et l'arsenal méthodologique n'ont cessé de s'étoffer pour répondre à de nouvelles interrogations.

Ce renouvellement du questionnaire, qui est le moteur de

l'évolution de la discipline, n'obéit évidemment pas au
caprice individuel des historiens. Les questions s'enchaînent
les unes aux autres, elles s'engendrent mutuellement. D'une
part, les curiosités collectives se déplacent ; d'autre part, la
vérification/réfutation des hypothèses donne naissance à de
nouvelles hypothèses, au sein de théories qui évoluent. L'enquête est donc indéfiniment relancée. Pas plus que la liste
des faits, celle des questions historiques ne saurait être
close : il faudra toujours réécrire l'histoire.

Cependant, à chaque moment de l'histoire, il y a des questions historiques qui ne se posent plus, et d'autres qui se
posent. Les premières sont battues et rebattues, les secondes
sont à la pointe des préoccupations de la profession. L'insertion des questions dans le champ des problématiques
actuelles de la corporation détermine leur statut scientifique.
Toutes ne sont pas également légitimes.

Robin G. Collingwood : N'importe quoi peut servir de source

Les données (data) *d'un côté, et les principes d'interprétation de l'autre, sont les deux éléments de toute pensée
historique. Mais ils n'existent pas séparément pour se
combiner ensuite. Ils existent ensemble ou pas du tout.
L'historien ne peut pas récolter les données dans un premier temps et les interpréter dans un second. C'est seulement quand il a un problème en tête qu'il peut se mettre à
la recherche de données qui s'y rapportent. N'importe
quoi n'importe où peut lui servir de données s'il est
capable de trouver comment l'interpréter. Les données de
l'historien sont la totalité du présent.*
*Le commencement de la recherche historique n'est donc
pas la collecte ou la contemplation de fait bruts non
encore interprétés, mais le fait de poser une question qui
mette à la recherche de faits qui puissent aider à y
répondre. Toute recherche historique est focalisée de
cette façon sur quelque question ou problème particulier
qui définit son sujet. Et l'on ne doit poser la question
qu'avec quelques raisons de penser qu'on sera capable
de lui apporter une réponse, et une réponse qui soit un
raisonnement authentiquement historique, autrement elle
ne mène nulle part, c'est au mieux une curiosité oisive,*

> *mais ni le centre ni même un élément d'un travail histo-*
> *rique. Ce que nous exprimons en disant qu'une question*
> *« se pose » ou « ne se pose pas ». Dire qu'une question se*
> *pose, c'est dire qu'elle entretient un lien logique avec nos*
> *pensées antérieures, que nous avons une raison pour la*
> *poser et que nous ne sommes pas animés par une simple*
> *curiosité capricieuse.*
>
> The Philosophy of History, *p. 14*

La légitimité des questions

Les questions les plus légitimes pour les historiens sont donc, à les entendre, celles qui font « avancer » leur discipline. Mais qu'est-ce que cela signifie ?

Il y a bien des façons de faire « avancer » l'histoire. La plus simple est de combler les lacunes de nos connaissances. Mais qu'est-ce qu'une lacune ? On trouvera toujours un village dont on n'ait pas écrit l'histoire, mais l'histoire d'un énième village comblerait-elle vraiment une lacune ? Que nous apprendrait-elle que nous ne sachions déjà ? La véritable lacune n'est pas un objet supplémentaire dont l'histoire n'a pas été faite, mais des questions auxquelles les historiens n'ont pas encore de réponse. Et comme les questions se renouvellent, il arrive que des lacunes s'effacent sans avoir été comblées… Les questions peuvent cesser de se poser avant d'avoir reçu réponse.

Ce constat entraîne deux conséquences. La première est qu'on n'a jamais fini d'écrire l'histoire. Les historiens de la fin du XIXe siècle pensaient leur travail définitif. C'était un rêve. Il faut chaque fois reprendre l'histoire en tenant compte des nouvelles questions et des nouveaux acquis. R.G. Collingwood le notait avec pertinence : toute histoire est un rapport d'étape sur les progrès faits dans l'étude du sujet qu'elle traite jusqu'au moment présent. D'où il résulte que toute histoire est en même temps une histoire de l'histoire. « C'est pourquoi chaque époque doit réécrire l'histoire à nouveaux frais[6]. »

C'est dire que le travail historique ne trouve pas directement sa légitimité dans les documents. Une étude de première

---

6. R.G. Collingwood, *The Philosophy of History,* p. 15 : « *This is why every age must write history afresh.* »

main, conduite directement à partir des documents, peut être sans intérêt scientifique si elle répond à des questions qui ne se posent pas. Inversement, une étude de seconde main, conduite à partir de travaux antérieurs d'autres historiens, peut présenter une grande pertinence scientifique, si elle s'inscrit dans un questionnement novateur. Pour être pleinement légitime aux yeux des historiens, une question doit s'insérer dans un réseau d'autres questions, parallèles ou complémentaires, assorties de leurs réponses possibles entre lesquelles le travail sur les documents permettra de choisir. La question historique est ainsi celle qui s'inscrit dans ce qu'il faut bien appeler une théorie.

Le statut de la biographie historique fournit un bon exemple de ce problème d'insertion dans le champ scientifique. La biographie était pleinement légitime pour l'histoire politique. Les *Annales* lui ont dénié tout intérêt, car elle ne permet pas de saisir les grands ensembles économiques et sociaux. S'interroger sur un homme, et nécessairement un homme connu, car les autres ont rarement laissé des traces, c'était gaspiller un temps qui aurait été mieux employé à retrouver le mouvement des prix ou à cerner le rôle de grands acteurs collectifs comme la bourgeoisie. Dans les années 1950-1970, la biographie, individuelle et singulière par définition, était ainsi boutée en dehors d'une histoire scientifique qui se vouait au général. Mais elle répondait à une demande du public. De grandes collections ont connu un vrai succès. Les éditeurs ont sollicité des historiens qui, séduits par l'espoir de la notoriété – passer chez Pivot – et l'attrait des droits d'auteur, ont accepté ce travail de commande et lui ont trouvé un intérêt. Simultanément, la configuration théorique de l'histoire changeait. L'espoir d'une histoire synthétique, d'une histoire totale, qui permettrait une compréhension globale de la société et de son évolution, s'estompait. Il devenait plus intéressant de comprendre, à partir de cas concrets, des fonctionnements sociaux, culturels, religieux. Dans ce contexte nouveau, la biographie changeait de statut et elle retrouve une légitimité. Mais ce n'est plus exactement la même biographie, et ce n'est plus seulement celle des « grands » hommes : elle cherche moins à déterminer l'influence de l'individu sur les événements qu'à comprendre, à travers lui, l'interférence de logiques et l'articulation de réseaux complémentaires.

Naturellement, la définition du champ changeant des questions légitimes constitue un enjeu de pouvoir à l'intérieur de la profession historienne, car les positions de pouvoir dans la profession sont celles où l'on décide quels sont les questionnements pertinents. Les revues, qui acceptent ou refusent des articles, sont l'un de ces lieux de pouvoir, d'où leur importance dans l'histoire de la discipline. La polémique des *Annales* contre l'histoire historisante est un bon exemple des conflits qui traversent la corporation pour la définition des questions légitimes. De même, à la fin des années 1970, celle menée par l'histoire autoproclamée « nouvelle » contre l'histoire décrétée par là même traditionnelle. Des groupes, plus ou moins étoffés et diversement constitués, s'affrontent ainsi en des débats théoriques, dont l'enjeu est l'hégémonie scientifique sur la profession, hégémonie qui entraîne avec elle des avantages matériels et symboliques comme l'influence sur les carrières ou la dévolution de postes prestigieux. Ces conflits scientifiques sont aussi des conflits sociaux d'un type particulier. On désigne bien ce double aspect en parlant de « conflits d'écoles », car ce terme « école » désigne à la fois un groupe de clercs, et la théorie où il fonde son identité.

La pluralité des pôles autour desquels s'organise la profession, comme l'ouverture de celle-ci aux historiens étrangers, interdit que ces conflits, d'ailleurs feutrés, ne débouchent sur une véritable domination. Ils contribuent cependant à faire évoluer la configuration des questions pertinentes. Ils suscitent des « modes » historiographiques et des générations de travaux inspirés par les mêmes problématiques. Bref, c'est un facteur important de l'historicité des questions historiques elles-mêmes.

Mais l'histoire des questions historiques n'est pas seulement l'histoire, scientifique et sociale, des « écoles » historiques. Elle n'obéit pas seulement à des facteurs internes à la profession. Celle-ci est en effet globalement insérée dans une société pour laquelle elle fonctionne et qui la fait vivre. Elle est d'autre part composée d'individus qui ont chacun des raisons personnelles de faire de l'histoire. La question historique est posée non seulement au sein d'une profession, mais au sein d'une société et par des personnes. Double polarité, qu'il nous faut explorer.

L'enracinement social
des questions historiques

Pertinence sociale et pertinence scientifique

Toutes les productions dites historiques qui s'offrent à nos contemporains ne sont pas également recevables, d'un point de vue scientifique.

Certaines histoires remplissent une fonction de divertissement. Elles ont pour but de distraire, de faire rêver. Elles cherchent un dépaysement dans le temps, un exotisme analogue à celui que procurent, dans l'espace, les revues de vulgarisation géographique. C'est surtout cette histoire qui connaît le succès dans les médias et se vend aux kiosques des gares. La fonction sociale qu'elle remplit n'est ni négligeable ni innocente, au même titre que les reportages de *Paris-Match* sur la famille de Monaco ou les catalogues des agences de tourisme. Aux yeux des historiens, cette histoire anecdotique, qui s'intéresse aux vies privées des princes d'antan, aux crimes restés obscurs, aux épisodes spectaculaires, aux coutumes étranges, ne mérite pas grand intérêt. L'histoire médiatique n'est pas disqualifiée par ses méthodes, qui peuvent parfaitement respecter les règles de la critique, mais par ses questions, qui sont futiles.

Notons, au passage, le pouvoir social qu'exerce ici la profession historienne. De quel droit affirmer que les amours de Mme de Pompadour ou l'assassinat de Darlan sont des questions futiles, alors que l'histoire des mineurs de Carmaux (R. Trempé), celle de la représentation du rivage (A. Corbin) ou celle du livre au XVIIIe siècle méritent d'être traitées ? C'est la profession historienne qui décide de la recevabilité de telle ou telle histoire et détermine ses critères d'appréciation, comme la profession médicale refuse ou reconnaît la valeur médicale de la vaccination ou de l'homéopathie. Il y a là un pouvoir effectif, dont les historiens du dimanche font souvent les frais.

D'autres questions présentent une pertinence sociale. Il n'est pas futile, par exemple, de commémorer le débarquement de Normandie ou l'écrasement du Vercors par des articles ou des émissions de télévision. Les questions posées ne sont pas neuves, et ces productions médiatiques ne font pas « avancer » l'histoire, aux yeux des professionnels. Pourquoi le débarquement s'est-il fait sur ces plages ? Pourquoi les Allemands n'ont-ils pas réagi plus rapidement et plus massivement ? Les historiens connaissent la réponse, mais il est utile à la société de l'exposer ou de la rappeler à l'occasion d'un cinquantenaire.

L'histoire qui répond ainsi à ce qu'il est convenu maintenant d'appeler, d'un terme un peu vague mais commode, la « demande sociale » peut fort bien respecter toutes les exigences de la profession. Elle comprend naturellement l'histoire qui s'enseigne dans les classes. Ce peut être de la bonne histoire, construite à partir des sources et en tenant compte des derniers acquis de la recherche. Il arrive qu'elle soit également scientifiquement pertinente, renouvelant la problématique, sinon la documentation. Il est important, pour la profession historienne, que cette histoire soit faite par des professionnels : abandonner la vulgarisation à des journalistes spécialisés serait aussi dangereux pour elle que de renoncer à la formation des professeurs des lycées et collèges. Il reste qu'en général la pertinence scientifique de cette histoire, comme de celle des manuels, est douteuse : le front pionnier de la discipline passe rarement par là.

Les questions scientifiquement pertinentes, celles qui font « avancer » l'histoire, ne sont pourtant pas dépourvues d'une pertinence sociale, directe ou indirecte. La pertinence sociale ne fonde pas la pertinence scientifique mais elle peut l'accompagner heureusement. L'histoire de la formation professionnelle en France, par exemple, présente aujourd'hui un intérêt aussi vif sur le plan social que scientifique. Comment s'est constitué dans ce pays, et dans ce pays seulement, un puissant enseignement professionnel ? pourquoi la France a-t-elle choisi de former les ouvriers en école ? ces questions intéressent les professionnels eux-mêmes, patrons ou syndicats, ainsi que les politiques, car elles éclairent les évolutions actuelles et les décisions à prendre. Mais elles n'intéressent pas moins les historiens qui en attendent une compréhension nouvelle de l'articulation entre évolution technique, rapports sociaux dans l'entreprise, structures des branches professionnelles, rapport des entreprises à l'État. J'ai eu la chance de porter les épreuves de mon *Histoire de l'enseignement* à mon éditeur, boulevard Saint-Michel, le 11 mai 1968, au

matin de la nuit des barricades. J'avoue avoir éprouvé le sentiment d'une certaine utilité sociale alors même que j'avais
cherché à insérer une histoire jusqu'alors purement institutionnelle dans une histoire sociale conforme aux questions
scientifiques de l'époque... Les conjonctions heureuses ne
sont jamais exclues bien qu'elles ne soient jamais assurées.

La rencontre entre pertinence sociale et pertinence scientifique n'est pourtant pas seulement une affaire de chance : si
le hasard fait parfois bien les choses, c'est que les historiens,
comme individus et comme groupe, ne sont pas extérieurs à
la société dans laquelle ils vivent ; les questions qu'ils
posent, même quand ils les jugent « purement » historiques,
sont toujours colorées par les problèmes de leur temps. Du
coup, elles présentent généralement un intérêt pour la société
au sein de laquelle elles sont posées.

Historicité des questions historiques

Toute question historique, en effet, est posée *hic et nunc*, par
un homme situé dans une société. Quand bien même il veut
lui tourner le dos et donne à l'histoire une fonction de pure
connaissance désintéressée, il ne peut faire qu'il ne soit de son
temps. Toute question est posée de quelque part. La conscience
de l'historicité des points de vue de l'historien, et de la nécessité qu'elle entraîne de réécrire périodiquement l'histoire, est
l'un des traits caractéristiques de la constitution même de la
pensée historique moderne, à la fin du XVIIIe siècle, ainsi que
R. Koselleck l'a montré. Contentons-nous ici de citer Goethe :
« Le contemporain d'un temps qui s'écoule est mené à des
vues à partir desquelles le passé se laisse appréhender et juger
d'une façon nouvelle[7]. » Chaque époque a ainsi imposé ses
points de vue à l'écriture de l'histoire.

Poser par exemple la question de l'histoire d'une famille,
de sa généalogie, de ses alliances, étudier un roi et son règne,
cela a un sens au Moyen Age, où les chroniqueurs sont souvent sous la dépendance des princes, et sous l'Ancien
Régime. Voltaire lui-même commence son œuvre historique
par une *Histoire de Charles XII* (1731) et la poursuit par

7. Cité par R. Koselleck, *Le Futur passé*, p. 281.

Le Siècle de Louis XIV (1751). Mais les temps sont en train de changer, et il perçoit que les changements dans les mœurs et dans les lois méritent, plus que les rois et les cours, l'intérêt de l'historien. C'est ce que Guizot, à bien des égards un héritier des Lumières, appellera après lui, sous la Restauration, la « civilisation ».

Avec Augustin Thierry et Michelet, nous sommes en plein romantisme. L'histoire se centre sur le peuple, comme héros collectif ; elle fait une place au détail pittoresque, à la « couleur locale » ; elle privilégie même, jusqu'à un certain point, ce Moyen Age qui suscite à la même époque le style « troubadour ». L'une des questions qui hante l'époque est celle des origines franques de la nation française. Elle interfère avec celle des origines de la noblesse, et rejoint alors celle de la société d'ordres et de la Révolution. On a déjà dit l'importance de ce contexte pour l'histoire au XIX\ e siècle.

Les historiens de l'école méthodique eux-mêmes, qui prétendaient écrire une histoire purement scientifique, sereinement détachée des contingences sociales, posent les questions de la nation et des institutions, c'est-à-dire les grandes questions politiques du temps. Il faut attendre que la victoire de 1918 ait rendu la République incontestable pour que d'autres questions soient posées. Et ces questions, économiques et sociales, rencontrent les préoccupations d'une époque habitée par la crise économique et la lutte des classes. Labrousse, qui fut avocat, puis journaliste communiste en 1920, s'attaque aux origines économiques de la Révolution française au moment même où la crise économique de 1930 sape la société française.

Cette configuration historienne change dans les années 1970. On a dit plus haut l'influence, sur cette évolution, du contexte intellectuel, de l'émergence des nouvelles sciences sociales, du structuralisme. Il faut aussi faire intervenir le recul du marxisme, l'effritement du mouvement ouvrier, la montée de l'individualisme. A l'heure du MLF, de l'interruption volontaire de grossesse, du droit de vote à 18 ans, la nouvelle histoire pose les questions du sexe, de la mort, de la fête.

Certes, il s'agit là de concordances globales et, à ce degré de généralité, on ne court pas de grands risques à affirmer un rapport entre la question des historiens et le moment historique où ils vivent. Mais le rapport est parfois plus direct. On l'a vu pour Labrousse. C'était vrai déjà pour l'auteur du

« petit Lavisse » : que ce chantre de l'identité nationale se soit précisément intéressé à l'histoire de la Prusse sous Frédéric II au moment où l'unité allemande menaçait la France et où Bismarck triomphait, témoigne d'un lien direct entre la question historique et le contexte.

Mais c'est aussi un lien direct entre la question de l'historien et l'homme qui la pose.

L'enracinement personnel des questions historiques

Le poids des engagements

Personne ne s'étonne de voir un ancien ministre des Finances, écarté momentanément de la politique, consacrer ses loisirs à écrire un livre sur *La Disgrâce de Turgot* : on devine dans l'étude historique la justification de l'action qui vient de se terminer. Mais les historiens professionnels ne diffèrent guère de l'amateur de talent qu'était Edgar Faure : leurs engagements sont simplement moins voyants et leur implication dans la vie politique moins directe. Et encore, pas toujours. Si l'on regarde de plus près les questions auxquelles ils se sont intéressés, on ne peut qu'être frappé du poids de leurs engagements, ou, au contraire, de leur détachement.

Ce n'est pas un trait nouveau. Prenons pour exemple Charles Seignobos. Le meilleur de son œuvre historique est un grand manuel d'enseignement supérieur, les quatre volumes de l'*Histoire de la France contemporaine* qui couvrent la période du Second Empire à 1918 : une histoire politique très contemporaine. Ce fils d'un député républicain de l'Ardèche, de tradition protestante, est un militant dreyfusard très actif. Plus tard, il pétitionne contre la loi de trois ans et soutient un comité « pacifiste » en 1917. Comment ne pas voir le lien entre son engagement et l'histoire qu'il écrit ?

Ce lien est évidemment plus direct pour les historiens du contemporain que pour les autres. Voici, par exemple, une génération d'historiens qui ont donné sa pleine légitimité scientifique à l'histoire ouvrière, avec C. Willard (les guesdistes), M. Rebérioux (J. Jaurès), R. Trempé (les mineurs de Carmaux), M. Perrot (la grève), J. Julliard (F. Pelloutier) : c'est aussi la génération de la Libération, celle qui a connu le Parti communiste à son apogée et qui, parfois en le rejoignant, parfois en restant à distance, a adhéré à la cause du mouvement ouvrier. Les historiens actuels du communisme, comme A. Kriegel ou P. Robrieux, ont souvent exercé des responsabilités au sein de ce parti ; ils l'ont connu de l'intérieur et ils transfèrent dans leurs analyses historiques une connaissance directe des mœurs communistes.

De même, les historiens du catholicisme ou du protestantisme sont souvent des catholiques ou des protestants convaincus. Parmi eux, comme parmi les historiens du communisme, on trouve certes des transfuges, des prêtres en conflit avec l'Église qui ont demandé à être réduits à l'état laïc. Mais on trouve aussi des fidèles dont l'Église utilise les compétences ou le nom.

Enfin, troisième et dernier exemple pour l'histoire contemporaine, l'essor actuel de l'histoire juive, celle de l'antisémitisme vichyssois et du génocide, celle des camps, est souvent le fait d'historiens dont la famille a été victime de cette persécution.

On aurait tort, cependant, de croire que les contemporanéistes sont seuls tributaires de leurs engagements. C'est aussi, très souvent, le cas des historiens de la Révolution française. Le premier titulaire de la chaire en Sorbonne, Aulard, était un agrégé de lettres que sa formation désignait pour ce poste moins que sa conviction. Plus près de nous, un Soboul, par exemple, ne faisait pas mystère de son communisme.

Tous les historiens, il est vrai, ne sont pas engagés, mais l'intérêt professionnel de l'historien pour l'évolution de la collectivité constitue un facteur favorable à l'engagement qui est probablement plus fréquent dans la corporation que dans l'ensemble de la population de même niveau culturel. Ce qui ne préjuge pas du sens de cet engagement – on trouve des historiens dans tous les camps – et ne le rend pas automatique : on trouve de grands historiens qui ont précisément choisi de ne pas s'engager pour se consacrer intégralement à l'histoire. Ce fut le choix des *Annales*. M. Bloch, dans *L'Étrange Défaite*, s'interrogeait d'ailleurs : « Il ne nous reste, pour la plupart, que le droit de dire que nous fûmes de bons ouvriers. Avons-nous toujours été d'assez bons citoyens[8] ? » Et mettant sa vie en accord avec son propos, tandis que L. Febvre continuait les *Annales* contre son avis et que Labrousse acceptait de faire, à titre provisoire, les cours en Sorbonne que le statut des juifs lui interdisait de donner, M. Bloch s'engagea dans la Résistance malgré ses cinquante-cinq ans, pour y trouver la fin que l'on sait. On ne voit pas, dans l'œuvre de M. Bloch, de L. Febvre, de F. Braudel, pour ne parler que des morts, quel engagement social nourrit la recherche. Mais c'est aussi que l'engagement, s'il est une expérience sociale à certains égards irremplaçable, nous y reviendrons, est loin de constituer le seul mode d'implication de l'historien comme personne dans les questions qu'il traite comme historien.

Le poids de la personnalité

Tout métier « intellectuel » met en jeu la personne même. On n'étudie pas à longueur de journée et d'année la philosophie, la littérature ou l'histoire sans que cette étude ait une signification personnelle. Je ne crois pas qu'on puisse être un bon historien sans un brin de passion, signe d'enjeux personnels forts. L'enracinement existentiel de la curiosité historique explique la constance de la recherche, la peine que l'historien se donne et aussi, il faut le reconnaître, le plaisir, la joie que donne parfois ce métier.

Les psychanalystes auraient ici leur mot à dire. L'inconscient se fraie assurément sa voie dans l'œuvre des historiens. Nous n'avons guère d'études sur ce point. Je renverrai cependant au *Michelet* de Roland Barthes : la fascination visible du grand historien pour le sang, par exemple, renvoie à quelque chose de très profond. Sans aller jusque-là, l'historien noue avec son objet une relation intime, où s'affirme progressivement sa propre identité. En se penchant sur la vie et la mort des hommes du passé, il travaille aussi sur sa propre vie et sa propre mort. Le déplacement de ses curiosités au fur et à mesure qu'il avance en âge est aussi l'histoire d'une identité

---

8. M. Bloch, *L'Étrange Défaite*, Paris, Albin Michel, 1957, p. 217-218.

personnelle. C'est ce qui fait tout l'intérêt accordé récemment et un peu narcissiquement à l'égo-histoire.

D'où la nécessité d'une prise de conscience, d'une élucidation. Elle s'impose à l'évidence pour les engagements politiques, religieux ou sociaux. La connaissance intime qu'ils donnent de l'objet d'étude constitue un atout irremplaçable : savoir du dedans comment les choses peuvent se passer au sein du groupe qu'on analyse suggère des hypothèses, oriente vers des documents et des faits auxquels l'observateur extérieur ne songerait guère. Mais le risque d'être partisan, favorable ou hostile, de dresser des plaidoyers ou des réquisitoires, n'est pas moins évident. La passion aveugle ; elle inspire la volonté de prouver les torts ou les raisons, de dénoncer les perversités et les malfaisances, ou de célébrer les générosités et les lucidités. A ne pas s'avouer la volonté qui l'anime de régler des comptes ou de redresser des torts, l'historien court le risque d'accepter trop vite, sans les construire assez soigneusement, des faits auxquels il accordera une importance excessive. Comme toute chance, la connaissance intime par engagement personnel est aussi un risque. Elle permet à l'historien d'aller plus vite et plus loin dans la compréhension de son sujet, mais elle peut aussi étouffer sa lucidité sous le bouillonnement des affects.

Le public traduit généralement cette difficulté en disant que ces historiens manquent de « recul ». Il faudrait en quelque sorte attendre que l'histoire se soit refroidie pour la saisir. C'est une vue sommaire. Le bicentenaire de la Révolution nous a montré que deux siècles ne suffisent pas à refroidir les passions. Les historiens de l'Antiquité eux-mêmes investissent parfois dans leurs travaux des questions très contemporaines. On ne comprendrait pas l'énergie investie sous la Troisième République dans l'étude de Démosthène et de la résistance d'Athènes à Philippe de Macédoine si l'on ne percevait en filigrane la figure de Bismarck derrière celle du roi conquérant, et derrière la cité grecque la République française.

L'histoire a certes besoin de « recul ». Mais il ne provient pas automatiquement de l'éloignement dans le temps, et il ne suffit pas d'attendre pour qu'il existe. Il faut faire l'histoire du temps présent en professionnel, à partir de documents et non de souvenirs, pour le mettre à juste distance. En ce sens, comme le dit Robert Frank, l'histoire du temps présent ne sau-

rait être une histoire immédiate[9] : il faut briser l'immédiateté
de l'actualité, et l'historien doit pour cela prendre le temps de
construire des médiations entre le temps présent et l'histoire
qu'il en donne. Cela suppose notamment qu'il élucide ses
implications personnelles. Les historiens républicains du début
du siècle n'avaient pas d'ailleurs la timidité dont certains font
preuve, aujourd'hui, envers le passé proche[10]. Le recul n'est
pas une distance dans le temps requise comme préalable
pour que l'histoire soit possible. C'est l'histoire qui crée le
recul.

Mais l'élucidation des implications personnelles de l'historien n'est pas nécessaire seulement pour l'histoire « chaude »
ou pour celle du temps présent : elle s'impose dans tous les
cas. Comme le dit H.-I. Marrou, rappelant Croce, « toute histoire est contemporaine »,

> tout problème authentiquement historique (ce que Croce
> opposait à l'« anecdote », issue d'une pure et vaine curio-
> sité), même s'il concerne le plus lointain passé, est bien un
> drame qui se joue dans la conscience d'un homme d'aujour-
> d'hui : c'est une question que se pose l'historien, tel qu'il est,
> « en situation » dans sa vie, son milieu, son temps[11].

A négliger cette insertion de la question historique dans la
conscience d'un historien situé *hic et nunc*, on s'exposerait à
être dupe de soi-même. La remarque n'est pas neuve : elle
était déjà faite par Bradley en 1874 :

> Il n'y a pas d'histoire sans préjugé ; la distinction véritable
> est celle de l'auteur qui a des préjugés sans savoir ce qu'ils
> sont, préjugés peut-être faux, et de l'auteur qui ordonne et
> crée consciemment à partir des assises qu'il connaît et qui
> fondent ce qui est pour lui la vérité. C'est en prenant

9. Robert Frank, « Enjeux épistémologiques de l'enseignement de l'histoire du temps présent », *L'Histoire entre épistémologie et demande
sociale*, p. 164.
10. Georges Weill, par exemple, publie en 1909 chez Alcan une *Histoire
du catholicisme libéral en France 1828-1908* qui reste très bonne. Le dernier tome de l'*Histoire de la France contemporaine* de Seignobos, publié en
1922, s'arrête au traité de Versailles. Aujourd'hui, on passe pour téméraire
si l'on publie en 1994 un ouvrage qui se clôt sur les élections de 1993...
11. *De la connaissance historique*, p. 205.

conscience de son préjugé que l'histoire commence à devenir vraiment critique et qu'elle se garde (dans la mesure du possible) des fantaisies de la fiction [12].

Les historiens non engagés, qui se prétendent de purs scientifiques, sont peut-être ici plus menacés de manquer de lucidité sur leurs propres partis pris, car ils ne ressentent pas la même nécessité de se dire à eux-mêmes quelle motivation les pousse. « On a le droit de tout faire, à condition de savoir ce qu'on fait », dit le bon sens populaire : mais, précisément, l'historien ne fait jamais seulement de l'histoire. H.-I. Marrou, qui fut un grand historien du catholicisme antique, spécialiste de saint Augustin, en même temps qu'un catholique convaincu, militant à gauche, a parfaitement formulé cette exigence.

Henri-I. Marrou : Élucider les raisons de ses curiosités

L'honnêteté scientifique me paraît exiger que l'historien, par un effort de prise de conscience, définisse l'orientation de sa pensée, explicite ses postulats (dans la mesure où la chose est possible) ; qu'il se montre en action et nous fasse assister à la genèse de son œuvre : pourquoi et comment il a choisi et délimité son sujet ; ce qu'il y cherchait, ce qu'il y a trouvé ; qu'il décrive son itinéraire intérieur, car toute recherche historique, si elle est vraiment féconde, implique un progrès dans l'âme même de son auteur : la « rencontre d'autrui », d'étonnements en découvertes, l'enrichit en le transformant. En un mot qu'il nous fournisse tous les matériaux qu'une introspection scrupuleuse peut apporter à ce qu'en termes empruntés à Sartre, j'avais proposé d'appeler sa « psychanalyse existentielle ».

De la connaissance historique, p. 240.

Ce qu'H.-I. Marrou appelle une « psychanalyse existentielle », ce travail d'élucidation de ses motivations, c'est en fait une *catharsis*, une purification, un dépouillement. En ce sens, l'histoire n'est pas un passe-temps ou un gagne-pain.

---

12. Francis H. Bradley, *Les Présupposés de l'histoire critique*, p. 154.

C'est, par certains côtés, une ascèse personnelle, la conquête d'une libération intérieure. Le recul que crée l'histoire est aussi recul par rapport à soi-même et à ses propres problèmes. On voit ici le sérieux profond de l'histoire. Elle est savoir, certes, mais aussi travail de soi-même sur soi. C'est trop peu de dire qu'elle est une école de sagesse. En écrivant l'histoire, l'historien se crée lui-même. Michelet l'a exprimé, au terme de son œuvre, en une page saisissante.

Jules Michelet : Mon livre m'a créé...

Ma vie fut en ce livre, elle a passé en lui. Il a été mon seul événement. Mais cette identité du livre et de l'auteur n'est-elle pas un danger ? L'œuvre n'est-elle pas colorée des sentiments, du temps, de celui qui l'a faite ?

C'est ce qu'on voit toujours. Nul portrait si exact, si conforme au modèle, que l'artiste n'y mette un peu de lui [...]

Si c'est là un défaut, il nous faut avouer qu'il nous rend bien service. L'historien qui en est dépourvu, qui entreprend de s'effacer en écrivant, de ne pas être, de suivre par derrière la chronique contemporaine [...] n'est point du tout historien [...]

En pénétrant l'objet de plus en plus, on l'aime, et dès lors on le regarde avec un intérêt croissant. Le cœur ému a la seconde vue, voit mille choses invisibles au peuple indifférent. L'histoire, l'historien se mêlent en ce regard. Est-ce un bien ? Est-ce un mal ? Là s'opère une chose que l'on n'a point décrite et que nous devons révéler :

C'est que l'histoire, dans le progrès du temps, fait l'historien bien plus qu'elle n'est faite par lui. Mon livre m'a créé. C'est moi qui fus son œuvre. Ce fils a fait son père. S'il est sorti de moi d'abord, de mon orage (trouble encore) de jeunesse, il m'a rendu bien plus en force et en lumière, même en chaleur féconde, en puissance réelle de ressusciter le passé. Si nous nous ressemblons, c'est bien. Les traits qu'il a de moi sont en grande partie ceux que je lui devais, que j'ai tenus de lui.

*Préface de l'*Histoire de France, *éd. de 1869,*
in J. Ehrard et G. Palmade, L'Histoire, *p. 264-265.*

Il ne faudrait pas, pour autant, tomber d'un extrême dans l'autre. Si tout historien, même celui qui se veut le plus « scientifique », se trouve engagé personnellement dans l'histoire qu'il écrit, il n'en résulte pas qu'il faille traiter son discours comme simple opinion subjective, propos d'humeur, reflet d'un inconscient chargé. C'est précisément pour atteindre une meilleure rationalité que l'historien doit élucider ses implications. Mettre l'accent sur le sujet-historien ne doit pas estomper les objets de l'histoire, si l'on ne veut pas renoncer à proposer un discours socialement pertinent parce que reposant sur des raisons. Philippe Boutry signale le danger de l'« hypertrophie du sujet-historien » :

> …pendant que l'*ego* de l'historien occupe en maître absolu la place où régnait jadis le *fait* brut et comme ingénu de l'âge du scientisme, une mise en cause plus ou moins radicale de la capacité de la raison humaine à atteindre une quelconque vérité de la connaissance du passé rejette en bloc les grands modèles explicatifs pour se délecter ludiquement de l'expérimentation systématique des hypothèses et des interprétations à l'infini « revisitées ». Maître du jeu, l'historien semble parfois avoir perdu la perception de l'enjeu de sa discipline – qui ne saurait être autre chose que l'intelligibilité, pour chaque génération successive, de la mémoire conservée des hommes, des choses et des mots qui ne sont plus [13].

La question de l'historien doit ainsi rester tendue du plus subjectif au plus objectif. Profondément enracinée dans la personnalité de celui qui la pose, elle ne se formule que solidaire de documents où elle puisse trouver réponse. Insérée dans les théories, ou parfois seulement les modes, qui traversent la profession, elle remplit à la fois une fonction professionnelle, une fonction sociale et une fonction personnelle plus intime.

Cette analyse de la question, qui fonde le sérieux de l'histoire, permet d'apporter un premier éclairage à la question récurrente de l'objectivité en histoire. L'objectivité ne peut provenir du point de vue adopté par l'historien, car il est

---

13. Philippe Boutry, « Assurances et errances de la raison historienne », in *Passés recomposés,* p. 67.

nécessairement situé, nécessairement subjectif. Le point de vue de Sirius n'existe pas, en histoire. Fol serait l'historien qui prétendrait s'y placer : il avouerait par là seulement sa définitive naïveté. Plutôt que d'objectivité, mieux vaudrait parler d'impartialité et de vérité. Or elles ne peuvent qu'être laborieusement conquises par la démarche de l'historien. Elle sont au terme de son travail, pas à son commencement. Ce qui renforce l'importance des règles de la méthode.

5

Les temps de l'histoire

Nous aurions probablement pu écrire sans les changer les pages qui précèdent si notre sujet avait été la sociologie : il aurait suffi de substituer *sociologie* à *histoire, sociologue* à *historien* et *sociologique* à *historique*. En effet, toutes les disciplines qui s'intéressent de près ou de loin aux hommes en société posent à des sources, du sein d'un groupe professionnel et d'une société donnée, des questions qui ont aussi un sens personnel pour celui qui les pose. Ce qui distingue la question de l'historien et la met à part de celle du sociologue ou de l'ethnologue est un point que nous n'avons pas encore abordé : sa dimension *diachronique*.

Le profane ne s'y trompe pas, qui reconnaît les textes historiques à ce qu'ils comportent des dates. Lévi-Strauss le note non sans malice.

Claude Lévi-Strauss : Il n'y a pas d'histoire sans dates

Il n'y a pas d'histoire sans dates ; pour s'en convaincre, il suffit de considérer comment un élève parvient à apprendre l'histoire : il la réduit à un corps décharné dont les dates forment le squelette. Non sans raison, on a réagi contre cette méthode desséchante, mais en tombant souvent dans l'excès inverse. Si les dates ne sont pas toute l'histoire, ni le plus intéressant dans l'histoire, elles sont ce à défaut de quoi l'histoire elle-même s'évanouirait, puisque toute son originalité et sa spécificité sont dans l'appréhension du rapport de l'avant et de l'après, qui serait voué à se dissoudre si, au moins virtuellement, ses termes ne pouvaient être datés.

> *Or, le codage chronologique dissimule une nature beau-*
> *coup plus complexe qu'on ne l'imagine, quand on conçoit*
> *les dates de l'histoire sous la forme d'une simple série*
> *linéaire.*
>
>   La Pensée sauvage, *p. 342.*

La question de l'historien est posée du présent au passé, et elle porte sur des origines, des évolutions, des itinéraires dans le temps, qui se repèrent avec des dates. L'histoire est un travail sur le temps. Mais un temps complexe, un temps construit, aux faces multiples. Quel est donc ce temps dont se sert l'histoire tout en le construisant, et qui constitue l'une de ses particularités fondamentales ?

L'histoire du temps

Un temps social

Premier trait, qui ne surprendra guère : le temps de l'histoire est celui même des collectivités publiques, sociétés, États, civilisations. C'est un temps qui sert de repère commun aux membres d'un groupe.

La remarque est si banale que, pour en comprendre la portée, il convient de repérer ce qu'elle exclut. Le temps de l'histoire n'est ni le temps physique ni le temps psychologique. Ce n'est pas celui des astres ou des montres à quartz, divisible à l'infini, en unités rigoureusement identiques. Il lui ressemble par sa continuité linéaire, sa divisibilité en périodes constantes, siècles, années, mois, journées. Mais il en diffère parce qu'il n'est pas un cadre extérieur, disponible pour toutes les expériences. « Le temps historique n'est pas une infinité de faits, comme la droite géométrique est une infinité de points[1]. » Le temps de l'histoire n'est pas une unité de mesure : l'historien ne se sert pas du temps pour mesurer les règnes et les comparer entre eux, cela n'aurait

---

1. P. Ariès, *Le Temps de l'histoire*, p. 219.

aucun sens. Le temps de l'histoire est en quelque sorte incorporé aux questions, aux documents, aux faits ; il est la substance même de l'histoire.

Pas davantage, le temps de l'histoire n'est la durée psychologique, impossible à mesurer, aux segments d'intensité et d'épaisseur variables. Il lui est comparable, à certains égards, par son caractère vécu. Cinquante-deux mois de guerre en 1914-1918, ce n'est pas sans analogie avec des semaines entre vie et mort dans un hôpital. Le temps de la guerre est très long... Celui de la Révolution, celui de mai 1968 passent très vite. Tantôt l'historien compte en journées, voire en heures, tantôt il compte en mois, en années ou davantage. Mais ces fluctuations dans le déroulement du temps historique sont collectives. Elles ne dépendent pas de la psychologie de chacun ; on peut les objectiver.

Il est d'ailleurs logique que le temps de l'histoire soit en accord avec l'objet même de la discipline. Étudiant les hommes en société, nous y reviendrons, l'histoire se sert d'un temps social, de repères dans le temps communs aux membres de la même société. Mais toutes les sociétés n'ont pas le même temps. Le temps des historiens actuels est celui de notre société occidentale contemporaine. Il est le résultat d'une longue évolution, d'une conquête séculaire. On ne saurait, dans les limites de cet essai, en retracer l'histoire complète, d'autant qu'elle reste encore à écrire, dans une large mesure. Du moins est-il indispensable de poser les principaux jalons et de dégager les grandes lignes de cette conquête séculaire[2].

L'unification du temps : l'ère chrétienne

Le temps de notre histoire est ordonné, c'est-à-dire qu'il a une origine et une direction. A ce titre, il remplit une première fonction, essentielle, de mise en ordre : il permet de ranger les faits et les événements de façon cohérente et

---

2. Nous renvoyons essentiellement le lecteur aux ouvrages de Bernard Guénée, *Histoire et Culture historique dans l'Occident médiéval*, de K. Pomian, *L'Ordre du temps*, de R. Koselleck, *Le Futur passé*, et de D.-S. Milo, *Trahir le temps*, sans oublier P. Ariès, déjà cité.

commune. Cette unification s'est faite avec l'avènement de l'ère chrétienne : notre temps est organisé à partir d'un événement fondateur qui l'unifie : la naissance du Christ. Événement lui-même mal daté, puisque, selon les critiques, le Christ serait né soit quelques années avant soit quelques années après Jésus-Christ : ce qui renforce le caractère abstrait et symbolique de ce repère pourtant indispensable et qui fonctionne comme une origine algébrique, avec ses dates négatives et positives (avant et après J.-C.).

Il faut attendre le XIe siècle pour que l'ère chrétienne, datée de la naissance du Christ, l'emporte dans la chrétienté, et l'expansion des empires coloniaux, espagnol, néerlandais, britannique et français, l'imposera au monde entier, comme référence commune. Mais cette conquête n'a pas été rapide, et elle n'est pas entièrement achevée.

La généralisation de l'ère chrétienne a impliqué l'abandon d'une conception circulaire du temps qui était extrêmement répandue. C'était celle de la Chine et du Japon, où l'on date par années du règne de l'Empereur : la date origine est le début du règne. Mais les règnes s'enchaînent en dynasties ou en ères, qui suivent chacune la même trajectoire, de la fondation par un souverain prestigieux à la décadence et à la ruine. Chaque dynastie correspond à une des cinq saisons, une vertu cardinale, une couleur emblématique, un des cinq points cardinaux. Le temps fait ainsi partie de l'ordre même des choses[3].

Le temps cyclique était aussi, par excellence, celui de l'Empire byzantin. Les Byzantins avaient en effet repris de l'Empire romain un cycle fiscal de quinze années, l'indiction, et ils dataient en indictions à partir de la conversion de Constantin (312). Les indictions se succèdent, et se numérotent si bien qu'une date est l'année d'une indiction précise : la troisième année de la 23e indiction par exemple. Mais les contemporains savaient dans quelle indiction ils se trouvaient, et ils ne prenaient pas toujours la peine de préciser, quand ils dataient un document, le numéro de l'indiction, comme nous ne mentionnons pas toujours l'année dans les

---

3. Jérôme Bourgon, « Problèmes de périodisation en histoire chinoise », in *Périodes*, p. 71-80. Les cinq points cardinaux sont les nôtres plus le centre.

dates de nos lettres. C'est en quelque sorte un temps qui tourne en rond.

En Occident, les Romains dataient par référence aux consuls, puis, plus commodément, par référence au début du règne des empereurs. L'Évangile de Luc nous donne un bon exemple de ces pratiques quand il date ainsi le début de la vie publique du Christ : « La quinzième année du règne de l'empereur Tibère, Ponce Pilate étant gouverneur de la Judée, Hérode tétrarque de la Galilée, Philippe son frère tétrarque de l'Iturée […], sous les grands-prêtres Anne et Caïphe[4]. » En ajoutant les règnes les uns aux autres, en dressant la liste des consuls, les historiens avaient calculé une chronologie à partir de la fondation de Rome, *ab urbe condita*. Calcul aussi savant que précaire, et qui n'était pas entré dans les usages communs. Après l'effondrement de l'Empire, on data par référence aux diverses autorités. Les souverains dataient à partir du début de leur règne, et les moines à partir de la fondation de leur abbaye, ou par abbatiat. Les chroniqueurs acceptaient ce découpage qui permet d'introduire des successions ordonnées, mais c'est comme si chaque royaume, chaque abbaye était une région, avec sa propre carte, son échelle et ses symboles. Au demeurant, la datation par référence aux règnes ou aux magistratures locales a longtemps survécu. Aujourd'hui même, il en subsiste des traces, comme cette plaque apposée sur la façade de l'église Saint-Étienne-du-Mont, qui avertit le passant que l'église fut commencée sous François Ier et achevée sous Louis XIII. Quant aux hommes ordinaires, ils vivaient un temps structuré par les travaux des champs et la liturgie : temps cyclique par excellence, qui n'avance ni ne recule. Les différences tiennent à la place du moment donné dans le cycle : la Pentecôte diffère de l'Avent, mais la même séquence se répète d'année en année.

Deux grandes raisons expliquent que ces temps cycliques pluriels soient finalement venus s'insérer dans le calendrier unique de l'ère chrétienne. La première est la volonté de trouver une concordance entre les divers temps, de ranger, les uns par rapport aux autres, les règnes des souverains des diverses parties du monde connu. C'est la lente prise de

4. Lc, 3,1.

conscience de l'unité de l'humanité, l'émergence de la notion d'histoire universelle. P. Ariès la date du IIIᵉ siècle de notre ère :

> Ni l'hellénisme ni même la latinité n'ont eu l'idée d'une histoire universelle, saisissant en un seul ensemble tous les temps et tous les espaces. Au contact de la tradition juive, le monde romain, christianisé, a découvert que le genre humain avait une histoire solidaire, une histoire universelle : moment capital où il faut reconnaître l'origine du sens moderne de l'Histoire ; il se situe au IIIᵉ siècle de notre ère [5].

Dans cette émergence, notons-le, l'histoire joue un rôle décisif : il faut des historiens, ou du moins des chroniqueurs, pour faire émerger cette idée d'une communauté de l'humanité tout entière. Elle n'est pas donnée dans la conscience immédiate ; elle est l'œuvre d'une volonté récapitulative dont la première forme sera le tableau de concordances.

L'avènement de l'ère chrétienne répond à une seconde raison : la nécessité de faire coïncider le calendrier solaire, hérité des Romains, avec le calendrier lunaire, hérité du judaïsme, et qui organisait la vie liturgique. En effet, la fête majeure du christianisme, Pâques, ne tombe pas au même moment chaque année. D'où de très grandes difficultés à dater à partir de la Passion du Christ, comme les chrétiens avaient logiquement commencé à le faire : comment ajouter les unes aux autres des années qui ne commencent pas au même moment ? Il y faut une véritable science du décompte des années, du comput, et du calendrier. On doit à un moine anglais, Bède le Vénérable, d'avoir opté, au début du VIIIᵉ siècle, pour un comput fondé sur la naissance du Christ. Il faut saluer ici son audace, qui va jusqu'à inventer le comput négatif : « Dans la soixantième année avant l'Incarnation du Seigneur, Caius Julius Caesar fut le premier Romain à faire la guerre aux Britanniques [6]. » Sur le continent, le premier document daté de l'année de l'incarnation remonte à 742, mais il faut attendre le XIᵉ siècle pour que l'ère chrétienne se généralise [7].

5. *Le Temps de l'histoire*, p. 100.
6. *Historia ecclesiastica gentis anglorum*, vers 726. Voir D.-S. Milo, *Trahir le temps*, chap. 5 : « Esquisse d'une histoire de l'Ère chrétienne ».
7. B. Guénée, *Histoire et Culture historique*, p. 156.

L'inclusion du calendrier liturgique et civil dans l'ère chrétienne constitue un changement majeur. La chrétienté avait des préoccupations calendaires, car il lui fallait diviser l'année en temps liturgiques. Mais le calendrier est cyclique ; il n'implique pas l'ère. Celle-ci est linéaire, continue, régulière et orientée. Tant qu'on date par les règnes et les pontificats, le récit historique se déploie selon une logique additive, celle des annales et des chroniques qui se contentent de ranger les faits rapportés à leur place, sans nécessairement les hiérarchiser, faisant référence à la fois à des événements naturels (inondations, hiver rigoureux) et à des événements politiques (batailles, mariages ou décès princiers). L'histoire suppose une logique narrative, causale, qui lie les faits les uns aux autres : l'ère lui fournit un cadre indispensable. Mais elle n'est pas encore pleinement le temps des hommes, parce qu'elle reste le temps de Dieu.

Un temps orienté

Proposer un temps qui conduise jusqu'à nous, c'est une prétention inouïe. C'est très exactement une laïcisation du temps. Quand les révolutionnaires tentent de faire du début de la République l'événement fondateur d'une ère nouvelle, supplantant la naissance du Christ, ils ne changent pas seulement l'origine du temps, mais son terme. Ils remplacent un temps qui conduit à la fin du monde par un temps qui conduit à eux. Ce qui, à soi seul, constitue un changement majeur, possible à l'époque parce que porté par le mouvement même de la société et de la culture « modernes ».

Pour la chrétienté, et jusqu'à la Renaissance au moins, la fin du monde était en effet le seul véritable aboutissement du temps. Entre le Christ et le Jugement dernier, le temps des hommes était celui de l'attente du retour de Dieu : un temps sans épaisseur et sans consistance propre. « Vous ne savez ni le jour ni l'heure… » Dieu est le seul maître du temps. Il ne pouvait donc se passer rien de véritablement important au fil des jours, rien de véritablement nouveau pour les individus comme pour les sociétés. Le temps cyclique continuait à habiter l'ère chrétienne. Le jeune homme diffère du vieillard, mais, quand il sera devenu vieux à son tour, rien ne le distin-

guera vraiment de lui. Il n'y a rien à attendre du temps qui
coule, sauf la fin des temps, le retour du Christ. Le temps est
en quelque sorte étale, statique. *Rien de nouveau sous le
soleil...* disait l'Ecclésiaste, fils de David. Le réformateur
allemand Melanchton s'inscrit toujours dans ce temps statique quand il affirme au début du XVIe siècle : « Le monde
reste monde, c'est pourquoi les actions restent les mêmes
dans le monde bien que les personnes meurent[8]. »

Dans cette texture temporelle prémoderne que la temporalité proprement historique va remplacer, les hommes de tous les âges sont ainsi en quelque sorte contemporains. Les maîtres qui réalisent les vitraux médiévaux, comme les peintres du Quattrocento, ne voient aucune difficulté à faire figurer quelque généreux donateur en costume contemporain au milieu des saints ou des bergers de la Nativité : ils appartiennent au même monde et au même temps. R. Koselleck commente en ce sens un célèbre tableau d'Altdorfer, peint en 1529 pour le duc de Bavière et conservé à la Pinacothèque de Munich, *La Bataille d'Alexandre*[9]. Les Perses y ressemblent aux Turcs qui assiègent alors Vienne, et les Macédoniens aux lansquenets de la bataille de Pavie. Alexandre et Maximilien se superposent. Altdorfer indique sur son tableau le nombre des combattants, des morts et des prisonniers mais non la date. C'est que celle-ci est sans importance. Entre hier et aujourd'hui, il n'y a pas de différence.

Le temps moderne est porteur au contraire de différences irréversibles ; il rend l'après irréductible à l'avant. C'est un temps fécond, riche de nouveauté, qui ne se répète jamais et dont tous les moments sont uniques. Il suppose une sorte de révolution mentale qui ne s'est pas faite en un jour.

L'humanisme et la renaissance constituent une première étape. Retrouvant l'Antiquité et ses maîtres, en littérature, à la suite de Pétrarque, comme en art, les humanistes de la seconde moitié du XVe siècle opèrent un découpage de l'histoire en trois époques : entre l'Antiquité et le temps où ils vivent s'étend une période intermédiaire, une *media aetas*, notre Moyen Age, sorte de trou noir marqué négativement par la perte de tout ce qui avait fait l'excellence de l'Anti-

8. R. Koselleck, *Le Futur passé*, p. 19.
9. *Ibid.*, p. 271.

quité. Les réformateurs partagent cette vision, en cherchant à remonter aux sources d'une foi primitive, corrompue plus tard.

Mais les humanistes, les réformateurs et, plus générale-ment, les hommes de la Renaissance ne perçoivent toujours qu'un temps stationnaire : les modernes espèrent retrouver le niveau des anciens, mais pas faire mieux qu'eux. Il faut attendre le milieu du XVIᵉ siècle pour que l'idée commence à émerger d'un possible progrès. Pour Vasari, par exemple, qui propose en 1550 une histoire des peintres, sculpteurs et architectes, le message de l'Antiquité a bien été oublié, et les modernes renouent avec lui, mais ils sont capables de faire mieux. Le retour aux sources est un dépassement ; ce qui était cercle devient spirale ascendante.

On peut suivre les progrès de cette idée constitutive de notre perception moderne de la temporalité, au cours des XVIIᵉ et XVIIIᵉ siècles. C'est, par exemple, Fontenelle qui déclare, en 1688 : « Les hommes ne dégénéreront jamais et les vues saines de tous les bons esprits qui se succéderont s'ajouteront toujours les unes aux autres [10]. » Ce sont surtout les hommes des Lumières, comme Turgot et son *Tableau philosophique des progrès successifs de l'esprit humain* (1750). C'est enfin la Révolution, qui lui donne une for-midable accélération : la représentation moderne du temps s'impose alors comme une évidence. Le philosophe Kant s'insurge par exemple contre la thèse que tout restera comme cela est de tout temps ; l'avenir sera autre, c'est-à-dire meilleur. Le temps de l'histoire, notre temps, qui triomphe alors, est celui du progrès.

Depuis le tragique XXᵉ siècle, nous savons que l'avenir peut être pis, au moins provisoirement. Nous ne pouvons donc partager l'optimisme du XIXᵉ siècle. Mais il subsiste implicitement dans les représentations de nos contempo-rains, qui conçoivent mal que le progrès puisse s'arrêter, que le niveau de vie cesse d'augmenter, que les Droits de l'Homme restent ignorés par nombre de gouvernements. Le temps dans lequel se meut notre société est un temps ascen-dant ; d'ailleurs les élèves invités à représenter le temps par une droite ne dessinent jamais une ligne plate ou qui des-

10. Cité par K. Pomian, *L'Ordre du temps*, p. 119.

cende [11]… Malgré les démentis concrets et l'absence de
nécessité logique, nous restons fidèles au temps du progrès,
celui qui doit nécessairement conduire vers un mieux. Il suffit, pour s'en convaincre, de noter l'usage des termes
« régression » ou « retour en arrière » pour désigner tout ce
qui dément cette norme.

Ce temps ascendant, créateur de nouveautés et de surprises, est celui dans lequel se meut notre société. Mais, pour
l'utiliser, les historiens lui font subir quelques transformations.

La construction historique du temps

Temps, histoire et mémoire

Pour identifier les particularités du temps des historiens, il
est éclairant de le confronter au temps de nos contemporains,
tel que les ethnologues nous permettent de l'appréhender.
Voici, par exemple, un village de Bourgogne, Minot, qui a
fait l'objet d'une enquête approfondie [12]. Les ethnologues y
retrouvent bien la temporalité moderne : le présent ne ressemble pas au passé, il est autre, et meilleur. Mais il s'oppose à un passé indistinct, sans dates, sans repères, sans
étapes. Le clivage entre l'avant et l'après est très net, mais
l'avant est un temps immobile qu'on ne peut remonter.

Le temps de l'histoire et la temporalité moderne sont eux-
mêmes un produit de l'histoire. R.G. Collingwood [13] imagine
une société de pêcheurs qui, à la suite d'un progrès technique, passerait de dix à vingt poissons pêchés par jour. Au
sein de cette communauté, les jeunes et les vieux ne juge-
raient pas de même ce changement. Les vieux avec nostalgie
invoqueraient la solidarité à laquelle contraignait l'ancienne

11. Voir Nicole Sadoun-Lautier, *Histoire apprise, Histoire appropriée*,
chap. 3. Les élèves représentent le temps soit par une flèche qui monte,
soit par un tracé sinueux, ou avec des paliers, mais également ascendant,
jamais par une droite horizontale ou qui descende.
12. Françoise Zonabend, *La Mémoire longue. Temps et histoires au village*, Paris, PUF, 1980.
13. *The Idea of History*, p. 325-326.

technique. Les jeunes souligneraient le temps libéré. Les jugements sont solidaires d'un mode de vie auquel on est attaché. Pour comparer les deux modes de vie et les deux techniques, il faut commencer à en faire l'histoire. C'est pourquoi, poursuit notre auteur, les révolutionnaires ne peuvent juger que leur révolution constitue un progrès que dans la mesure où ils sont aussi des historiens, c'est-à-dire dans la mesure où ils comprennent le mode de vie que néanmoins ils rejettent.

Cette comparaison entre le passé et le présent suppose que le temps de l'histoire soit objectivé. Vu du présent, c'est un temps déjà écoulé, doté par conséquent d'une certaine stabilité, et que l'on peut parcourir au gré de son investigation. L'historien remonte et redescend le temps, il en suit le fil dans les deux sens, par l'esprit, bien qu'il sache très bien qu'il ne court que dans un sens. P. Ariès note avec émotion le moment – la seconde moitié du XVIIIe – où un historien de Jeanne d'Arc, réticent envers le merveilleux, écrit sans y prendre garde :

> *Transportons-nous pour quelque temps au XVe siècle* (soulignons cette phrase qui annonce un sens nouveau et moderne de l'Histoire). *Il ne s'agit pas de ce que nous pensons de Jeanne d'Arc, mais de l'opinion qu'en eurent nos ancêtres ; puisque ce fut cette opinion qui produisit l'étonnante révolution dont nous allons rendre compte* [14].

Le va-et-vient permanent, entre le passé et le présent, et entre les différents moments du passé, est l'opération même de l'histoire. Elle façonne une temporalité propre, familière, un peu comme un itinéraire sans cesse parcouru dans une forêt, avec ses repères, ses passages délicats ou faciles. L'historien, qui est lui-même dans le temps, le met en quelque sorte à distance de travail et il le jalonne pour ses recherches, il le marque de ses repères, il lui donne une structure.

Ce temps objectivé présente deux caractères complémentaires. Il exclut d'abord la perspective téléologique, qui cherche dans l'après la raison de l'avant. Ce qui se passe

14. *Le Temps de l'histoire*, p. 155.

après ne peut être cause de ce qui s'est produit avant. Ce mode de pensée n'est pas aussi naturel, aussi évident, qu'on le croit, même aujourd'hui, et les explications téléologiques n'ont pas disparu. Dans le livre d'un sociologue consacré à un tout autre sujet, on peut lire par exemple que, pour écraser la Commune, la bourgeoisie française a livré l'Alsace-Lorraine à l'Allemagne. L'historien sursaute devant cette affirmation : les préliminaires de paix ont été signés le 1er mars 1871, alors que la Commune n'éclate que le 18...

L'abandon de la perspective téléologique interdit à l'historien d'admettre un temps aussi clairement orienté que le pensent ses contemporains. Sa direction n'est plus définie « par référence à un état idéal, situé en dehors d'elle ou à son terme, et vers lequel elle s'orienterait, sinon pour l'atteindre, du moins pour l'approcher asymptotiquement. On la dégage à partir de l'évolution de certains indicateurs. [...] Ce sont les processus étudiés qui, par leur déroulement, imposent au temps une topologie déterminée [15] ». Mais il reste que, dans la représentation sociale comme dans la construction historienne, le temps est facteur de nouveauté, créateur de surprises. Il a un mouvement et une direction.

D'où son second caractère : il permet le pronostic. Non la prophétie, qui est annonce de la fin des temps, par-dessus ou par-delà tous les épisodes et toutes les péripéties qui nous en séparent. Mais le pronostic, qui va du présent au futur, qui s'appuie sur le diagnostic adossé au passé pour augurer des évolutions possibles, et évaluer leurs probabilités respectives.

Reinhart Koselleck : Prophétie et pronostic

Alors que la prophétie dépasse l'horizon de l'expérience calculable, le pronostic se sait, lui, imbriqué dans la situation politique. Et il l'est à un tel point que faire un pronostic, c'est déjà transformer la situation. Le pronostic est donc un facteur conscient d'action politique, il se rapporte à des événements dont il dégage la nouveauté. Aussi le temps est-il toujours relégué hors du pronostic d'une manière imprévisiblement prévisible.

15. K. Pomian, *L'Ordre du temps*, p. 93-94.

> *Le pronostic produit le temps qui l'engendre et dans lequel il se projette, tandis que la prophétie apocalyptique, elle, détruit le temps dont la fin est précisément sa raison d'être. Vus dans la perspective de la prophétie, les événements ne sont que des symboles de ce qui est déjà connu. Un prophète déçu ne peut être désorienté par ses propres prophéties. Avec la souplesse qui leur est propre, elles peuvent à tout moment être prolongées. Plus encore, à mesure que s'accroît chaque attente déçue, augmente la certitude de l'accomplissement à venir. En revanche, un pronostic raté ne se répète pas, même par erreur, car il reste prisonnier de ses prémisses définies une fois pour toutes.*

Le Futur passé, *p. 28-29.*

Objectivé, mis à distance, orienté vers un avenir qui ne le régit pas rétroactivement, mais dont on peut discerner les lignes probables d'évolution, le temps des historiens partage ces caractères avec celui de la biographie individuelle : chacun peut reconstruire son histoire personnelle, l'objectiver jusqu'à un certain point, comme en racontant ses souvenirs, remonter du moment présent à l'enfance, ou descendre de l'enfance à l'entrée dans le métier, etc. La mémoire, comme l'histoire, travaille un temps déjà écoulé.

La différence réside dans la mise à distance, dans l'objectivation. Le temps de la mémoire, celui du souvenir, ne peut jamais être entièrement objectivé, mis à distance, et c'est ce qui fait sa force : il revit avec une charge affective inévitable. Il est inexorablement infléchi, modifié, remanié en fonction des expériences ultérieures, qui l'ont investi de significations nouvelles.

Le temps de l'histoire se construit contre celui de la mémoire. Contrairement à ce qu'on écrit souvent, l'histoire n'est pas une mémoire. L'ancien combattant qui visite les plages du débarquement a une mémoire des lieux, des dates et du vécu : c'était là, tel jour, et, cinquante ans plus tard encore, il est submergé par le souvenir. Il évoque les camarades tués ou blessés. Puis il visite le Mémorial et il passe de la mémoire à l'histoire, il comprend l'ampleur du débarquement, il évalue les masses humaines, le matériel, les enjeux

stratégiques et politiques. Le registre froid et serein de la raison remplace celui, plus chaud et plus tumultueux, des émotions. Il ne s'agit plus de revivre mais de comprendre.

Cela ne signifie pas qu'il faille ne pas avoir de mémoire
pour faire de l'histoire, ou que le temps de l'histoire soit
celui de la mort des souvenirs, mais plutôt que l'un et l'autre
relèvent de registres différents. Faire de l'histoire n'est
jamais raconter ses souvenirs, ni tenter de pallier l'absence
de souvenirs par l'imagination. C'est construire un objet
scientifique, l'*historiser* comme disent nos collègues allemands, et l'historiser d'abord en construisant sa structure
temporelle, distanciée, manipulable, puisque la dimension
diachronique est le propre de l'histoire dans le champ de
l'ensemble des sciences sociales.

C'est dire que le temps n'est pas donné à l'historien
comme temps déjà-là, préexistant à sa recherche. Il est
construit par un travail propre au métier d'historien.

Le travail sur le temps. La périodisation

Le premier travail de l'historien est la chronologie. Il s'agit
d'abord de ranger les événements dans l'ordre du temps.
L'exercice semble simple, évident. Il réserve souvent des
surprises, car les événements se chevauchent, s'imbriquent.
Pour ne pas faire violence aux données, l'ordre chronologique doit être assoupli, nuancé, interprété. Il constitue un
premier dégrossissage.

Le second travail – second logiquement, car, dans la pratique, les deux opérations se confondent souvent – est la
périodisation. A un premier niveau, c'est une nécessité pratique : on ne peut embrasser la totalité sans la diviser. De
même que la géographie découpe l'espace en régions pour
pouvoir l'analyser, l'histoire découpe le temps en périodes [16].
Mais tous les découpages ne se valent pas : il faut en trouver
qui aient un sens et identifient des ensembles relativement
cohérents. Platon comparait le philosophe au bon cuisinier
qui sait découper les poulets *kat' arthra*, selon les articula-

16. Christian Grataloup, « Les régions du temps », in *Périodes*, p. 157-
173.

tions. La comparaison est tout aussi valable pour l'historien :
il doit trouver les articulations pertinentes pour découper
l'histoire en périodes, c'est-à-dire substituer à la continuité
insaisissable du temps une structure signifiante.

L'importance essentielle de la périodisation est qu'elle
traite, dans la chronologie même, le problème central de la
temporalité moderne. Dès lors que le temps est porteur de
nouveautés, de surprises, la question est d'articuler ce qui
change et ce qui subsiste. Le problème continuité et/ou rupture n'est aussi rebattu que parce qu'il est consubstantiel à
notre conception du temps. La périodisation permet de penser à la fois la continuité et la rupture. Elle affecte d'abord
l'une et l'autre à des moments différents : continuité à l'intérieur des périodes, ruptures entre elles. Les périodes se
suivent et ne se ressemblent pas ; périodiser, c'est donc identifier des ruptures, prendre parti sur ce qui change, dater le
changement et en donner une première définition. Mais, à
l'intérieur d'une période, l'homogénéité prévaut. L'analyse
va même un peu plus loin. Le découpage périodique comporte toujours une part d'arbitraire. En un sens, toutes les
périodes sont des « périodes de transition ». L'historien qui
souligne un changement en définissant deux périodes distinctes est obligé de dire sous quels aspects elles diffèrent,
et, au moins en creux, de façon implicite, plus souvent explicitement, sous quels aspects elles se ressemblent. La périodisation identifie continuités et ruptures. Elle ouvre la voie à
l'interprétation. Elle rend l'histoire sinon déjà intelligible, du
moins pensable.

L'histoire du siècle en apporte la confirmation. C'est, en
effet, la Révolution qui a « créé » le siècle [17] ; auparavant, le
terme avait un sens approximatif. Le « siècle » de Louis XIV
est pour Voltaire un règne un peu long, pas une période de
cent ans dotée d'une claire identité. Mais, avec la Révolution, prévaut le sentiment d'un changement majeur, d'un
contraste, et le tournant du siècle est, pour la première fois,
vécu comme un tournant tout court. Produit d'une comparaison entre le siècle qui s'achève et celui qui s'ouvre, le siècle
permet de penser la comparaison, c'est-à-dire à la fois la

17. D.-S. Milo, *Trahir le temps*, chap. 2 : « ...et la Révolution "créa" le
siècle. »

continuité et la rupture. C'est d'ailleurs pourquoi les siècles
des historiens ont une certaine plasticité : le XIXᵉ se termine
en 1914 et l'on connaît des longs ou des courts XVIᵉ siècles.
L'histoire ne peut donc se passer de périodisation. Pourtant, les périodes ont mauvaise réputation dans la profession.
De Lord Acton il y a un siècle, dont on a dit le grand précepte : « *Study problems, not periods* », aux critiques radi-
cales de P. Veyne et F. Furet[18], la période fait problème.
   Au vrai, il s'agit de la période toute faite, refroidie, de
celle dont l'historien hérite, non de la périodisation vive.
L'action de périodiser est unanimement légitime et aucun
historien ne peut s'en passer. Mais le résultat semble pour le
moins suspect. La période prend l'allure d'un cadre arbitraire et contraignant, d'un carcan qui déforme la réalité.
C'est qu'une fois l'objet historique « période » construit, il
fonctionne inévitablement de façon autonome. « La création
devient concrétion[19]. » L'enseignement contribue à ce dur-
cissement, à cette pétrification des périodes historiques :
l'exposé didactique vise la clarté et la simplicité, il donne
aux périodes une sorte d'évidence qu'elles ne comportent
pas. Il suffit, pour s'en rendre compte, d'enseigner une
période qui ne l'a pas encore été. J'ai donné des cours sur la
France de 1945 à nos jours à une époque où il n'y avait pas
de manuels sur la question. Naturellement, la périodisation
m'a posé problème : quelle est la bonne césure, 1958, avec la
fin de la IVᵉ République, ou 1962, avec la fin de la guerre
d'Algérie et l'élection du président de la République au suf-
frage universel ? J'ai essayé l'une et l'autre. Chacune a ses
avantages et ses inconvénients. Entre elles, l'enseignement
tranchera, et l'un des découpages s'imposera avec une évidence analogue à celle que nous trouvons au passage de la
« République progressiste » à la « République radicale »
autour de l'affaire Dreyfus.
   L'historien ne reconstruit pas la totalité du temps à chaque
recherche : il reçoit un temps qui a été déjà travaillé, déjà
périodisé par d'autres historiens. Comme la question de

18. Paul Veyne, *L'Inventaire des différences*, F. Furet, *L'Atelier de l'histoire*.
   19. O. Dumoulin, « La guerre des deux périodes », in *Périodes...*,
p. 145-153, p. 148.

l'historien tient sa légitimité scientifique de son insertion dans le champ, il ne peut faire abstraction des périodisations antérieures ; elles font partie du langage même de la profession. On parle d'un « premier XXᵉ siècle », d'un « haut » et d'un « bas » « Moyen Age », de la « Renaissance », des « Lumières ». Ces périodes-objets-historiques ont d'ailleurs une histoire. On a vu comment la Renaissance (il faut bien recourir à cet objet-période) a « inventé » le Moyen Age...

Les périodes ne s'institutionnalisent pas seulement par l'enseignement et la langue. Elles sont durablement fixées par les structures universitaires. Les chaires, les diplômes, sont affectés à des périodes qu'ils consolident. L'institution-nalisation va bien au-delà des quatre grandes périodes classiques, Antiquité, Moyen Age, moderne, contemporaine, avec l'arbitraire paradoxal de ces désignations, la « contemporaine » n'étant pas moderne et ne nous étant plus nécessairement contemporaine... Nous avons des seiziémistes et des dix-huitiémistes, des dix-neuviémistes et des vingtiémistes...

Le temps des historiens se présente ainsi comme un temps déjà-structuré, déjà-articulé. Les avantages n'en sont pas moins évidents que les inconvénients. Parmi les avantages, outre les commodités de langage – dangereuses – déjà signalées, on peut noter une facilité d'accès aux sources, car les écritures, les types de documents, les lieux de conservation obéissent souvent à un découpage périodique. Mais la période présente un véritable intérêt scientifique : elle signale que la simultanéité dans le temps n'est pas juxtaposition accidentelle, mais relation entre des faits d'ordres divers. Les différents éléments d'une période sont plus ou moins étroitement interdépendants. Ils « vont ensemble ». C'est le *Zusammenhang* des Allemands. Ils s'expliquent les uns par les autres. Le tout rend compte des parties.

Les inconvénients sont précisément l'envers de cet avantage. Ils sont de deux ordres. D'abord, la clôture de la période sur elle-même interdit d'en saisir l'originalité. Pour comprendre la religion romaine, il faut sortir de la période romaine, comme le demande P. Veyne, et s'interroger sur le phénomène religieux dans son ensemble. Ce qui ne veut pas dire qu'il n'y ait pas de liens entre la religion romaine, le droit romain, les structures familiales, la société... Nul n'est condamné à s'en-

fermer dans « sa » période. Le propre du temps historique est
précisément de pouvoir se parcourir en tous sens, vers l'amont
comme vers l'aval, et à partir de tout point.

En second lieu, on reproche à la période de créer une unité
factice entre des éléments hétérogènes. La temporalité
moderne, c'est aussi la découverte de la non-simultanéité dans
le simultané, ou encore de la contemporanéité de ce qui n'est
pas contemporain [20] (Koselleck). Jean-Marie Mayeur aime à
dire qu'au même moment plusieurs France d'âges différents
coexistent. On ne peut que souscrire à sa remarque. Depuis la
fin du XVIIIᵉ siècle, le temps qui produit du nouveau est perçu
comme ne le produisant pas au même rythme dans tous les
secteurs. Les historiens utilisent des termes comme « en
avance », ou « en retard » : l'évolution sociale est « en retard »
sur l'évolution économique, ou le mouvement des idées « en
avance »… La révolution de 1848 survient « trop tôt »
en Allemagne, etc. Ces façons de parler signifient qu'en un
même moment du temps tous les éléments observés ne sont
pas au même stade d'évolution, ou, pour le dire de façon paradoxale, en faisant jouer les deux sens du terme : tous les éléments contemporains ne sont pas contemporains.

La pluralité des temps

C'est qu'en fait chaque objet historique a sa périodisation
propre. Marc Bloch le dit avec humour et justesse.

**Marc Bloch : A chaque phénomène,
sa périodisation**

*Tant qu'on s'en tient à étudier, dans le temps, des chaînes
de phénomènes apparentés, le problème, en somme, est
simple. C'est à ces phénomènes mêmes qu'il convient de
demander leurs propres périodes. Une histoire religieuse
du règne de Philippe Auguste ? Une histoire économique*

---

20. « Die Gleichzeitigkeit des Ungleichzeitigen ». R. Koselleck,
L'Ordre du temps, p. 114 et p. 121.

> *du règne de Louis XV ? Pourquoi pas : « Journal de ce qui s'est passé dans mon laboratoire sous la deuxième présidence de Grévy », par Louis Pasteur ? Ou, inversement, « Histoire diplomatique de l'Europe, depuis Newton jusqu'à Einstein » ?*
> *Sans doute, on voit bien par où des divisions tirées très uniformément de la suite des empires, des rois ou des régimes politiques ont pu séduire. Elles n'avaient pas seulement pour elles le prestige qu'une longue tradition attache à l'exercice du pouvoir [...]. Un avènement, une révolution ont leur place fixée, dans la durée, à une année, voire à un jour près. Or l'érudit aime, comme on dit, à « dater finement ». [...]*
> *Gardons-nous, pourtant, de sacrifier à l'idole de la fausse exactitude. La coupure la plus exacte n'est pas forcément celle qui fait appel à l'unité de temps la plus petite [...], c'est la mieux adaptée à la nature des choses. Or chaque type de phénomènes a son épaisseur de mesure particulière et, pour ainsi dire, sa décimale spécifique.*
>
> Apologie pour l'histoire, *p. 93-94*

Ainsi, à chaque objet historique, sa périodisation spécifique. Il n'est pas pertinent d'adopter une périodisation politique pour l'étude d'une évolution économique ou religieuse, et inversement. Mais on ne peut tenir cette position jusqu'à ses extrémités sans dissoudre le temps en une pluralité de temps sans cohérence. La négation absolue de la période comme unité dynamique d'un moment serait une démission de l'intelligence qui renoncerait à la synthèse. Nous sommes ici devant une contradiction que nous devons assumer – nous en trouverons d'autres – car nous ne pouvons sacrifier aucune des deux branches de l'alternative sans renoncer à quelque chose d'essentiel.

La plupart des historiens ont éprouvé, sans la résoudre, cette contradiction. Ranke s'est insurgé contre le découpage de l'histoire en trois périodes, mais il a employé ces catégories et leur a donné un contenu [21]. Seignobos savait très bien le caractère artificiel des périodes, « divisions imaginaires »

21. R. Koselleck, *ibid.*, p. 267.

introduites par les historiens[22]. L. Febvre souligne « le lien
d'interdépendance extrêmement serré d'une époque donnée » tout en déplorant l'arbitraire qui brise les continuités[23].
F. Braudel, après s'être demandé : « Y a-t-il, ou n'y a-t-il pas,
exceptionnelle et brève coïncidence entre tous les temps
variés de la vie des hommes ? », écrit quinze pages plus loin :
« Il n'y a pas un temps social d'une seule et simple coulée,
mais un temps social à mille vitesses, à mille lenteurs[24]. »

Il nous faut donc trouver un moyen de rendre cette contradiction tenable et féconde. La hiérarchisation des temps peut
nous le permettre en articulant les temps différents les uns
par rapport aux autres, un peu comme l'utilisation de la profondeur du champ permet au cinéaste de montrer plusieurs
personnages, tous distincts, alors qu'ils s'échelonnent à distance variée de son objectif.

C'est à quoi F. Braudel s'est attaqué avec le succès que
l'on sait dans sa *Méditerranée*. Sa distinction de trois temps
est devenue classique, au point de subir les avatars que nous
décrivions plus haut, de la création à la concrétion. En fait,
même si ce texte célèbre est la préface d'une thèse articulée
en trois parties suivant les règles traditionnelles de la rhétorique académique française[25] et si, comme toute préface, il
poursuit prioritairement l'objectif de justifier ce plan, il
continue à séduire par sa pertinence autant que par son élé-
gance. Braudel va du plus large, du plus général, au plus particulier. Il consacre sa première partie au cadre géographique
et matériel, sa deuxième à l'économie, et sa troisième aux
événements politiques. Ces trois objets, relativement solidaires et relativement indépendants, correspondent à trois

---

22. Ch. Seignobos, « L'enseignement de l'histoire dans les facultés »,
Revue internationale de l'enseignement, II, 15 juillet 1884, p. 36 : « Je sais
que ce procédé peut sembler artificiel. Les périodes ne sont pas des réalités, c'est l'historien qui, dans la série continue des transformations, introduit des divisions imaginaires. »

23. O. Dumoulin, *Profession historien*, p. 148.

24. *Ibid.*, p. 149 et 150. Voir F. Braudel, *Écrits sur l'histoire*, p. 31
(Leçon inaugurale au Collège de France, 1950) et p. 48 (article sur la
longue durée, 1958).

25. Gageons que, s'il avait été chinois, il eût composé sa thèse en cinq
parties et distingué cinq temps, mais que notre culture soit ternaire (Antiquité, Moyen Age, Temps modernes), n'a pas empêché sa distinction
d'être efficace, au contraire.

temporalités étagées : un temps long, celui des structures
géographiques et matérielles, un temps intermédiaire, celui
des cycles économiques, de la conjoncture, et le temps court
du politique, celui de l'événement. F. Braudel n'était pas
dupe, qui savait mieux que personne la pluralité indéfinie
des temps historiques.

Fernand Braudel : Les trois temps...

*Ce livre se divise en trois parties, chacune étant en soi un
essai d'explication.*

*La première met en cause une histoire quasi immobile,
celle de l'homme dans ses rapports avec le milieu qui
l'entoure ; une histoire lente à couler et à se transformer,
faite bien souvent de retours insistants, de cycles sans fin
recommencés. Je n'ai pas voulu négliger cette histoire-
là, presque hors du temps, au contact des choses inani-
mées, ni me contenter, à son sujet, de ces traditionnelles
introductions géographiques à l'histoire [...]*

*Au-dessus de cette histoire immobile, une histoire len-
tement rythmée, on dirait volontiers, si l'expression
n'avait été détournée de son sens plein, une histoire
sociale, celle des groupes et des groupements. Comment
ces vagues de fond soulèvent-elles l'ensemble de la vie
méditerranéenne ? Voilà ce que je me suis demandé dans
la seconde partie de mon livre, en étudiant successivement les économies et les États, les sociétés, les civilisations, en essayant enfin, pour mieux éclairer ma
conception de l'histoire, de montrer comment toutes ces
forces de profondeur sont à l'œuvre dans le domaine
complexe de la guerre. Car la guerre, nous le savons,
n'est pas un pur domaine de responsabilités individuelles.*

*Troisième partie enfin, celle de l'histoire traditionnelle,
si l'on veut de l'histoire à la dimension non de l'homme,
mais de l'individu, l'histoire événementielle de François
Simiand : une agitation de surface, les vagues que les
marées soulèvent sur leur puissant mouvement. Une histoire à oscillations brèves, rapides, nerveuses. Ultra-sen-
sible par définition, le moindre pas met en alerte tous ses
instruments de mesure. Mais telle quelle, c'est la plus
passionnante, la plus riche en humanité, la plus dangereuse aussi. Méfions-nous de cette histoire brûlante*

> *encore, telle que les contemporains l'ont sentie, décrite,*
> *vécue, au rythme de leur vie, brève comme la nôtre. Elle*
> *a les dimensions de leurs colères, de leurs rêves et de*
> *leurs illusions...*
>
> La Méditerranée..., *Préface, p. 11-12.*

Si l'on veut conserver à la démarche braudélienne sa fécondité, il faut en retenir l'intention et la démarche plus que l'aboutissement. L'important est de tenir compte de la temporalité propre à chaque série de phénomènes dans la recherche de leur articulation. Les diverses séries de phénomènes n'évoluent pas au même pas. Chacune a son allure propre, son rythme spécifique qui la caractérise en lien avec d'autres traits caractéristiques. Il est essentiel, pour comprendre leur combinaison, de hiérarchiser ces temporalités inégales.

En prenant garde, toutefois, aux présupposés logiques de la démarche. L'échelonnement braudélien de l'histoire immobile à l'histoire rapide constitue en fait une prise de parti majeure sur l'importance respective des différents pans de la réalité étudiée et sur le sens des causalités. La notion paradoxale de « temps immobile », reprise par les élèves de F. Braudel, ne doit pas nous induire en erreur. Le substantif pèse plus lourd que l'adjectif, et ce temps reste un temps, une durée qui enregistre des changements lents sans doute, voire très lents, mais non une stabilité absolue. Le temps immobile [26] connaît des fluctuations, des oscillations, bref, il n'est pas vraiment immobile. Nous restons dans la temporalité de l'histoire. Mais la notion implique une prise de position en faveur de la longue durée [27]. Ce qui change lentement est par là même érigé en déterminant majeur, et ce qui change rapidement se voit assigné aux régions secondaires, voire subsidiaires, de l'histoire. Le parti pris sur le temps est aussi un parti interprétatif global qu'il vaut mieux expliciter.

---

26. C'est le titre de la leçon inaugurale d'Emmanuel Le Roy Ladurie au Collège de France, en 1973. Voir E. Le Roy Ladurie, *Le Territoire de l'historien*, Paris, Gallimard, 1978, t. II, p. 7-34.
27. F. Braudel, « Histoire et sciences sociales. La longue durée », *Annales ESC*, oct.-décembre 1958, p. 725-752, repris dans *Écrits sur l'histoire*, p. 71-83.

On voit l'importance décisive, dans la construction de l'histoire, du travail sur le temps. Ce n'est pas seulement une mise en ordre, un rangement chronologique, ni une structuration en périodes. C'est aussi une hiérarchisation des phénomènes en fonction du rythme auquel ils changent. Le temps de l'histoire n'est ni une ligne droite, ni une ligne brisée faite d'une succession de périodes, ni même un plan : les lignes qu'il entrecroise composent un relief. Il a de l'épaisseur, de la profondeur.

L'histoire n'est pas seulement travail sur le temps. Elle est aussi réflexion sur le temps, et sa fécondité propre. Le temps crée, et toute création demande du temps. Dans le temps court de la politique, on sait qu'une décision ajournée de trois semaines peut être abandonnée, que la non-décision rend parfois les problèmes insolubles, et qu'au contraire, parfois, il suffit de laisser passer le temps pour que le problème se dissolve comme de lui-même, conformément à l'adage que l'on prête au président du Conseil Queuille : « Il n'est pas de problème qui ne finisse par trouver une solution si on ne décide rien. » Dans le temps plus long de l'économie ou de la démographie, l'historien mesure l'inertie du temps, et l'impossibilité de remédier rapidement par exemple (à supposer que ce soit un mal…) au vieillissement de la population.

L'histoire invite ainsi à une méditation rétrospective sur la fécondité propre du temps, sur ce qu'il fait et défait. Le temps, principal acteur de l'histoire.

6

Les concepts

« On ne peut pas dire que quelque chose est sans dire ce que c'est. En réfléchissant sur des faits, on les renvoie à des concepts et il n'est pas indifférent de savoir auxquels on les renvoie [1]. » L'histoire ne diffère pas sur ce point de toutes les autres disciplines. Mais recourt-elle à des concepts spécifiques ?

A première vue, il le semblerait, car l'énoncé historique ne se reconnaît pas seulement à ce qu'il réfère au passé et comporte des dates. Un énoncé tel que : *A la veille de la Révolution, la société française traverse une crise économique d'Ancien Régime* est évidemment historique. Il utilise, en effet, des expressions qui n'appartiennent à aucun autre vocabulaire et que l'on peut qualifier de concepts, comme *Révolution* ou *crise économique d'Ancien Régime*. Qu'ont-ils de particulier ?

Des concepts empiriques

Deux types de concepts

Dans la phrase que nous venons de prendre pour exemple, on peut identifier une désignation chronologique par référence à un événement-période désigné d'un mot : *à la veille de la Révolution*, et deux concepts eux-mêmes complexes : *société française* et *crise économique d'Ancien Régime*. *Révolution* est un terme d'époque : on se souvient de l'apostrophe célèbre : « – C'est une révolte. – Non, Sire, c'est une révolution »… quant à l'expression *Ancien Régime* elle entre dans la langue durant le second semestre de 1789 pour dési-

---

1. W. von Schlegel, cité par R. Koselleck, *Le Futur passé,* p. 307.

gner ce qui vient, précisément, de basculer dans le passé. Ces
deux termes, utilisés ici le premier comme élément de datation, le second comme caractère distinctif, sont évidemment
deux concepts, mais que l'historien n'a pas forgés : ils font
partie de l'héritage même de l'histoire... Les deux autres
concepts, *société française* et *crise économique*, sont aussi
un héritage, car l'historien ne les a pas créés aujourd'hui
pour les besoins de la démonstration, mais un héritage inégalement ancien, puisque le premier remonte au XIXᵉ siècle et
le second à la première moitié du XXᵉ, et notamment à
Labrousse. On ne peut donc que suivre R. Koselleck dans sa
distinction de deux niveaux de concepts.

Reinhart Koselleck : Deux niveaux de concepts

*Toute historiographie se meut sur deux niveaux : ou bien
elle analyse des faits qui ont déjà été exprimés auparavant, ou bien elle reconstruit des faits qui auparavant
n'ont pas été exprimés dans le langage mais avec l'aide
de certaines méthodes et indices qui ont en quelque sorte
été « préparés ». Dans le premier cas, les concepts hérités du passé servent d'éléments heuristiques pour saisir
la réalité passée. Dans le second cas, l'histoire se sert de
catégories formées et définies* ex post, *qui ne sont pas
contenues dans les sources utilisées. C'est ainsi par
exemple que l'on a recours à des données de la théorie
économique pour analyser le capitalisme naissant à
l'aide de catégories totalement inconnues à l'époque. Ou
bien on développe des théorèmes politiques, que l'on
applique à des situations constitutionnelles, sans pour
autant se sentir obligé d'écrire une histoire sur le mode
optatif.*

Le Futur passé, *p. 115.*

Du premier niveau relèvent toutes les désignations
d'époque, qui sont souvent hermétiques pour le profane :
parler de *tenure*, de *manse*, de *fief*, de *ban*, d'*alleu*, de *fermier général*, d'*officier*, c'est désigner de leur nom propre
des réalités aujourd'hui sans équivalent. On hésite à parler à
leur propos de concepts, car ces termes ont un contenu

concret indiscutable. Mais, pour prendre un autre exemple, où l'on n'hésitera pas à voir un concept, le terme *bourgeois* présente également un contenu concret, comme toute désignation de réalité sociale ou d'institution.

Entre ces termes, la différence est de l'ordre de la plus ou moins grande généralité. Le concept d'*officier* est moins général que *bourgeois*, puisque ce terme englobe non seulement les officiers du roi et ceux des villes, et bien d'autres personnages. Mais tous deux présentent une certaine généralité. C'est ce qui constitue le passage du mot au concept : pour qu'un mot devienne un concept, il faut qu'une pluralité de significations et d'expériences entrent dans *ce seul* mot.

Pour les désignations de réalités passées on trouve généralement dans la langue du temps des concepts adéquats. Mais il arrive aussi que l'historien recoure à des concepts étrangers à l'époque et qui lui semblent mieux adaptés. On connaît la discussion autour de la société d'Ancien Régime : société d'*ordres* ou de *classes* ? Faut-il la penser suivant les concepts qu'elle utilisait elle-même, et qui ne correspondent plus exactement aux réalités du XVIIIᵉ siècle, ou selon des concepts élaborés au siècle suivant, pendant la Révolution française ou plus tard encore ?

A penser le passé avec des concepts contemporains, on risque l'anachronisme. Le danger est particulièrement grand dans le domaine de l'histoire des idées ou des mentalités. L. Febvre a bien montré dans son *Rabelais*[2] combien les concepts d'*athéisme* et même d'*incroyance* appliqués au XVIᵉ siècle constituaient des anachronismes majeurs. La tentation resurgit pourtant inévitablement, car l'historien formule d'abord ses questions avec les concepts de son propre temps, puisqu'il les pose depuis la société où il vit. Le travail de distanciation, contrepoids nécessaire, nous l'avons vu, à l'enracinement contemporain et personnel des questions de l'historien, commence précisément par une vérification de la validité historique des concepts grâce auxquels les questions sont pensées. On comprend que le pédagogue des années 1980, pris dans le (faux ?) débat « instruction ou éducation », commence par appliquer cette grille conceptuelle à l'étude des réformes de

2. L. Febvre, *Le Problème de l'incroyance au XVIᵉ siècle : la religion de Rabelais*, Paris, Albin Michel, 1942.

J. Ferry, mais, s'il ne s'aperçoit pas rapidement du biais ainsi créé, il risque l'anachronisme et le contresens. On aurait envie de dire qu'il sort de l'histoire, si cela n'impliquait qu'il y soit entré…

En revanche, il est des réalités pour lesquelles l'historien n'a pas le choix entre les concepts d'époque et les concepts *ex post* : ce sont les périodes et les processus.

Il est extrêmement rare que les contemporains d'une époque aient eu conscience de l'originalité de la période qu'ils vivaient au point de lui donner un nom au moment même. Pour parler de la *Belle Époque,* il faut avoir traversé la guerre de 1914 et vivre un temps d'inflation. L'expression bien commode de *premier XXᵉ siècle* pour désigner la période 1900-1940 n'est guère apparue avant les années 1970… Les Grecs de l'époque *classique* ignoraient qu'elle le fût, et pareillement ceux de l'époque *hellénistique…* Il n'y a guère que les grands mouvements populaires, ou les guerres, qui suscitent chez les contemporains le sentiment de constituer une période particulière et qui demandent un nom : la Révolution a été nommée sur-le-champ et les Français de 1940 ont eu clairement conscience de vivre une débâcle.

De même, en général, les processus historiques, les évolutions plus ou moins profondes de l'économie, de la société, et même de la politique, sont rarement sentis sur le moment, et plus rarement encore conceptualisés. C'est l'un des traits de la société actuelle que l'immédiate présence à elle-même qui lui permet, grâce à la sociologie scientifique ou journalistique, de porter un diagnostic sur ce qui est en train de se passer et qui parfois n'est pas encore achevé, au risque de contribuer ainsi à faire advenir ce qu'elle annonce. La *révolution silencieuse* qui secoue la paysannerie, mécanise et regroupe les exploitations, les intègre aux marchés internationaux et fait disparaître le paysan d'autrefois, vivant en autosubsistance, a été décrite par un secrétaire général du Centre national des jeunes agriculteurs alors qu'elle n'était pas encore achevée. Le concept de *nouvelle classe ouvrière* date de 1964, et trente ans plus tard il peut encore permettre de décrire une évolution qui se poursuit.

La distinction de deux niveaux de concepts, fondamentale pour l'histoire des concepts, n'entraîne pas nécessairement des différences logiques. Dans les deux cas, en effet, le concept résulte du même type d'opération intellectuelle : la généralisation ou le résumé.

De la description résumée à l'idéaltype

Les vrais concepts permettent la déduction. Ils procèdent par la définition d'une propriété pertinente, dont découle une série de conséquences. Définir l'homme comme un animal raisonnable, c'est associer deux concepts : celui d'animal et celui de raison. Du premier, on déduira que l'homme est mortel, etc. Du second, qu'il est capable de connaissance et de moralité.

Les concepts de l'histoire ne relèvent pas de ce type. Ils sont construits par une série de généralisations successives, et définis par l'énumération d'un certain nombre de traits pertinents, qui relèvent de la généralité empirique, non de la nécessité logique.

Prenons comme exemple le concept de *crise économique d'Ancien Régime* [3]. Il comprend trois niveaux de précision, que la comparaison paradigmatique met en évidence. D'abord, c'est une crise : le terme désigne un phénomène relativement violent et soudain, un changement subit, un moment décisif, mais toujours pénible ou douloureux. Ce sens original est présent dans la langue familière, par exemple quand, dans une équipe qui ne sait plus comment faire face à toutes ses tâches et traverse un moment d'affolement, quelqu'un dit : *c'est la crise...* Le vocabulaire médical l'emploie en ce sens, avec des déterminations comme crise d'*appendicite* ou de *coliques néphrétiques*. L'opposition aux maladies *chroniques* renforce le caractère de brièveté et d'intensité qu'implique le terme.

A un second niveau, la *crise économique* se distingue des

---

3. Ce concept a été forgé par C.-E. Labrousse, *La Crise de l'économie française à la fin de l'Ancien Régime et au début de la Révolution,* Paris, PUF, 1944, et par Jean Meuvret à la même époque, dans des articles célèbres, « Les mouvements des prix de 1661 à 1715 et leurs répercussions », *Journal de la Société de statistique de Paris,* 1944, et « Les crises de subsistances et la démographie de l'Ancien Régime », *Population,* 1946, n° 4. Voir une discussion dans Pierre Vilar, *Une histoire en construction,* « Réflexions sur la crise de l'ancien type », p. 191-216.

autres crises : *sociale, politique, démographique*, etc., comme
la *machine à laver le linge* de la *machine à laver la vaisselle*,
avant que la création du terme *lave-vaisselle* ne restitue à
machine à laver le sens exclusif de *machine à laver le linge*.
En fait, *crise économique* est l'emploi le plus fréquent du
terme dans la langue des sciences sociales ; il a été appliqué par
extension en dehors de la sphère économique. Aussi quand on
dit dans une discussion sur le chômage : *c'est la crise*, tout le
monde comprend qu'il s'agit de la crise économique. De
même, les historiens comprendraient de quoi l'on parle si l'on
se bornait à dire *crise d'Ancien Régime*. Cependant, la détermination *économique*, implicite ou explicite, est ici essentielle
à la définition. Elle implique en effet un découpage du réel en
domaines : économique, social, politique, culturel, qui est loin
d'être neutre. C'est une façon de penser l'histoire.

En précisant encore *d'Ancien Régime*, on résume les caractères que cette crise de 1788 doit normalement présenter.
Elle est d'origine agricole et non pas industrielle ; sa cause
est une mauvaise récolte ; elle entraîne une flambée des prix,
donc une cherté du pain dans les villes, au moment même
où, faute de blé à vendre, les campagnes n'ont pas d'argent,
ce qui ferme le débouché rural aux produits industriels. La
crise gagne ainsi la ville et l'industrie. Elle s'accompagne
d'une hausse de la mortalité, et d'une diminution différée de
la natalité. Cette crise d'Ancien Régime s'oppose à la crise
de type industriel, dont l'origine est une surproduction, qui
entraîne une baisse des prix des produits, une contraction des
salaires, du chômage, etc.

On voit bien, par cet exemple, comment procède le
concept historique. Il atteint une certaine forme de généralité, parce qu'il résume plusieurs observations qui ont enre-
gistré des similitudes et dégagé des phénomènes récurrents.
R. Koselleck, qui s'est consacré à l'histoire des concepts, le
dit fort justement : « Sous un concept se subsument la multi-
plicité de l'expérience historique et une somme de rapports
théoriques et pratiques en un seul ensemble qui, en tant que
tel, n'est donné et objet d'expérience que par ce concept [4]. »

---

4. *Le Futur passé*, p. 109. Cette citation est en même temps une définition du verbe *subsumer* : placer sous l'unité d'un concept les données de
l'expérience concrète.

La *crise économique d'Ancien Régime* résume bien un ensemble de rapports théoriques et pratiques entre les récoltes, la production industrielle, la démographie, etc., et il est vrai que cet ensemble n'existe comme tel que par l'usage du concept.

On aurait pu choisir d'autres exemples, comme le concept de *cité antique* ou ceux de *société féodale,* de *régime seigneurial* ou de *révolution industrielle,* etc. La *cité antique* regroupe un ensemble de traits pertinents qui sont empiriquement constatés, bien qu'avec des nuances, dans l'Antiquité gréco-latine et qui entretiennent les uns avec les autres des rapports stables. Même les désignations de réalités, comme *officier* à l'époque moderne, combinent une description et un faisceau de relations : les officiers du roi par rapport à ceux des villes, les modalités d'acquisition et de transmission de leurs offices, leurs modes de rémunération. Impossible de penser l'histoire sans recourir à des concepts de ce type. Ce sont des outils intellectuels indispensables.

Au premier niveau, le concept est une commodité de langage qui permet une économie de description et d'analyse. *Crise économique d'Ancien Régime* donne une idée approximative de ce qui s'est passé, mais laisse ignorer si la crise en question a été longue ou courte, violente ou non. La déduction est impossible car chaque crise est différente des autres, et d'autres facteurs – une guerre par exemple – peuvent compliquer le schéma. Bref, ce concept que Kant nommait empirique est une description résumée, une façon économique de parler, non un « vrai » concept. L'abstraction reste incomplète et ne peut s'affranchir de toute référence à un contexte localisé et daté. D'où un statut de « semi-nom propre » ou de « noms communs imparfaits » des concepts génériques de l'histoire, comme d'ailleurs de la sociologie. Ils restent soumis au contrôle énumératif des contextes singuliers qu'ils subsument [5]. Aussi ne peut-on les définir d'une formule : il faut les décrire, dérouler l'écheveau de réalités concrètes et de relations qu'ils résument, comme on vient de le faire pour *crise économique d'Ancien Régime* ; les expliquer, c'est toujours les expliciter, les développer, les déployer. Ce sont

---

5. Sur tout ceci, voir J.-Cl. Passeron, *Le Raisonnement sociologique,* p. 60 *sq.*

« des concentrés d'une multitude de significations », dit
R. Koselleck qui cite Nietzsche : « Tous les concepts dans
lesquels se résume sémiotiquement l'ensemble d'un processus échappent à la définition. N'est définissable que ce qui
n'a pas d'histoire[6]. »

L'impossibilité de définir les concepts historiques entraîne
leur caractère nécessairement *polysémique* et leur plasticité :

> Une fois « forgé », un concept contient du seul fait de la
> langue la possibilité d'être employé de manière généralisante, de constituer un élément de typologie ou d'ouvrir des
> perspectives de comparaison. Celui qui parle de tel parti poli-
> tique, de tel État ou de telle armée, se place linguistiquement
> à un niveau qui présuppose les partis, les États ou les
> armées[7].

Dans la mesure où ils constituent des outils de comparaison,
et pour qu'ils puissent susciter ainsi une « intelligibilité
comparative » (Passeron), les concepts sont cependant un peu
plus que des descriptions résumées. Le processus de construction des concepts que nous venons de décrire n'en rend pas
pleinement compte. Il repose, en effet, sur la similitude plus
que sur la différence : or si le concept est construit par regrou-
pement des traits communs à un même phénomène, la différence réside dans l'absence de certains traits ou la présence de
traits supplémentaires dans le phénomène étudié et n'a pas
grand sens. En réalité, les concepts historiques sont davantage : ils incorporent un raisonnement et réfèrent à une théorie. Ce sont ce que Max Weber appelle des idéaltypes.

Reprenons l'exemple de la crise d'Ancien Régime. Nous
avons noté que ce concept implique un lien de causalité entre
des phénomènes climatiques, des productions agricoles, des
prix, des comportements démographiques. Ce n'est pas seulement une collection de traits concrets juxtaposés, mais
aussi, et d'abord, un lien entre ces traits, un raisonnement
beaucoup plus complexe d'ailleurs qu'une simple détermination par le climat. C'est en outre un parti pris en matière
de découpage du réel en différents domaines. Il ne repose
pas seulement sur des constats empiriques mais aussi sur des

6. *Le Futur passé*, p. 109.
7. *Ibid.*, p. 115.

raisonnements et sur une théorie. Max Weber ne décrit pas
autre chose, sous le terme d'idéaltype. Et, d'ailleurs, les
exemples d'idéaltypes qu'il donne sont tous familiers aux
historiens :

Max Weber : L'idéaltype est un tableau de pensée

*...on forme le concept d' « économie urbaine » non pas en
établissant une moyenne des principes économiques qui
ont existé effectivement dans la totalité des villes exami-
nées, mais justement en construisant un* idéaltype. *On
obtient un idéaltype en* accentuant *unilatéralement un* ou
plusieurs *points de vue et en enchaînant une multitude de
phénomènes donnés* isolément, *diffus et discrets, que l'on
trouve tantôt en grand nombre, tantôt en petit nombre et
par endroits pas du tout, qu'on ordonne selon les précédents points de vue choisis unilatéralement, pour former
un* tableau de pensée *homogène. On ne trouvera nulle
part empiriquement un pareil tableau dans sa pureté
conceptuelle : il est une* utopie. *Le travail historique aura
pour tâche de déterminer dans chaque cas particulier
combien la réalité se rapproche ou s'écarte de ce tableau
idéal, dans quelle mesure il faut par exemple attribuer, au
sens conceptuel, la qualité d' « économie urbaine » aux
conditions économiques d'une ville déterminée. [...]*
[Max Weber analyse ensuite le concept de civilisation
capitaliste] *c'est-à-dire d'une civilisation dominée uniquement par les intérêts de l'investissement de capitaux
privés. Il consisterait à accentuer certains traits donnés
de façon diffuse dans la vie civilisée moderne, matérielle
et spirituelle, pour les assembler en un tableau idéal non
contradictoire, à l'effet de notre investigation. Ce tableau
constituerait alors le dessin d'une « idée » de la civilisation capitaliste, sans que nous ayons à nous demander ici
si l'on peut et comment on peut l'élaborer. Il est possible
[...] d'esquisser plusieurs et même à coup sûr un très
grand nombre d'utopies de ce genre dont* aucune *ne se
laisserait jamais observer dans la réalité empirique sous
forme d'un ordre réellement en vigueur dans une société,
mais dont* chacune *peut prétendre représenter l' « idée »
de la civilisation capitaliste et dont* chacune *peut même
avoir la prétention, dans la mesure où elle a effectivement*

sélectionné dans la réalité certaines caractéristiques significatives par leur particularité de notre civilisation, de les réunir en un tableau idéal homogène.
[...] l'historien, dès qu'il cherche à s'élever au-dessus de la simple constatation des relations concrètes pour déterminer la signification *concrète d'un événement singulier, [...] travaille et* doit *travailler avec des concepts qui, en général, ne se laissent préciser de façon rigoureuse et univoque que sous la forme d'idéaltypes.*
...L'idéaltype est un tableau de pensée, il n'est pas *la réalité historique ni surtout la réalité « authentique », il sert encore moins de schéma dans lequel on pourrait ordonner la réalité à titre d'*exemplaire. *Il n'a d'autre signification que d'un* concept limite *purement idéal, auquel on* mesure *la réalité pour clarifier le contenu empirique de certains de ses éléments importants et avec lequel on la* compare. *Ces concepts sont des images dans lesquelles nous construisons des relations, en utilisant la catégorie de possibilité objective, que notre* imagination *formée et orientée d'après la réalité* juge *comme adéquate.*

                    Essais sur la théorie de la science, *p. 180-185.*

Les concepts sont ainsi des abstractions auxquelles les historiens comparent la réalité, sans l'expliciter toujours. Ils raisonnent en fait sur l'écart entre les modèles conceptuels et les réalisations concrètes. C'est pourquoi les concepts introduisent une dimension comparative, plus ou moins explicite, dans toute histoire, en référant au même modèle idéaltypique les différents cas étudiés. L'abstraction de l'idéaltype transforme la diversité empirique en différences et en similitudes qui font sens ; elle fait ressortir à la fois le spécifique et le général.

Les concepts forment réseau

Parce qu'ils sont abstraits et réfèrent à une théorie, les concepts forment réseau. L'exemple de la crise d'Ancien Régime le montrait déjà. Celui du fascisme, qui relève d'un tout autre domaine, le montre peut-être mieux encore.

Que le concept de *fascisme* soit bien un idéaltype ressort

clairement de l'usage qu'en font les historiens[8]. Ou bien ils le déterminent, et parlent de fascisme *hitlérien* ou *italien,* ce qui implique que le fascisme tout court n'a pas existé quelque part comme tel (sinon, il suffirait de dire *fascisme* pour qu'on sache précisément de quel pays précis on parle et à quelle époque), ou bien ils l'utilisent pour poser des questions et se demandent, par exemple : « Vichy était-il fasciste ? » Dans ce cas, la question n'appelle pas une réponse par oui ou par non, mais un inventaire des différences, pour reprendre l'expression de P. Veyne, ou plus exactement une série de comparaisons entre l'idéaltype du fascisme et la réalité historique concrète du régime de Vichy.

Dans cette confrontation entre la réalité historique et l'idéaltype, l'historien rencontre nécessairement d'autres concepts, opposés ou solidaires. *Fascisme* s'oppose d'abord à *démocratie, libertés publiques* ou *droits de l'homme* et, dans cette opposition, se rapproche de *dictature* : concrètement, cela implique l'arbitraire policier, l'absence des libertés fondamentales de presse ou de réunion et l'asservissement du pouvoir judiciaire à l'exécutif. Cependant, le fascisme est plus qu'une dictature ; il se caractérise en outre par une forme de mobilisation collective et de *leadership* et par une volonté totalitaire de contrôle de la société ; il suppose un leader charismatique, des formes intenses d'adhésion chez ses partisans, en même temps que des institutions de prise en charge complète de la vie civile, par le corporatisme, la jeunesse unique, le syndicat unique, le parti unique. Ces traits permettent de différencier les régimes hitlérien et mussolinien des dictatures sud-américaines. Mais pas du régime soviétique : il faut pour cela faire intervenir des traits d'ordre idéologique, opposer l'idéologie de la classe à celle de la nation et rencontrer le concept de *totalitarisme.* Au terme du raisonnement, on dégagera les traits qui rapprochent Vichy du fascisme et ceux qui

---

8. Voir sur ce sujet, dans la *Nouvelle Histoire des idées politiques* dirigée par Pascal Ory (Paris, Hachette, 1987), la partie 4. 2 : « La solution fasciste » et notamment la contribution de Philippe Burrin, « Autorité », p. 410-415. Voir aussi, entre mille autres titres, l'article de Robert Paxton, « Les fascismes, essai d'histoire comparée », *Vingtième siècle, revue d'histoire,* n° 45, janv.-mars 1995, p. 3-13, et l'avant-propos du *Dictionnaire historique des fascismes et du nazisme,* de Serge Berstein et Pierre Milza (Bruxelles, Complexe, 1992).

l'en distinguent, et l'on introduira des différences entre le Vichy de 1940 et celui de 1944, livré à la Milice.

On le voit, le concept de fascisme ne prend sens que dans un réseau conceptuel qui comprend des concepts tels que *démocratie, libertés, droits de l'homme, totalitarisme, dictature, classe, nation, racisme*, etc. C'est ce que les linguistes appellent un champ sémantique : un ensemble de termes qui entretiennent les uns avec les autres des relations stables soit d'opposition, soit d'association ou de substitution. Les concepts qui sont en opposition pertinente présentent des traits symétriques contraires. Les concepts associés présentent des traits identiques, mais non en totalité. Si deux concepts pouvaient se décrire avec exactement les mêmes traits, ils constitueraient alors une classe d'équivalence et seraient substituables l'un à l'autre dans tous leurs emplois.

Les historiens français ne font pas toujours un usage rigoureux des concepts, car leur tradition historiographique ne les y invite pas. La tradition germanique, plus philosophique, est sur ce point différente et il n'est pas rare en Allemagne de voir un livre d'histoire commencer par un chapitre entièrement consacré à justifier les concepts que l'auteur utilisera[9]. Par souci d'éviter les répétitions et application des règles scolaires de la rédaction, les historiens français utilisent parfois plusieurs mots pour désigner la même réalité. Ils disent indifféremment *État* et *gouvernement*, parfois même *pouvoir*, alors que ces mots sont des concepts différents. Tantôt ils parlent de *classe sociale,* tantôt de *groupes sociaux*, tantôt encore de *milieux*. Ces facilités sont regrettables, mais elles sont d'usage fréquent sans entraîner de conséquences dommageables tant qu'elles n'altèrent pas la structure et la cohérence du réseau conceptuel.

Une partie du sens des concepts historiques leur vient en effet des déterminations qu'ils reçoivent. Le discours historien les emploie rarement sous leur forme absolue. On ne dit guère *révolution*. Il y a *la* Révolution, celle de 1789. Toutes les autres demandent, pour être comprises, des adjectifs ou des compléments de détermination qui les qualifient : des

9. A titre d'exemple, voir l'ouvrage de Peter Schöttler, *Naissance des bourses du travail. Un appareil idéologique d'État à la fin du XIXe siècle*, Paris, PUF, 1985, et celui de Jürgen Kocka, *Facing Total War. German Society 1914-1918*, Cambridge (Mass.), Harvard University Press, 1984.

dates (1830, 1848), des épithètes : révolution *industrielle*, et
même *première* ou *seconde* révolution industrielle, révolution *des chemins de fer*, révolution *technologique*, révolution
paysanne, agricole, chinoise, soviétique, politique et sociale,
etc. Le sens précis du concept est porté par la détermination
qu'il reçoit, et le jeu comparatif esquissé plus haut est identi-
quement recherche de la détermination pertinente.

On ne saurait donc soutenir que les concepts imposent à
l'histoire un ordre logique rigoureux. Plutôt que de concepts
déjà constitués, mieux vaudrait parler de conceptualisation,
comme démarche et comme recherche, ou de mise en concepts
de l'histoire. La conceptualisation opère une mise en ordre
du réel historique, mais une mise en ordre relative et toujours
partielle, car le réel ne se laisse jamais réduire au rationnel ; il
comporte toujours une part de contingence, et les particularités concrètes troublent nécessairement le bel ordre des
concepts. Les réalités historiques ne se conforment jamais
pleinement aux concepts à l'aide desquels on les pense ; la
vie déborde sans cesse la logique et, dans la liste de traits pertinents rationnellement organisés qui constituent un concept,
il en est toujours qui manquent au rendez-vous ou se présentent dans une configuration non prévue. Le résultat n'est pas
négligeable : la conceptualisation met un certain ordre dans le
réel, mais un ordre imparfait, incomplet et inégal.

A ce stade de la réflexion, l'histoire se voit bien reconnaître une certaine spécificité dans le maniement, l'usage
qu'elle fait des concepts. Mais ces concepts qu'elle utilise de
façon particulière ont-ils une nature propre à la discipline ?
Ou bien en va-t-il des concepts comme des faits historiques
qui n'existent pas ?

La mise en concepts de l'histoire

Les concepts empruntés

L'histoire ne cesse d'emprunter des concepts aux disciplines voisines : elle passe son temps à couver des œufs
qu'elle n'a pas pondus. On ne tentera pas de dresser la liste de
ces concepts : elle est indéfiniment ouverte.

L'histoire politique utilise le plus naturellement du monde les concepts du droit constitutionnel et de la science politique, voire de la politique tout court : *régime parlementaire* ou *présidentiel*, *parti de cadres* ou *de masse*, etc. L'analyse rapide du fascisme présentée plus haut reposait tout entière sur des concepts empruntés à ce domaine, comme celui de *leader charismatique*. L'histoire économique puise dans l'arsenal des économistes et des démographes. Ceux-ci imaginent-ils un nouveau concept, comme Rostow celui de *take off* (décollage), aussitôt les historiens s'en emparent pour se demander s'il y a eu un *take off* en Catalogne au XVIIIe siècle, ou quand il s'est produit en France. On les voit tenter de déterminer le *cash flow* d'entreprises du début du siècle malgré les difficultés d'une comptabilité qui ne faisait pas apparaître cette variable. L'histoire sociale n'agit pas autrement : on la voit par exemple reprendre le concept de *contrôle social* pour l'appliquer au XIXe siècle, quand ce n'est pas à l'Antiquité grecque ou romaine. Enfin, la nouvelle histoire s'est constituée à partir d'emprunts conceptuels à l'ethnologie.

A s'en tenir à ce premier examen, il semble donc que l'histoire n'ait pas de concepts propres, mais plutôt qu'elle s'approprie les concepts des autres sciences sociales. Au vrai, elle fait une énorme consommation de concepts importés.

Ces emprunts multiples sont rendus possibles par l'usage proprement historique de la détermination. En passant de leur discipline d'origine à l'histoire, les concepts subissent un assouplissement décisif ; ils perdent de leur rigueur, cessent d'être employés absolument pour recevoir immédiatement une spécification. L'emprunt entraîne aussitôt une première distorsion, que d'autres suivront.

On comprend mieux, dans ces conditions, le rapport ambigu de l'histoire aux autres sciences sociales : l'emprunt de concepts et leur usage déterminé, contextualisé, permettent à l'histoire de reprendre à son compte toutes les questions des autres disciplines, en les soumettant à l'interrogation diachronique qui est sa seule spécificité, sa seule dimension propre. D'où le rôle de carrefour des sciences sociales que l'histoire a joué dans certaines configurations sociales et scientifiques du monde savant. D'où aussi la prétention qui la saisit parfois à une certaine hégémonie dans l'univers de ces disciplines : l'échange de concepts est à sens unique, l'histoire importe mais n'exporte pas, elle peut se placer sur le terrain des autres sans cesser d'être elle-même, alors que la réciproque n'est pas vraie.

Les entités sociétales

Il est pourtant des concepts qui, sans être propres à l'histoire, y occupent une place à la fois importante et privilégiée. Ce sont ceux qui désignent des entités collectives. L'énoncé pris comme exemple au début de ce chapitre contient l'un de ces concepts : à la veille de la Révolution, *la société française* traverse une crise économique d'Ancien Régime.

La *société*, la *France*, la *bourgeoisie*, la *classe ouvrière*, les *intellectuels*, l'*opinion*, le *pays*, le *peuple* : autant de concepts qui ont comme particularité de subsumer un ensemble d'individus concrets et de figurer dans le discours de l'historien comme des singuliers pluriels, des acteurs collectifs. Ils sont utilisés comme sujets de verbes d'action ou de volition, parfois même sous la forme pronominale : la bourgeoisie *veut que, pense que, se sent sûre* ou *menacée*, etc., la classe ouvrière est *mécontente*, elle *se révolte*. L'opinion est *inquiète, partagée*, elle *réagit*, à moins qu'elle ne *se résigne*…

Mais a-t-on le droit de prêter à des entités collectives les traits de la psychologie individuelle ? Le transfert est-il légitime ? Nous aurons l'occasion de revenir sur ce point. Les sociologues libéraux, partisans de reconstituer les conduites collectives à partir des comportements rationnels des acteurs individuels, dénoncent un réalisme naïf dans cette façon de traiter des groupes comme des personnes. On peut leur objecter que les acteurs individuels ont une conscience plus ou moins confuse de constituer un groupe. Ce qui autorise l'historien à dire que *la France* a telle ou telle attitude envers l'Allemagne en 1914, c'est que les mobilisés pouvaient dire à l'époque : « *Nous* sommes en guerre, l'Allemagne *nous* fait la guerre. » De même, s'il parle des *ouvriers*, c'est parce que ceux-ci, les premiers, quand ils font grève disent : « *Nous* voulons la satisfaction de *nos* revendications. » Le *nous* des acteurs fonde implicitement l'entité collective qu'utilise l'historien. P. Ricœur propose la notion d'appartenance participative pour légitimer ce transfert aux entités collectives de la psychologie individuelle : les groupes en question sont constitués d'individus qui leur appartiennent et ont une conscience plus ou moins confuse de cette appartenance participative. C'est cette référence, oblique et implicite, qui permet de traiter le groupe comme un acteur collectif.

Il ne s'agit donc ni d'une simple analogie, ni d'une fusion des individus dans le groupe ou d'une réduction de l'individuel au collectif. Aussi l'objection qui vient à l'esprit de l'historien, que le sentiment d'appartenance est parfois confus, ne vaut-elle pas. Que des paysans soient précipitamment rentrés chez eux prendre des seaux en entendant le tocsin de la mobilisation, le 2 août 1914, parce qu'ils interprétaient la sonnerie comme le signal d'un incendie, est ici sans importance : cela n'interdit pas de dire que *la France* est entrée en guerre avec résolution, puisque les mobilisés diront *nous*. La référence de l'entité collective aux individus qui la composent repose sur la réversibilité du *nous* des acteurs au singulier collectif de l'historien : elle permet de faire comme si l'entité nationale ou sociale était elle-même une personne.

Au demeurant, la langue de l'histoire ne diffère pas, sur ce point, de celle de tous les jours. Les concepts qui permettent de penser l'histoire qu'on écrit sont ceux-là même avec lesquels on dit l'histoire qui se fait. Ce qui nous renvoie au risque d'anachronisme. Comment s'en prévenir ?

Historiser les concepts de l'histoire

L'historien a le droit d'utiliser tous les concepts disponibles dans la langue. Il n'a pas le droit d'en faire un usage naïf. Sa maxime est de ne jamais traiter les concepts comme des choses. La mise en garde de Pierre Bourdieu n'est pas superflue :

Pierre Bourdieu : Prendre les concepts avec des pincettes historiques

...Paradoxalement, les historiens ne sont pas assez historiens quand il s'agit de penser les instruments avec lesquels ils pensent l'histoire. Il ne faut jamais prendre les concepts de l'histoire (ou de la sociologie) qu'avec des pincettes historiques... [...] ...il ne suffit pas de faire une généalogie historique des mots pris à l'état isolé : il faut, pour historiciser vraiment les concepts, faire une généalogie socio-historique des différents champs sémantiques (historiquement constitués) dans lesquels, à chaque moment, chaque mot s'est trouvé pris et des champs sociaux dans lesquels ils sont produits et aussi dans lesquels ils circulent et sont utilisés.

« Sur les rapports entre la sociologie et l'histoire », p. 116).

Affirmer qu'il faut « historiser » les concepts de l'histoire, les replacer dans une perspective elle-même historique, comporte plusieurs sens. Le premier vise l'écart entre la réalité et le concept sous lequel on la subsume. Le concept n'est pas la chose, mais le nom par lequel on la dit, sa représentation. Mesurer l'écart éventuel, c'est-à-dire vérifier si les traits compris dans le concept se retrouvent dans la chose et réciproquement, c'est déjà un précepte de la méthode critique, de ce que Seignobos appelait la critique d'interprétation.

C'est en second lieu un des éléments de la construction du temps de l'histoire. La signification passée des mots demande à être traduite dans un langage que nous comprenions aujourd'hui, et inversement la signification des concepts actuels doit être redéfinie si l'on prétend traduire le passé à travers eux. L'historien prend donc en compte la profondeur diachronique des concepts, leur histoire. La permanence d'un mot n'est pas celle de ses significations, et le changement de ses significations ne coïncide pas avec celui des réalités qu'il désigne. « Des mots qui durent ne constituent pas un indice suffisant de la stabilité des réalités [10]. » Mais, inversement, les change-

10. R. Koselleck, *Le Futur passé*, p. 106.

ments de terminologie ne constituent pas un indice de changement matériel, car il faut souvent du temps avant que le
changement matériel n'entraîne pour les contemporains le
sentiment que de nouveaux termes sont nécessaires.

L'historisation des concepts de l'histoire permet, en cernant
le rapport entre concept et réalité, de penser des situations
données à la fois de façon synchronique et diachronique,
selon l'axe des questions en même temps que des périodes,
comme structure et comme évolution.

La sémantique des concepts, partie mineure de la linguistique, parce que la plus tributaire des réalités nommées et
donc la moins formelle, est au contraire fondamentale pour
l'historien. Impliquant, pour cerner chaque concept, une prise
en compte des concepts opposés ou associés et, paradigmati-
quement, des concepts alternatifs possibles, elle permet de
mesurer, avec l'épaisseur de la réalité sociale, l'ensemble des
temporalités étagées. Une même réalité peut généralement
être pensée et dite par l'intermédiaire de plusieurs concepts
qui n'ont pas le même horizon et n'appartiennent pas à la
même trajectoire temporelle. Historiser les concepts, c'est
identifier à quelle temporalité ils appartiennent. C'est une
façon de saisir la contemporanéité du non-contemporain.

L'historisation des concepts permet enfin à l'historien de
saisir la valeur polémique de certains d'entre eux. Depuis
P. Bourdieu et son école, les sociologues sont très attentifs à
la valeur performative des énoncés : dire, en un sens, c'est
faire. Les désignations des groupes sociaux résultent de
luttes par lesquelles des acteurs ont cherché à imposer un
découpage du social.

> Ainsi, la science qui prétend proposer les critères les mieux
> fondés dans la réalité doit se garder d'oublier qu'elle ne fait
> qu'enregistrer un état de la lutte des classements, c'est-à-dire
> un état du rapport des forces matérielles ou symboliques
> entre ceux qui ont partie liée avec l'un ou l'autre mode de
> classement, et qui, tout comme elle, invoquent souvent l'au-
> torité scientifique pour fonder en réalité et en raison le
> découpage arbitraire qu'ils entendent imposer [11].

---

11. P. Bourdieu, *Ce que parler veut dire*, Paris, Fayard, 1982, p. 139.
L'exemple pris ici par Pierre Bourdieu est celui des découpages régiona-
listes. Le texte se poursuit : « Le discours régionaliste est un *discours per-*

Les concepts de l'histoire résultent ainsi de luttes rarement apparentes par lesquelles les acteurs tentent de faire prévaloir les représentations du social qui leur sont propres : définition et délimitation des groupes sociaux, hiérarchies de prestiges et de droits, etc. L. Boltanski, par exemple, montre comment l'apparition du terme *cadre*, si caractéristique de la façon française de découper la société, s'effectue dans le contexte du Front populaire, en concurrence avec le concept de *classes moyennes* et par opposition à la fois au patronat et à la classe ouvrière [12]. R. Koselleck voit dans l'emploi systématique par le chancelier de Prusse Hardenberg, au début du XIXᵉ siècle, de termes descriptifs tels que *habitants* ou *propriétaires,* ou encore de termes juridiques nouveaux tels que *citoyens*, une volonté de changer la vieille constitution des ordres, les *Stände* [13]. Les concepts prennent sens par leur insertion dans une configuration héritée du passé, leur valeur performative annonciatrice d'un futur et leur portée polémique présente.

On le voit, les concepts ne sont pas des choses ; à certains égards, ce sont des armes. En tout cas des outils avec lesquels les contemporains, mais aussi les historiens, s'efforcent de faire prévaloir une mise en ordre du réel et de faire dire au passé sa spécificité et ses significations. Ni extérieurs au réel, ni collés à lui comme des signes parfaitement adéquats aux choses, ils entretiennent, avec les réalités qu'ils nomment, un écart, une tension où se joue l'histoire. En même temps qu'ils reflètent le réel, ils lui donnent forme en le nommant. Cette relation croisée de dépendance et de conformation fait l'intérêt et la nécessité de l'histoire des concepts. De même que l'histoire est à la fois travail sur le temps et travail du temps, elle est travail sur les concepts et travail des concepts.

---

formatif, visant à imposer comme légitime une nouvelle définition des frontières et à faire connaître et reconnaître la *région* ainsi délimitée... »
12. Luc Boltanski, *Les Cadres, la formation d'un groupe social*, Paris, Éd. de Minuit, 1982.
13. *Le Futur passé*, « Histoire des concepts et histoire sociale », p. 99-118.

7

L'histoire
comme compréhension

Rien de ce que nous avons vu jusqu'ici ne nous donne de l'histoire une idée claire. Elle semble perpétuellement occupée à concilier des contradictions. Il lui faut des faits, tirés de sources, mais sans questions les traces restent muettes et ne sont même pas « sources ». Il faut déjà être historien pour savoir quelles questions poser aux sources et par quelles procédures les faire parler. La méthode critique qui garantit l'établissement des faits suppose elle-même un savoir historique confirmé. Bref, il faut être historien pour faire de l'histoire. Quant au temps, à la dimension diachronique constitutive de la question historienne, ce n'est pas un cadre vide que l'on remplirait de faits, mais une structure façonnée par la société et par l'histoire déjà écrite. L'historien qui le travaille comme un matériau doit le considérer aussi comme un acteur à part entière de son scénario. Il doit périodiser et se méfier des périodes toutes faites, qui pourtant expriment des simultanéités essentielles. Il utilise enfin pour penser l'histoire des concepts que l'histoire lui transmet ou qu'il emprunte aux autres sciences sociales. Rien, dans tout ceci, n'évoque une vraie méthode, que l'on pourrait formaliser. L'histoire apparaît plutôt comme une pratique empirique, une sorte de bricolage où des ajustements chaque fois différents font tenir ensemble des matériaux de texture variée en respectant plus ou moins bien des exigences contradictoires. Qu'en disent les historiens ?

Autoportrait de l'historien en artisan

L'histoire comme métier

Quand on lit les textes des historiens sur l'histoire, on est frappé par la récurrence du vocabulaire artisanal. L'historien parle comme un menuisier. L'histoire est un *métier* : le mot est choisi par L. Febvre pour l'ouvrage posthume de M. Bloch, mais celui-ci l'utilise abondamment et il en fait une réalité collective : notre métier, le métier d'historien. Dès le début de son Introduction, il se compare à un « artisan, vieilli dans le métier », et le terme revient dans la dernière phrase où il souhaite qu'on prenne son livre comme « le mémento d'un artisan, [...] le carnet d'un compagnon, qui a longuement manié la toise et le niveau, sans pour cela se croire mathématicien ». Ailleurs, il évoque l'atelier et loue l'érudition d'avoir « ramené l'historien à l'établi ».

M. Bloch n'est pas un isolé. Tous les historiens parlent, comme F. Furet, de leur atelier ; ils évoquent les règles de leur art. Ils ne décrivent pas leur métier comme quelque chose qui puisse se transmettre de façon didactique, mais comme une pratique qui relève d'un apprentissage. Évoquant la *corporation (Zunft)*, l'historien allemand Werner Conze distingue même les maîtres, les compagnons et les apprentis[1]. Bernard Bailyn utilise le terme *craft* : l'histoire peut être beaucoup plus, mais elle doit au moins être un métier, *a craft,* au sens où les compétences, les *skills* qu'elle requiert relèvent d'une pratique et demandent du temps. C'est pourquoi un apprentissage compagnonnique, *guildlike training,* a du sens[2]. L'histoire s'apprend comme la menuiserie : par un compagnonnage d'atelier. C'est en faisant de l'histoire qu'on devient historien.

Pourtant la dénégation jouxte l'affirmation. M. Bloch parle aussi de l'histoire comme d'une science, une science « dans l'enfance » certes, mais « la plus difficile de toutes les sciences » comme le disaient Bayle et Fustel de Coulanges.

---

1. Dans un texte de 1983. Voir Carola Lipp, « Histoire sociale et *Alltagsgeschichte* », *Actes de la recherche en sciences sociales*, n°s 106-107, mars 1995, p. 54.
2. Bernard Bailyn, *On the Teaching and Writing of History*, p. 49-50.

Il ne suffit pas, pour en rendre compte, d'énumérer, « les uns après les autres, les tours de main longuement éprouvés », comme si c'était un « art d'application ». « L'histoire n'est pas l'horlogerie ou l'ébénisterie [3]. »

Il faudrait pourtant choisir, en bonne logique. La menuiserie n'est pas une science, l'atelier n'est pas un laboratoire, ni l'établi une paillasse. Les sciences s'enseignent, on peut en énoncer les règles. Or celles de l'histoire n'en sont pas vraiment, bien qu'elles existent, affirme-t-on cependant. La présence, dans le même discours sur l'histoire, de termes qui renvoient à des univers intellectuels et pratiques si différents, ne laisse pas d'interroger. La métaphore artisanale revient trop souvent pour n'être qu'une simple *captatio benevolentiae*, ou une fausse modestie. Assurément les historiens traduisent dans le lexique de l'artisanat un aspect essentiel de leur expérience, le sentiment très fort qu'il n'y a pas de règle qu'on puisse appliquer automatiquement et systématiquement, que tout est affaire de dosage, de doigté, de compréhension. Ce qui ne les empêche pas de se vouloir et d'être rigoureux, et de l'exprimer en recourant au lexique de la science.

En fait, la complexité de l'histoire comme pratique renvoie à la complexité même de son objet.

Les hommes, objets de l'histoire

Les historiens sont relativement unanimes quant à l'objet de leur discipline, malgré des différences de formulation qu'ils dépensent beaucoup de talent à justifier. L'histoire est l'étude des sociétés humaines, disait Fustel de Coulanges [4]. Seignobos lui faisait écho : « L'histoire a pour but de décrire, au moyen des documents, les sociétés passées et leurs métamorphoses [5]. » L. Febvre et M. Bloch récusent le terme *société* qui leur paraît trop abstrait, mais Fustel comme Seignobos insistent par ailleurs sur le caractère nécessairement concret de l'histoire. Seignobos écrit lui-même, en 1901 : « L'histoire, au sens moderne, se réduit à l'étude des hommes vivant en

3. *Apologie*, p. XIV.
4. N. Fustel de Coulanges, cité par M. Bloch, *ibid.*, note 4, p. 110.
5. Ch. Seignobos, « L'enseignement de l'histoire dans les universités allemandes », p. 586.

société[6]. » C'est dire qu'il n'y a pas de divergence véritable
sur ce point avec les fondateurs des *Annales* qui préfèrent
« l'histoire des hommes en société » plutôt que « l'histoire
des sociétés humaines[7] ». On ne résiste pas ici au plaisir de
rappeler le texte bien connu de L. Febvre :

**Lucien Febvre : Les hommes, seuls objets
de l'histoire**

*Les hommes, seuls objets de l'histoire... d'une histoire
qui ne s'intéresse pas à je ne sais quel homme abstrait,
éternel, immuable en son fond et perpétuellement iden-
tique à lui-même – mais aux hommes toujours saisis dans
le cadre des sociétés dont ils sont membres – aux hommes
membres de ces sociétés à une époque bien déterminée de
leur développement – aux hommes dotés de fonctions
multiples, d'activités diverses, de préoccupations et d'ap-
titudes variées, qui toutes se mêlent, se heurtent, se
contrarient, et finissent par conclure entre elles une paix
de compromis, un* modus vivendi *qui s'appelle la Vie.*

Combats pour l'histoire, *p. 20-21.*

Trois traits caractérisent l'objet de l'histoire. Il est humain,
ce qui signifie que même les histoires apparemment indiffé-
rentes aux hommes y conduisent par un détour : l'histoire de
la vie matérielle ou du climat s'intéresse aux conséquences
pour les groupes humains des évolutions qu'elle analyse. Il
est collectif : « Pas l'homme, encore une fois, jamais l'homme.
Les sociétés humaines, les groupes organisés », disait
L. Febvre[8]. Pour qu'un homme individuel intéresse l'histoire,
il faut qu'il soit, comme on dit, *représentatif*, c'est-à-dire
représentatif de beaucoup d'autres, ou alors qu'il ait eu sur la
vie et le destin des autres une influence vérifiable, ou encore
qu'il fasse ressortir, par sa singularité même, les normes et
les habitudes d'un groupe en un temps donné. Enfin, l'objet

---

6. Ch. Seignobos, *La Méthode historique*, p. 2.
7. Voir François Hartog, *Le XIXᵉ Siècle et l'Histoire. Le cas Fustel de
Coulanges*, p. 212-213.
8. Cité par M. Bloch, *Apologie*, note 5, p. 110.

de l'histoire est concret : les historiens se méfient des termes abstraits, ils veulent voir, entendre, sentir. Il y a quelque chose de charnel dans l'histoire. Marc Bloch l'a dit dans un texte célèbre :

Marc Bloch : L'historien, comme l'ogre de la légende...

...l'objet de l'histoire est par nature l'homme. Disons mieux : les hommes. Plutôt que le singulier, favorable à l'abstraction, le pluriel, qui est le mode grammatical de la relativité, convient à une science du divers. Derrière les traits sensibles du paysage, les outils ou les machines, derrière les écrits en apparence les plus glacés et les institutions en apparence les plus complètement détachées de ceux qui les ont établies, ce sont les hommes que l'histoire veut saisir. Qui n'y parvient pas, ne sera jamais, au mieux, qu'un manœuvre de l'érudition. Le bon historien, lui, ressemble à l'ogre de la légende. Là où il flaire la chair humaine, il sait que là est son gibier.

Apologie pour l'histoire, *p. 4.*

Dire que l'objet de l'histoire est concret, c'est dire qu'il est situé dans l'espace et le temps. Il présente une dimension diachronique. « Science des hommes » est trop vague pour M. Bloch qui ajoute : « des hommes dans le temps ». L. Febvre, au même moment, dans la conférence aux élèves de l'ENS déjà citée, donnait la même définition : l'histoire est « l'étude, scientifiquement conduite, des diverses activités et des diverses créations des hommes d'autrefois, saisis à leur date, dans le cadre des sociétés extrêmement variées et cependant comparables les unes aux autres (c'est le postulat de la sociologie), dont ils ont rempli la surface de la terre et la succession des âges[9] ». Il n'y a de société concrète que localisée dans le temps et dans l'espace.

9. L. Febvre, « Vivre l'histoire », conférence aux élèves de l'ENS, 1941, in *Combats pour l'histoire*, p. 18.

L'histoire et la vie

La qualité littéraire, pour ne pas dire le lyrisme, des textes des fondateurs des *Annales* emporte l'adhésion du lecteur. L'historien y retrouve l'expression même de son travail quotidien, la formulation d'une expérience qui fait pour lui le prix de la discipline. La définition reste pourtant bien vague et ne renseigne guère le profane. L'historien apprécie qu'en assignant à sa discipline l'étude des hommes en société on lui ouvre un champ pratiquement illimité. D'un point de vue extérieur à l'histoire, cette extension laisse perplexe.

La perplexité s'accroît quand on voit apparaître le thème de la vie, et quand la vie est décrétée « notre seule école », comme dans cette conférence à l'ENS que L. Febvre lui-même a intitulée : « Vivre l'histoire ».

Lucien Febvre : « Vivre l'histoire »

Et puisque j'ai le bonheur de savoir, dans cette salle, des jeunes hommes décidés à consacrer leur vie à la recherche historique, c'est avec certitude que je leur dis : pour faire de l'histoire tournez le dos résolument au passé et vivez d'abord. Mêlez-vous à la vie. A la vie intellectuelle, sans doute, dans toute sa variété. [...] Mais vivez aussi d'une vie pratique. Ne vous contentez pas de regarder du rivage, paresseusement, ce qui se passe sur la mer en furie. [...] Retroussez vos manches [...] et aidez les matelots à la manœuvre.

Est-ce tout ? Non. Ce n'est même rien si vous devez continuer à séparer votre action de votre pensée, votre vie d'historien de votre vie d'homme. Entre l'action et la pensée, il n'est pas de cloison. Il n'est pas de barrière. Il faut que l'histoire cesse de vous apparaître comme une nécropole endormie, où passent seules des ombres dépouillées de substance.

Combats pour l'histoire, *p. 32.*

Que signifie cette référence à la vie ? Quand un historien comme L. Febvre affirme la nécessité de vivre pour faire de l'histoire, il est difficile de penser qu'il parle pour ne rien dire. Mais que veut-il dire ? Quel est le rapport entre la vie de l'historien et l'histoire qu'il écrit ?

La compréhension et le raisonnement analogique

Explication et compréhension

Précisément, le fait de prendre pour objets des hommes concrets et leur vie entraîne, pour l'histoire, un mode d'intelligibilité spécifique.

L'opposition entre le mode d'intelligibilité des hommes et celui des choses a été théorisée par Dilthey et reprise en France par R. Aron, dans sa thèse [10]. Bien qu'il soit daté, ce débat épistémologique reste important. Il pose une différence radicale entre les sciences de l'esprit ou sciences humaines (*Geisteswissenschaften*) et celles de la nature (*Naturwissenschaften*), celles-ci étant la physique et la chimie de la fin du siècle dernier. Les sciences de la nature expliquent les choses, les réalités matérielles ; celles de l'esprit font comprendre les hommes et leurs conduites. L'explication est la démarche de la science proprement dite ; elle recherche les causes et vérifie des lois. Elle est déterministe : les mêmes causes produisent toujours les mêmes effets, et c'est précisément ce que disent les lois. La rencontre d'un acide et d'un oxyde donne toujours un sel, de l'eau et de la chaleur.

Manifestement, les sciences humaines ne peuvent viser ce type d'intelligibilité. Ce qui rend les conduites humaines intelligibles, c'est qu'elles sont rationnelles, ou du moins intentionnelles. L'action humaine est choix d'un moyen en fonction d'une fin. On ne peut l'expliquer par des causes et des lois, mais on peut la comprendre. C'est le mode même d'intelligibilité de l'histoire. R. Aron analyse en ce sens les discours qui scandent la *Guerre du Péloponnèse*, de Thucydide : l'important n'est pas de savoir si ces discours ont été

---

10. Raymond Aron, *Introduction à la philosophie de l'histoire*, Paris, Gallimard, 1938.

effectivement prononcés ou si Thucydide les a rapportés
fidèlement. Ce sont des procédés d'écriture pour expliciter,
en les mettant dans la bouche des principaux acteurs, les
motifs qui ont inspiré leurs politiques[11].

La distinction entre expliquer et comprendre a beaucoup
servi, et plus d'une copie de baccalauréat en a donné une version affadie. Elle mérite d'être considérée à la fois dans ses
négations et dans ses affirmations. Il est vrai que l'histoire
n'est pas une science, fût-elle « dans l'enfance » ou « difficile ». Il n'y a de science que du général, d'événements qui se
répètent, et l'histoire traite d'événements originaux, de situations singulières qui ne se rencontrent jamais deux fois strictement identiques. De ce point de vue, Lacombe a déjà dit
l'essentiel, il y a plus d'un siècle : « L'événement, le fait historique vu par l'aspect qui le rend singulier, est réfractaire à la
science, puisque celle-ci est d'abord constatation de choses
similaires [...] La philosophie de l'histoire a échoué dans ses
tentatives pour n'avoir pas compris le caractère antiscienti-
fique de l'événement et l'avoir voulu expliquer au même titre
que les institutions[12]. » Et de dénoncer l'impasse de la quête
exhaustive des faits : « A mesure que la masse de la réalité historique augmente, la part que chacun des érudits peut s'assimiler devient un fragment plus petit, une parcelle plus étroite
du tout. Toujours plus éloigné de la conception d'ensemble, le
savoir de l'érudit baisse graduellement en valeur. On aboutit
ainsi à des notions absolument vaines, qui n'avancent aucu-
nement la connaissance du monde et de l'homme[13]. »

Il y aurait beaucoup à dire sur cette conception de la
science et de l'explication scientifique, à laquelle s'oppose
la notion même de compréhension. Sans entrer longuement
dans ce débat, on doit signaler ici à quel point il est daté.

L'idée que la science établit des lois, qu'elle fait régner une
prévisibilité rigoureuse, du type : « si l'événement A se produit, alors l'événement B se produira nécessairement », relève
du scientisme de la fin du XIXe siècle plus que de la science
moderne. D'une part, dès le XIXe siècle, de bons esprits comme

11. R. Aron, « Thucydide et le récit historique », *Dimensions de la
conscience historique*, p. 124-167.
12. Paul Lacombe, *De l'histoire considérée comme science*, p. 10-11.
13. *Ibid.*, p. x-xi.

Cournot mettaient en garde contre cette simplification abusive[14]. L'exemple qu'il donne, en parlant de l'« harmonie » entre les êtres vivants et leur milieu, du « réseau » que forment les phénomènes naturels[15] est confirmé par l'écologie moderne : l'analyse des écosystèmes est assurément une science, et le développement des algues dans un lac s'explique par des températures et des teneurs en oxygène de l'eau, sans qu'on puisse en tirer une prévisibilité certaine. La définition de la science par la loi n'est pas totalement pertinente. Au demeurant, les lois scientifiques ont perdu le caractère purement déterministe qui les caractérisait au siècle dernier, et la physique moderne est devenue probabiliste. Il reste qu'elle continue à se définir par des procédures de vérification/réfutation[16] rigoureuses dont l'histoire, comme les autres sciences sociales, est incapable. Il est clair que l'histoire ne saurait être une science au même titre que la chimie.

Aussi bien n'y prétend-elle absolument pas, et c'est ici que la notion de compréhension trouve toute sa portée. Elle vise à particulariser un mode de connaissance qui, pour être différent, n'en est ni moins légitime, ni moins rigoureux, ni moins vrai, dans son ordre, que la connaissance objective des sciences de la nature.

Compréhension et ordre du sens

Ce qui constitue, de ce point de vue, l'objet de l'histoire, ce n'est en effet ni qu'il soit singulier, ni qu'il se déploie dans le temps. Certes, on a vu à quel point l'historien valorise le

14. « Quoique l'on ne conçoive pas d'organisation scientifique sans règles, sans principes, sans classification, et par conséquent sans une certaine généralisation des faits et des idées, il ne faudrait pas non plus prendre à la lettre cet aphorisme des anciens : que l'individuel et le particulier ne sont point du domaine de la science. Rien de plus inégal que le degré de généralité des faits sur lesquels portent les sciences, d'ailleurs susceptibles au même degré de l'ordre et de la classification qui constituent la perfection scientifique » (A. Cournot, *Essai*, p. 363).

15. *Ibid.*, p. 81.

16. « Falsification », dit Popper, pour qui une proposition scientifique se définit par sa « falsification » ; est scientifique une proposition qu'il est impossible de « falsifier », c'est-à-dire dont il est impossible de prouver qu'elle est fausse. En bon français, c'est dire scientifique l'énoncé logiquement impossible à réfuter. Voir Karl Popper, *La Logique de la découverte scientifique*.

concret, le singulier. Les citations de M. Bloch et de L. Febvre données au début de ce chapitre montrent bien leur refus de transformer leur objet d'étude en une abstraction dépourvue de chair. En ce sens, ils tournent effectivement le dos à la démarche du physicien ou de l'économiste. Pour formuler une loi, le physicien fait abstraction de toutes les conditions concrètes dans lesquelles se produit le phénomène, pour ne retenir qu'une situation expérimentale, abstraitement réduite à quelques paramètres. Mais, en dehors de l'espace artificiel du laboratoire, il n'y a que des faits singuliers. La pomme, dont la chute fut pour Newton l'occasion de formuler la théorie de la gravitation, n'est tombée qu'une fois, et la loi de la pesanteur n'explique pas qu'elle soit tombée précisément au moment où Newton se reposait à l'ombre du pommier. Or il n'est pas toujours possible de maîtriser tous les paramètres, d'où les aléas de la technique : la fusée Ariane décollera probablement sans problème lors de son prochain lancement, mais on ne peut exclure qu'un chiffon soit resté dans une canalisation… Les lancements d'Ariane ont une histoire.

L'inscription du phénomène historique dans une temporalité n'est pas davantage un caractère qui le distingue absolument. Cournot note que les registres des loteries publiques pourraient offrir une succession de coups singuliers, sans constituer une histoire, « car les coups se succèdent sans s'enchaîner, sans que les premiers exercent aucune influence sur ceux qui les suivent [17] ». Il n'en va pas de même aux échecs.

Antoine Cournot : La partie d'échecs comme emblème de l'histoire

…au jeu d'échec, où la détermination réfléchie du joueur se substitue aux hasards du dé, de manière pourtant à ce que les idées du joueur, en se croisant avec celles de l'adversaire, donnent lieu à une multitude de rencontres accidentelles, on voit poindre les conditions d'un enchaînement historique. Le récit d'une partie […] serait une histoire tout comme une autre, qui aurait ses crises et ses dénouements : car non seulement les coups se succèdent, mais ils s'enchaînent ; en ce sens que chaque coup influe plus ou

17. *Essai*, p. 369.

> moins sur la série des coups suivants et subit l'influence
> des coups antérieurs. Que les conditions du jeu se compli-
> quent encore, et l'histoire d'une partie du jeu deviendra
> philosophiquement comparable à celle d'une bataille [...],
> à l'importance près des résultats. Peut-être même pour-
> rait-on dire sans boutade qu'il y a bien des batailles [...]
> dont l'histoire ne mérite guère plus aujourd'hui d'être
> retenue que celle d'une partie d'échecs.
>
> Essai sur les fondements de nos connaissances, *p. 370*.

Ce qui compte, pour Cournot, c'est l'enchaînement, non la succession. Il ne suffit pas que les faits se placent en ordre chronologique pour qu'il y ait histoire, il faut qu'il y ait influence des uns sur les autres. Or cette influence passe par la conscience des acteurs qui perçoivent une situation et s'y adaptent, en fonction de leurs objectifs, de leur culture, de leurs représentations. Il n'y a donc pas d'histoire qu'on puisse dire purement « naturelle » : toute histoire implique des significations, des intentions, des volontés, des peurs, des imaginations, des croyances. La singularité que défendent jalousement les historiens est celle du sens. C'est ce que l'on veut signifier en parlant de sciences de l'esprit ou de sciences de l'homme.

La notion de compréhension prend ici une valeur polémique ; elle vise à conférer aux sciences de l'homme une « respectabilité scientifique [18] », une légitimité égales à celles des sciences proprement dites. Que l'histoire ne soit pas une science n'implique pas qu'elle soit affaire d'opinion et que les historiens disent ce qu'ils veulent. Entre la science et la simple opinion, entre un savoir et une « petite idée », il existe des modes de connaissance rigoureux qui prétendent à une vérité ; la notion de compréhension tente d'en rendre compte en proposant un modèle d'intelligibilité propre à cet ordre de phénomènes.

On la mutile en réduisant son champ de validité à la recherche des motifs qui gouvernent les conduites, des intentions et des mobiles qui déterminent les actions des hommes, même si cela permet de beaux effets de symétrie avec les sciences proprement dites, et des développements où les

18. L'expression est de P. Ricœur, « Expliquer et comprendre », p. 127.

causes s'opposent aux raisons. La compréhension spécifie plus largement le mode d'intelligibilité de l'histoire (mais aussi de la sociologie et de l'anthropologie, comme le montre J.-Cl. Passeron) en tant qu'elle porte sur des comportements investis de sens et de valeurs, même quand les hommes sont sans prises sur eux et se contentent de s'adapter à la situation. On peut en effet affiner l'analyse et distinguer, avec Max Weber, entre les actions orientées subjectivement par les intentions ou les croyances des individus qui poursuivent leur but – ou leur rêve – indépendamment du réel (rationalité subjective par finalité), et les actions orientées judicieusement et qui répondent de façon adaptée à une situation (rationalité objective par justesse)[19]. Il est des histoires pleinement humaines, où les intentions pèsent bien peu, tant la marge est étroite, comme l'histoire des crises frumentaires : les mauvaises récoltes de blé, les hausses de prix qu'elles provoquent, les famines, la mortalité qui en résulte ne sont pas du domaine des motifs ou des raisons, par opposition aux causes, mais ce sont des situations auxquelles les contemporains s'adaptent et donnent sens.

Expérience vécue et raisonnement analogique

Si la visée de la compréhension est de retrouver la vérité de situations ou de faits dotés de sens pour des hommes, il reste à élucider par quelles démarches elle prétend y parvenir. Or la précision et la rigueur de ses procédures ne semblent pas à la hauteur de ses ambitions. Nous ne sommes pas en présence d'une méthode que l'on pourrait décrire, mais plutôt d'une sorte d'intuition qui repose sur l'expérience antérieure de l'historien. Le propre de la compréhension est de s'enraciner dans le vécu du sujet. Et l'on voit ici s'éclairer les propos à première vue surprenants des historiens sur l'homme et la vie. Ni Bloch ni Febvre ne citent Dilthey, mais leur intuition rejoint son analyse.

19. Max Weber, « Essais sur quelques catégories de la sociologie compréhensive », *Essais*, p. 334.

Wilhelm Dilthey : Expérience vécue et réalité

L'édification [des sciences de l'esprit] part de l'expérience vécue, elle va de la réalité à la réalité ; elle consiste à pénétrer toujours plus profondément dans la réalité historique, à aller chercher toujours davantage en elle, à acquérir sur elle un regard toujours plus large. On n'introduit en cela aucune hypothèse qui supposerait quelque chose au-delà du donné. Car la compréhension pénètre dans les expressions de la vie d'autrui grâce à une transposition que l'on effectue à partir de la plénitude de ses expériences personnelles. [...]

Cette compréhension ne désigne pas seulement un procédé méthodologique spécifique que nous adoptons face à de tels objets ; il ne s'agit pas seulement, entre sciences de l'esprit et sciences de la nature, d'une différence dans la position du sujet par rapport à l'objet, d'un type de démarche, d'une méthode, mais le procédé de la compréhension est objectivement fondé en ceci que l'élément extérieur qui constitue l'objet des sciences de l'esprit se différencie absolument de celui des sciences de la nature. L'esprit s'est objectivé dans ces réalités extérieures, des fins s'y sont forgées, des valeurs s'y sont réalisées, et c'est précisément cette dimension spirituelle, inscrite en elles, que la compréhension saisit. Il y a entre moi et ces réalités une relation vitale. Leur caractère finalisé est fondé dans ma faculté de poser des fins, ce qu'il y a en elles de beau et de bien est fondé sur ma capacité d'instituer des valeurs, leur compréhensibilité se fonde dans mon intellect. [...]

Dans la nature extérieure une cohérence est attribuée aux phénomènes à travers une liaison de concepts abstraits. Au contraire, dans le monde de l'esprit, la cohérence est vécue et comprise d'après ce vécu. La cohérence de la nature est abstraite, mais la cohérence psychique et historique est vivante, imprégnée de vie.

L'Édification du monde historique, *p. 72-73.*

Tandis que les sciences de la nature procèdent par connaissance objective et abstraite, l'humanité, comme objet des sciences de l'esprit, n'apparaît qu'à travers l'expérience vécue de chacun : « Nous ne comprenons nous-mêmes et nous ne comprenons d'autres êtres que dans la mesure où nous transférons le contenu de notre vie dans toute forme d'expression d'une vie, qu'elle soit nôtre ou étrangère à nous. Ainsi l'ensemble de l'expérience vécue, de l'expression et de la compréhension est-il partout la méthode spécifique par laquelle l'humanité existe pour nous en tant qu'objet des sciences de l'esprit[20]. »

Concrètement, comment procède l'historien qui veut comprendre – ou expliquer au sens ordinaire, non scientifique du terme – un phénomène historique ? Généralement, il s'efforce de ramener le phénomène à des phénomènes plus généraux, ou d'en trouver des causes profondes ou accidentelles. Les raisons de la Révolution française sont la situation économique, le mouvement des idées, la montée de la bourgeoisie, la crise financière de la monarchie, les mauvaises récoltes de 1787, etc.

A cette « explication » qui se donne pour savante, on serait tenté d'opposer des « explications » plus triviales. Celle que donne, par exemple, le témoin d'un accident de la circulation au policier arrivé sur les lieux : « Je vais vous expliquer... La vieille dame traversait dans les clous, la voiture est arrivée trop vite... Elle a freiné, mais le sol était mouillé et elle n'a pas pu s'arrêter à temps. Voilà l'explication... » Ou encore les explications du résultat des élections que l'on discute au café du Commerce : « Ils ont perdu parce que les scandales les ont discrédités auprès de leurs électeurs, qu'ils n'avaient aucun programme et que la crise économique et le chômage sévissent. » Ces « explications », au second sens du terme, n'ont évidemment ni valeur ni prétention scientifique. Cela n'interdit pas qu'elles soient justes. Et nous passons notre vie à donner, demander et recevoir de telles « explications ».

Du point de vue de la logique, l'explication de l'historien ne diffère pas de celle de l'homme de la rue. Le mode de raisonnement mis en œuvre pour expliquer la Révolution française n'est pas logiquement différent de celui qu'utilise l'homme de la rue pour expliquer l'accident ou le résultat des élections. Fondamentalement, c'est la même démarche intellectuelle, affinée, améliorée par la prise en compte de

---

20. Wilhelm Dilthey, *L'Édification du monde historique*, p. 38.

facteurs supplémentaires, comme on peut améliorer l'explication de l'accident en faisant appel à l'ébriété du conducteur, à la qualité du revêtement de sol ou à celles de la voiture, qui, elles-mêmes, peuvent à leur tour être expliquées : « Je vais vous dire pourquoi les voitures de la marque X freinent mal… »

C'est constater qu'il n'y a pas de méthode historique. Il y a bien une méthode critique, qui permet d'établir avec rigueur des faits pour valider les hypothèses de l'historien. Mais l'explication historique est celle même que tout un chacun pratique quotidiennement. L'historien n'explique pas la grève des cheminots de 1910 avec des raisonnements différents de ceux du retraité qui raconte à ses petits-enfants celle de 1947. Il applique au passé des types d'explication qui lui ont permis de comprendre des situations ou des événements qu'il a vécus. Quand l'historien dit que l'augmentation des impôts à la fin de son règne a rendu Louis XIV impopulaire, c'est le contribuable qui parle… Et sur quoi l'historien se fonde-t-il pour accepter ou refuser les explications que lui proposent ses sources, sinon sur sa propre expérience du monde et de la vie en société, qui lui a appris que certaines choses arrivent, et que d'autres n'arrivent pas [21] ?

On est donc bien ici dans l'espace de ce que J.-Cl. Passeron appelle « le raisonnement naturel ». L'historien raisonne par analogie avec le présent, il transfère au passé des modes d'explication qui ont fait leurs preuves dans l'expérience sociale quotidienne de tout un chacun. C'est d'ailleurs l'une des raisons du succès de l'histoire dans le grand public : aucune compétence spécifique n'est requise du lecteur pour pénétrer dans un livre d'histoire.

Ce raisonnement par analogie suppose évidemment, pour être possible, à la fois la continuité du temps, et son objectivation. Le mouvement de va-et-vient entre le présent et le passé que nous avons analysé plus haut s'avère ici fondamental. Il repose d'autre part sur le postulat d'une continuité profonde entre les hommes à travers les siècles. Il fait appel,

---

21. R.G. Collingwood discute dans *The Historical Imagination,* p. 11, cette opinion de Bradley à laquelle il reproche de fournir seulement un critère négatif de vérité.

enfin, à une expérience préalable de l'action et de la vie des
hommes en société. Où l'on retrouve le lien entre la compréhension et le vécu.

L'histoire comme aventure personnelle

Histoire et pratiques sociales

C'est ici que le conseil de « vivre », donné par L. Febvre
aux étudiants de la rue d'Ulm, trouve, en effet, sa justification et son importance. Qui n'a pas vécu en société ne peut
comprendre l'histoire. Robinson, déposé dans son île à trois
ans, serait incapable de faire de l'histoire.

Nous avons déjà eu l'occasion, dans les pages précédentes,
de signaler le lien entre les pratiques sociales et l'histoire, à
propos des engagements de l'historien. Nous avions noté que
les anciens – ou actuels – communistes qui font l'histoire du
Parti communiste gagnent en intimité avec leur sujet, s'ils
s'exposent à des risques évidents de parti pris. C'est que
l'historien comprend les situations historiques à partir de
l'expérience qu'il a des diverses pratiques sociales.

La question de l'élargissement du champ d'expérience de
l'historien présente de ce fait une certaine importance : plus
il est large, plus l'historien a de chances de comprendre des
situations historiques diverses. Ce peut être la justification
d'expériences qui semblent distraire l'historien de son atelier, alors qu'elles lui permettent d'y revenir mieux armé
pour comprendre son objet propre. Des expériences comme
la guerre de 14-18 pour M. Bloch, ou la pratique du mouvement socialiste pour C.-E. Labrousse, ont contribué à faire
de ces historiens des maîtres. La présidence de réunions
interministérielles en apprend davantage sur la décision gou-
vernementale que la lecture du *Journal officiel*, et je n'aurais
jamais vraiment compris la guerre de 1914 si je n'avais pas
arpenté les djebels algériens à la recherche de fellaghas. On
pourrait multiplier les exemples : l'historien comprend à travers ses pratiques sociales.

Cependant l'historien n'a qu'une vie, dont il passe de longs
moments dans les bibliothèques ou les archives. Il ne peut

être successivement ministre, moine, chevalier, banquier, paysan, prostituée ; il ne peut connaître successivement la guerre, la famine, la révolution, la crise, les découvertes. Il est donc obligé de s'appuyer sur l'expérience d'autrui. Cette expérience sociale indirecte, par procuration en quelque sorte, passe par les récits d'amis, de relations, de témoins. Une soirée avec un chef d'entreprise aide parfois à comprendre les bourgeois du siècle dernier ou du XVIIIᵉ siècle, et qui ne connaît la campagne que par sa résidence secondaire ne fera jamais de bonne histoire de la paysannerie. L'intérêt des mémoires des hommes politiques tient tout autant dans ce qu'ils explicitent du fonctionnement des institutions et du rapport des forces, que dans ce qu'ils disent de leur action propre. L'apport des colloques organisés par la Fondation nationale des sciences politiques sur le gouvernement Blum, sur Vichy ou sur le gouvernement Daladier, résidait précisément dans la confrontation des explications des témoins et des historiens. L'historien a besoin de guides qui l'introduisent dans la compréhension des univers qu'il ignore.

Mais, inversement, plus il est historien, plus il trouve riche l'actualité, car le transfert peut fonctionner dans les deux sens, du présent au passé, mais aussi du passé au présent. L'explication du passé se fonde sur les analogies avec le présent, mais elle nourrit à son tour l'explication du présent. C'est même, nous aurons l'occasion d'y revenir, ce qui justifie que l'histoire soit enseignée aux enfants et aux adolescents.

Cette analyse de l'histoire comme raisonnement analogique, comme va-et-vient entre une pratique sociale actuelle, directe ou indirecte, et des pratiques sociales passées, permet de comprendre le discours des historiens sur les hommes et la vie. Mais il porte plus loin encore.

L'histoire comme amitié

Comprendre, en histoire, c'est toujours, en effet, d'une certaine façon, se mettre par la pensée à la place de ceux dont on fait l'histoire. Cela suppose une disponibilité certaine, une attention, une capacité d'écoute, dont la vie quotidienne permet l'apprentissage. Nous redécouvrons la pensée d'Hammourabi ou de Solon, disait Collingwood, de la même façon que nous découvrons la pensée d'un ami qui nous écrit une lettre [22]. Et, comme le note fort justement Marrou, celui-là ne peut être un bon historien, qui comprend « de travers » ce que lui disent ses amis.

Henri-I. Marrou : L'histoire comme écoute

...Nous ne comprenons l'autre que par sa ressemblance à notre moi, à notre expérience acquise, à notre propre climat ou univers mental. Nous ne pouvons comprendre que ce qui, dans une assez large mesure, est déjà nôtre, fraternel ; si l'autre était complètement dissemblable, étranger à cent pour cent, on ne voit pas comment sa compréhension serait possible.

Cela reconnu, il ne peut exister de connaissance d'autrui que si je fais effort pour aller à sa rencontre en oubliant, un instant, ce que je suis [...]... Cela n'est pas donné à tous ; chacun de nous a rencontré dans la vie des hommes qui se révèlent incapables de s'ouvrir, de prêter attention à autrui (de ces gens dont on dit qu'ils n'écoutent pas quand on leur parle) : de tels hommes feraient de bien mauvais historiens.

C'est quelquefois par étroitesse d'esprit et c'est alors manque d'intelligence (ne disons pas égoïsme : le véritable égocentrisme est plus subtil) ; mais le plus souvent il s'agit d'hommes qui, écrasés sous le poids de leurs préoccupations, se refusent en quelque sorte le luxe de cette mise en disponibilité [...] ...l'historien sera [...] celui qui acceptera de mettre sa pensée en vacances, d'entreprendre de longs circuits où il se dépaysera, parce qu'il sait quel élargissement du moi procure ce détour qui passe par la découverte d'autrui.

De la connaissance historique, *p. 88-90.*

Mais « bien » comprendre, c'est-à-dire comprendre tout court, suppose une certaine forme de connivence, de complicité avec l'autre. Il faut accepter d'entrer dans sa personnalité, de voir avec son regard, de ressentir avec sa sensibilité,

22. *The Idea of History*, p. 218.

de juger selon ses critères. On ne comprend bien que de l'intérieur. Cet effort qui mobilise l'intelligence implique des zones plus intimes de la personnalité. On ne peut rester indifférent à ceux que l'on comprend. La compréhension est aussi une sympathie, un sentiment. Marrou disait même : « une amitié ».

Henri-I. Marrou : La compréhension historique comme amitié

Si la compréhension est bien cette dialectique du Même avec l'Autre que nous avons décrite, elle suppose l'existence d'une large base de communion fraternelle entre sujet et objet, entre historien et document (disons plus précisément : et l'homme qui se révèle à travers le document, ce signe) : comment comprendre, sans cette disposition d'esprit qui nous rend connaturels à autrui, nous permet de ressentir ses passions, de repenser ses idées sous la lumière même où il les vit, en un mot de communier avec l'autre. Le terme de sympathie est même insuffisant ici : entre l'historien et son objet c'est une amitié qui doit se nouer, si l'historien veut comprendre, car, selon la belle formule de saint Augustin, « on ne peut connaître personne sinon par l'amitié », et nemo nisi per amicitiam cognoscitur.

De la connaissance historique, *p. 98.*

Par-delà l'humanisme chrétien, lui-même daté, qui l'inspire, ce texte attire l'attention sur un point essentiel. Il dit bien l'impossibilité d'une histoire entièrement froide, aseptisée, insensible. L'historien ne saurait être indifférent, sous peine de faire une histoire morte, qui ne comprend rien et n'intéresse personne. Au terme d'une longue fréquentation des hommes qu'il étudie, l'historien ne peut pas ne pas éprouver pour eux de la sympathie ou de l'amour, même s'il s'agit parfois d'amour déçu. Notre histoire est une histoire vivante qui comporte une part irréductible d'affectivité. Ce qui pose trois problèmes.

Le premier est celui des limites morales de la compréhension historique. « Expliquer en profondeur et avec sympathie est, au moins implicitement, excuser », dit B. Bailyn, qui prend l'exemple de Jefferson et des pères de la Constitution américaine : ils avaient des raisons compréhensibles pour ne pas affranchir leurs esclaves, et ne pas inscrire l'abolition de l'esclavage dans la Constitution ; mais « essayer d'expliquer ces raisons semble une tentative pour les excuser [23] ». A plus forte raison quand il s'agit d'épisodes aussi monstrueux et criminels que les camps de concentration. A la suite de Primo Levi, je ne conçois pas qu'on puisse comprendre Hitler :

> Peut-être que ce qui s'est passé ne peut pas être compris, et même ne doit pas être compris, dans la mesure où comprendre, c'est presque justifier. En effet, « comprendre » la décision ou la conduite de quelqu'un, cela veut dire (et c'est le sens étymologique du mot) les mettre en soi, mettre en soi celui qui en est responsable, se mettre à sa place, s'identifier à lui. Eh bien, aucun homme normal ne pourra jamais s'identifier à Hitler, à Himmler, à Goebbels, à Eichmann, à tant d'autres encore. [...] il est peut-être souhaitable que ce qu'ils ont dit – et aussi, hélas, ce qu'ils ont fait – ne nous soit plus compréhensible. Ce sont là des paroles et des actions non humaines, ou plutôt anti-humaines, sans précédents historiques [24].

En ce sens, à moins de la faire autrement, sans compréhension, il est impossible de faire l'histoire du nazisme, car ce serait d'une certaine manière, pour l'historien, se mettre à la place de Hitler, s'identifier à lui, et nul ne saurait seulement l'envisager...

Le second problème est celui de l'objectivité, ou plutôt de l'impartialité. Nous aurons l'occasion d'y revenir. Disons seulement ici le devoir de lucidité de l'historien, qui passe par le devoir de comprendre aussi profondément l'ensemble des partenaires et des situations qu'il analyse : les sans-culottes et les émigrés ; les soldats du front, les états-majors et l'arrière. C'est l'œcuménisme de sa compréhension qui lui permet de prendre la distance nécessaire et qui fonde la valeur de son analyse.

Le dernier problème est sans doute plus difficile : c'est celui

23. B. Bailyn, *On the Teaching and Writing of History*, p. 58.
24. Primo Levi, Appendice écrit en 1976 pour l'édition scolaire de *Si c'est un homme*, Paris, Julliard, 1995, p. 261.

de la légitimité de la transposition. Se mettre à la place de ceux qu'on étudie, c'est bien beau, mais comment s'assurer qu'on y est parvenu ? La compréhension est précaire : on n'est jamais certain de s'être bien compris. Combien d'explications franches et complètes débouchent sur un malentendu ? Ce problème, déjà redoutable dans la vie quotidienne, est accru en histoire par la distance dans le temps. En nous mettant nous, hommes de notre siècle, à la place des hommes du Moyen Age, ou seulement des années 1930, ne risquons-nous pas de nous fourvoyer ? L. Febvre, déjà, mettait en garde contre « l'anachronisme psychologique, le pire de tous, le plus insidieux [25] ».

> Car il y a un problème spécial de la psychologie historique. Quand, dans leurs mémoires, dans leurs traités, les psychologues nous parlent des émotions, des décisions, des raisonnements de « l'homme » – en réalité, c'est de nos émotions, de nos décisions, de nos raisonnements qu'ils traitent. De notre lot à nous, hommes blancs d'Europe occidentale, intégrés à des groupes de très vieille culture. Or, comment nous, historiens, pourrions-nous nous aider, pour interpréter les démarches d'hommes d'autrefois, d'une psychologie issue de l'observation des hommes du XXe siècle [26] ?

Le danger est bien de parler de soi en croyant faire parler les hommes du passé. Mais est-ce un danger ou une composante essentielle de toute histoire ?

L'histoire comme histoire de soi

Tous les efforts de l'historien pour se mettre par la pensée à la place d'autres n'empêchent pas, en effet, qu'il reste lui-même. Il n'est jamais un autre, quelque effort de compréhension qu'il fasse. Il re-pense, il re-constitue dans son esprit l'expérience humaine collective dont il fait l'histoire. Ce qu'il expose, ce ne sont pas les pensées, les sentiments, les émotions, les motifs des personnages, humbles ou éminents, qu'il suit à la trace dans ses documents. Ce sont ses pensées à lui, c'est la façon dont lui-même se re-présente le passé.

25. *Combats pour l'histoire*, p. 218.
26. *Ibid.*, p. 213.

L'histoire est la re-pensée, la ré-activation, la re-action au présent par l'historien de choses qui ont été autrefois pensées, éprouvées, agies par d'autres. Quoi qu'il fasse, l'historien ne sort pas de lui-même.

Collingwood insiste justement sur ce point. Pour l'historien, les activités dont il étudie l'histoire ne sont pas un spectacle à regarder, mais des expériences à vivre de bout en bout dans son propre esprit (*experiences to be lived through in his own mind*), expérience étant pris ici au sens très large de quelque chose qui est vécu, éprouvé, pensé. Ces activités sont objectives, c'est-à-dire connues par lui, seulement parce qu'elles sont aussi subjectives, parce qu'elles sont ses propres activités[27]. L'histoire, pour lui, est à la fois connaissance du passé et connaissance du présent. Elle est « connaissance du passé dans le présent, la connaissance personnelle qu'a l'historien de son propre esprit en tant qu'il renouvelle et revit au présent une expérience passée[28] ». En ce sens, il n'y a d'histoire que de choses pensées au présent par l'historien.

Robin G. Collingwood : Il n'y a d'histoire que de choses pensées

Si nous posons la question, de quoi peut-il y avoir connaissance historique ? La réponse est : de ce qui peut être ré-activé (re-enacted) dans l'esprit de l'historien. En premier lieu cela doit être expérience. De ce qui n'est pas expérience, mais simplement objet d'expérience, il ne peut y avoir d'histoire. Ainsi, il n'y a pas et il ne peut pas y avoir d'histoire de la nature sauf en tant que perçue ou pensée par le savant.

[...] Ce que l'historien étudie est une certaine pensée : l'étudier implique de la ré-activer en soi-même ; et pour que cela puisse prendre sa place dans l'immédiateté de sa propre pensée, sa pensée doit être, comme elle était, préadaptée à l'accueillir. [...]

Si l'historien [...] essaie de maîtriser l'histoire d'une pensée dans laquelle il ne peut pas entrer personnelle-

---

27. *The Idea of History*, p. 218.
28. *Ibid.*, p. 175. Ma traduction est inférieure au texte : l'histoire « *is the knowledge of the past in the present, the self-knowledge of the historian's own mind as the present revival and reliving of past experiences* ».

ment, au lieu d'écrire l'histoire de celle-ci, il répétera simplement des phrases qui enregistrent les faits extérieurs de son développement : les noms et les dates, et des phrases descriptives toutes faites. De telles répétitions peuvent être utiles, mais pas parce qu'elles seraient de l'histoire. Ce sont des os secs, qui peuvent un jour devenir de l'histoire, quand quelqu'un sera capable de les habiller avec la chair et le sang d'une pensée qui soit à la fois la sienne et la leur. Ce qui est seulement une façon de dire que la pensée de l'historien doit jaillir de l'unité organique de son expérience totale, et être une fonction de sa personnalité entière, avec ses intérêts pratiques aussi bien que théoriques.

The Idea of History, *p. 302-305.*

En ce sens, on peut dire que toute histoire est connaissance de soi-même : *self-knowledge*. La connaissance du passé est aussi la médiation par laquelle l'historien poursuit sa propre quête de lui-même. Il peut très bien trouver une histoire sans intérêt à une période de sa vie, et s'y attacher à une autre, comprendre plus tard ce qu'il ne percevait pas plus tôt. Les essais d'égo-histoire, malgré tout leur intérêt, nous en apprennent moins sur les historiens que la lecture de leurs livres. On retrouve ici, après un détour, le message de Michelet : l'historien est le fils de ses œuvres.

Mais en même temps qu'il se découvre à lui-même, l'historien découvre qu'il est capable de se mettre à la place d'innombrables personnages différents. Il récapitule en quelque sorte en lui-même une bonne partie de l'humanité, dans une multitude de situations. L'histoire serait moins fascinante si elle ne combinait ainsi l'approfondissement de soi et la découverte des autres.

Robin G. Collingwood : Connaissance de soi-même et connaissance du monde des affaires humaines

La connaissance que l'historien constitue par l'investigation historique n'est pas connaissance de sa situation en tant qu'opposée à la connaissance de lui-même, c'est une connaissance de sa situation qui est simultanément connaissance de lui-même. En re-pensant ce que quel-

qu'un d'autre a pensé, il le pense lui-même. En connais-
sant que quelqu'un d'autre l'a pensé, il connaît que
lui-même, il est capable de le penser. Et découvrir ce
qu'il est capable de faire, c'est découvrir quelle sorte
d'homme il est. S'il est capable de les comprendre en les
re-pensant les pensées de très nombreuses sortes diffé-
rentes d'hommes, il s'ensuit qu'il doit être un grand
nombre de sortes d'hommes. Il doit être, en fait, un
microcosme de toute l'histoire qu'il peut connaître. Sa
propre connaissance de soi-même est donc simultané-
ment la connaissance du monde des affaires humaines.

An Autobiography, *p. 114-115.*

Nous devrons revenir sur ce versant « compréhensif » de
la démarche historienne : il demande, en effet, à être équili-
bré par des éléments moins intuitifs, plus rationnels et plus
sûrs. Ce moment n'est pas le tout de l'histoire. Mais il en est
une composante essentielle, qui donne chaleur et vie à l'explication.

8

Imagination et
imputation causale

La compréhension accorde à l'imagination une place essentielle dans la construction de l'histoire. Transférer à une situation historique des schèmes explicatifs éprouvés dans le présent, se mettre à la place de ceux que l'on étudie, c'est imaginer les situations et les hommes. Collingwood, pour illustrer ce point, prend l'exemple de quelqu'un qui a invité un soir un ami à dîner, et qui, quelques minutes plus tard, pense à cet ami ; il l'imagine en train de monter le perron de sa maison et de chercher ses clefs dans sa poche. Quand il l'imagine, il n'opère pas autrement que l'historien quand il construit l'histoire.

La remarque n'a rien de neuf. Un historien comme Seignobos, à qui l'on prête d'ordinaire des certitudes plus naïves, le notait déjà :

**Charles Seignobos : On est obligé
de s'imaginer...**

En fait, en science sociale, on opère, non pas sur des objets réels, mais sur les représentations qu'on se fait des objets. On ne voit pas les hommes, les animaux, les maisons qu'on recense, on ne voit pas les institutions qu'on décrit. On est obligé de s'imaginer les hommes, les objets, les actes, les motifs qu'on étudie. Ce sont ces images qui sont la matière pratique de la science sociale ; ce sont ces images qu'on analyse. Quelques-unes peuvent être des souvenirs d'objets qu'on a personnellement observés ; mais un souvenir n'est déjà plus qu'une image. La plupart d'ailleurs n'ont même pas été obtenues par souvenir, nous les inventons à l'image de nos souvenirs, c'est-

> *à-dire par analogie avec des images obtenues au moyen*
> *du souvenir. [...] Pour décrire le fonctionnement d'un*
> *syndicat, nous nous figurons les actes et les démarches*
> *des membres.*
>
> La Méthode historique, *p. 118.*

Avec un vocabulaire différent, Seignobos ne dit pas autre chose que Collingwood. Il serait inutile d'y revenir si l'imagination jouait seulement dans la construction des faits historiques. Or c'est elle qui préside à la recherche des causes, à ce que l'on appelle couramment l'explication historique, en un sens qui ne s'oppose plus à la compréhension comme l'explication « scientifique » au chapitre précédent, mais qui la prolonge plutôt.

A la recherche des causes

Causes et conditions

On peut discuter l'importance que doit prendre en histoire la recherche des causes. Mais nous n'avons pas adopté une perspective normative ; plutôt que de dire ce que doit être l'histoire, notre ambition est d'analyser comment elle se pratique habituellement. Or, s'il existe en histoire d'autres formes d'intelligibilité que la reconstitution de causalités, force est de constater que les historiens passent beaucoup de temps à rechercher les causes des événements qu'ils étudient et à déterminer les plus importantes. Quelles sont les causes du nazisme ? de la guerre de 1914 ? de la Terreur ? de la fin de l'Empire romain ? C'est autour de questions comme celles-ci que s'organise le débat historique.

Pour comprendre ce que disent les historiens quand ils parlent de causes, quelques distinctions sont nécessaires, car il y a cause et cause.

On oppose souvent causes superficielles et causes profondes, ce qui renvoie à l'emboîtement des temporalités : les causes profondes sont plus difficiles à apercevoir, plus générales, plus globales, plus importantes ; elles pèsent plus lourd sur les événements ; elles sont en quelque sorte plus « causes » que les causes superficielles. Ce qui renvoie à une hiérarchie des causes qui n'a aucune place dans l'univers des sciences : dans la logique déterministe, une cause est cause ou non, elle ne peut l'être un peu ou beaucoup. A l'évidence, le mot n'a pas le même sens dans les deux univers.

Il est peut-être plus clair de distinguer causes finales, causes matérielles et causes accidentelles. Les causes finales relèvent de l'intention, de la conduite jugée en termes de rationalité, c'est-à-dire de la compréhension, en distinguant éventuellement avec Weber rationalité objective par justesse et rationalité subjective par finalité (voir *supra*, p. 156). Mais, à côté des causes finales, il y a les causes matérielles, c'est-à-dire les données objectives qui expliquent l'événement ou la situation historique : la mauvaise récolte, la hausse du prix du pain, etc. Plutôt que de causes, il conviendrait ici de parler de conditions : elles ne déterminent pas, au sens strict, l'événement ou la situation, elles ne le rendent pas inéluctable, et cependant on peut penser que sans elles il ne se serait pas produit. Ces conditions l'ont rendu possible, et même probable. Les causes accidentelles sont toujours un peu le fait du hasard, en tout cas elles sont contingentes, et elles servent de déclencheur. Elles expliquent que l'événement provoqué par les causes matérielles se produise précisément à tel moment et sous telle forme. Pour reprendre un exemple célèbre, puisqu'il fut donné par Seignobos, repris par Simiand contre Seignobos en lui faisant dire le contraire de ce qu'il avait dit, et repris plus tard par M. Bloch : dans l'explosion de la mine, l'étincelle qui met le feu aux poudres est la cause accidentelle ; les causes matérielles sont autres : le fourneau creusé, la compacité de la roche autour du fourneau, la charge de poudre[1]. Et l'on pourrait ajouter la cause finale : les raisons pour lesquelles quelqu'un a décidé de faire sauter une mine, le projet par exemple d'élargir une route.

En un certain sens, cette recherche et cette hiérarchisation des causes rapprochent l'histoire des sciences : on s'éloigne ici de la compréhension empathique ou de l'intuition roman-

---

1. Ch. Seignobos, *La Méthode historique*, p. 270 ; François Simiand, « Méthode historique et science sociale », p. 93 ; M. Bloch, *Apologie*, p. 48.

tique, pour entrer dans l'ordre intellectuel du raisonnement, de l'argumentation. Il y a là un second temps, bien différent, au moins en première analyse. La compréhension et l'explication des phénomènes historiques ne sont pas sans analogie avec celles des textes littéraires. P. Ricœur note [2] qu'il est vain d'opposer la compréhension immédiate du texte par intuition ou communication et l'analyse structurale qu'on peut en faire, car comment être sûr d'avoir bien compris sans analyse, et pourquoi faire une analyse s'il n'y a rien à comprendre ? De même, en histoire, la compréhension ne suffit pas, et elle risque d'être fautive, si l'on ne se soucie pas de construire à partir d'elle une explication plus systématique, en analysant la situation initiale, en identifiant les divers facteurs et en pesant les causes.

Ce recours à une explication rationnelle réduit la distance qui sépare l'histoire et la science. Assurément, il y a des lois en sciences et pas en histoire, mais toute loi est assujettie à des conditions de validité. Les réactions chimiques sont soumises à des conditions de température et de pression. La nature même de l'histoire exclut-elle la possibilité de loi ? ou bien les conditions de validité auxquelles d'éventuelles lois seraient soumises sont-elles tellement nombreuses, complexes et interdépendantes qu'on ne peut en démêler l'écheveau ? On pourrait alors envisager qu'une histoire plus achevée, plus aboutie, puisse rejoindre la science. C'est en ce sens que M. Bloch parlait de science « dans l'enfance ».

Il faut pourtant renoncer à cette illusion. Pour deux raisons au moins. La première a été longuement étudiée au chapitre précédent : les conduites humaines, objet de l'histoire, relèvent de l'ordre du sens, et non de celui de la science. La seconde est aussi forte : la complexité des enchevêtrements de causes en histoire est infinie. Même un historien parfait, omniscient et omnicompétent, échouerait à la démêler. Une complexité inépuisable est constitutive des objets historiques. « Même la description du plus petit fragment de la réalité, disait M. Weber, ne peut jamais être pensée de manière exhaustive. Le nombre et la nature des causes qui ont déterminé un événement singulier quelconque sont toujours infinis [3]... »

---

2. « Expliquer et comprendre ».
3. M. Weber, *Essais*, p. 162.

Nous sommes donc dans un entre-deux. L'histoire ne s'explique pas complètement, mais elle s'explique. Si elle s'expliquait parfaitement, elle serait entièrement prévisible. Or elle n'est ni totalement déterminée, ni totalement aléatoire. Tout ne peut pas arriver, et l'historien qui s'en donnerait la peine pourrait, jusqu'à un certain point, prévoir les événements futurs, mais pas dans leurs modalités précises. Le pronostic, qui se fonde sur un diagnostic et laisse des marges à la contingence, n'est pas impossible. « Il est possible de prédire ce qui va arriver sous réserve de ne pas vouloir prophétiser chaque chose en détail », disait en 1850 Stein dont le pronostic sur l'évolution constitutionnelle de la Prusse a été vérifié par l'histoire [4]. Mais il arrive aussi que les historiens se trompent : combien avaient décrit les régimes socialistes de l'Europe de l'Est comme des structures absolument stables ? Et pourtant le mur de Berlin s'est effondré… Dans l'expérience quotidienne, il n'y a pas d'un côté un déterminisme absolu et de l'autre une pure contingence, mais des mixtes de dosages variés qui vont de la prévisibilité certaine à l'imprévisibilité, en passant par tous les degrés du probable et du possible.

L'explication historique, qui démêle cet ensemble enchevêtré de causes multiples, doit à cette situation quelques particularités qui en font une opération intellectuelle spécifique.

Rétrodiction

D'une part, comme le soulignait P. Lacombe à la fin du XIXe siècle, l'histoire remonte de l'effet à la cause, tandis que la science descend de la cause à l'effet. C'est le sens de l'importance accordée par les scientifiques à la reproductibilité des expériences : les mêmes causes, réunies selon les mêmes protocoles expérimentaux, provoquent les mêmes effets. L'histoire, elle, ne voit que des effets, chaque fois différents, et elle tente de remonter aux sources. Elle est rétrodiction.

---

4. R. Koselleck, « Le pronostic historique dans l'ouvrage de Lorenz von Stein sur la Constitution prussienne », *Le Futur passé*, p. 81-95.

Paul Lacombe : Du contingent au déterminé

…un phénomène a pour cause un autre phénomène qui le précède nécessairement. Si le phénomène conséquent n'avait pas besoin pour se produire de la précédence de l'autre, nous ne penserions pas à considérer celui-ci comme une cause.

A l'idée de l'antécédence nécessaire, une autre idée se lie dans une sorte de polarité, l'idée de la suite plus ou moins obligée. Nous concevons que, le premier terme s'étant présenté, le second arrivera ; après la cause nous attendons l'effet, mais non plus avec la même certitude que nous avons quand il s'agit de la précédence de la cause.

L'expérience nous apprend en effet que la suite n'est pas toujours commandée impérieusement. Dans cette espèce de contrainte que l'antécédent exerce sur le conséquent, nous observons une infinité de degrés ; cela va du tout à fait inévitable au probable et au possible.

Quand l'effet nous semble suivre sans faute sa cause, nous disons qu'il est déterminé ; quand, malgré la présence de la cause, l'effet paraît pouvoir faire défaut, nous disons qu'il est contingent. Ce sont deux termes subjectifs qui ont trait à nous, qui traduisent une impression à la fois intellectuelle et morale ; […] ces termes n'ont rien d'absolu ; il n'y a pas dans la nature deux choses distinctes, le déterminé et le contingent, mais en nous une impression graduée ; nous opposons le déterminé au contingent, comme nous disons le froid et le chaud.

[…] Nous avons employé jusqu'ici le mot de cause. On peut employer le mot de condition. Tout ce qu'on nomme causes d'un effet constitue les conditions de l'arrivée de l'effet. Une condition peut s'imposer à l'effet d'une façon absolue ; tant qu'elle n'est pas remplie, l'effet est impossible ; mais, d'autre part, est-elle remplie, il se peut que l'effet tarde indéfiniment à se produire ; elle le conditionne donc impérieusement ; elle ne le détermine pas du tout.

De l'histoire considérée comme science, *p. 250-251.*

La rétrodiction implique un temps qui puisse se parcourir dans les deux sens, nous y reviendrons. Elle leste la recherche des causes en histoire d'un élément de stabilité et de force qui ne doit pas être sous-estimé : le point d'arrivée est donné, et c'est à partir de lui que l'historien travaille. Le risque d'une construction intellectuelle délirante n'est pas totalement écarté par là même, il est du moins singulièrement réduit. L'historien peut présenter toutes les interprétations possibles de la Révolution française ; du moins ses explications ont-elles en commun un invariant, auquel elles doivent conduire : la Révolution elle-même. Il y a là de quoi contenir la folle du logis.

La remarque n'est pas sans fondement, car, dans la recherche des causes, l'historien fait beaucoup appel à son imagination.

L'expérience imaginaire

Écrire l'histoire avec des si

On n'écrit pas l'histoire avec des « si », répète-t-on souvent. Or justement si !

Certes, il n'y a qu'une histoire : celle qui s'est passée, et il ne sert à rien – du moins le croit-on – de rêver que les choses eussent pu être autres qu'elles ne furent. Il est vain, à première vue, d'imaginer que la Révolution aurait pu ne pas avoir lieu, ou la France ne pas être battue en 1940, que le chemin de fer aurait pu ne pas être inventé, ou la vigne ne pas être cultivée dans l'Empire romain. En rappelant qu'on n'écrit pas l'histoire avec des « si », on ramène au réel ceux qui tenteraient de s'en évader. Fonction régulatrice indispensable, évoquée à l'instant.

Mais le caractère récurrent de la mise en garde oblige à s'interroger : n'y a-t-il pas là une tentation permanente, inhérente à la démarche historique ? Peut-on comprendre pourquoi les choses se sont passées comme elles l'ont fait, sans se demander si elles auraient pu se passer autrement ? Au vrai, imaginer une autre histoire est le seul moyen de trouver les causes de l'histoire réelle.

La démarche a même été systématisée par les historiens américains de la *New Economic History*. Pour tenter de mesurer l'impact du chemin de fer sur la croissance de l'économie américaine, ils ont entrepris de reconstruire quelle aurait été l'évolution de cette économie si le chemin de fer avait été inconnu à l'époque[5]. D'autres historiens ont construit un modèle de croissance de l'économie russe depuis 1918 à partir de l'hypothèse que cette économie n'aurait pas été socialiste, c'est-à-dire dans l'hypothèse d'un échec de la révolution soviétique.

Les historiens français sont restés en général réticents devant cette démarche. Les constructions contre-factuelles leur paraissent aventureuses. Il est vrai que, dans les exemples cités, elles mettent en jeu un nombre considérable de variables, dont la combinaison est partiellement aléatoire. Mais la démarche, en elle-même, est parfaitement légitime. Je prendrai, pour le montrer, un exemple qui me paraît irréfutable.

Les historiens de la guerre de 1914 et ceux de la population française ont coutume, lorsqu'ils évaluent les pertes de la guerre, d'ajouter aux pertes militaires proprement dites ce qu'ils appellent la « surmortalité civile ». La guerre a entraîné pour la population des conséquences néfastes, des pénuries alimentaires, un manque de charbon pendant l'hiver très rigoureux de 1916-1917 ; ces mauvaises conditions de vie ont entraîné la mort d'un plus grand nombre de civils qu'en temps de paix. Il semble logique d'inscrire cette « surmortalité » au bilan de la guerre.

L'analyse présente un premier défaut : elle inclut les pertes dues à l'épidémie de grippe espagnole de 1918. Or personne ne peut affirmer que cette épidémie soit due à la guerre, car elle a touché aussi des neutres, et parfois après la fin de la guerre.

Un second défaut est le caractère approximatif du raisonnement. En fait, la notion de « surmortalité civile » implique déjà une analyse contre-factuelle : pour parler de surmortalité, il faut comparer la mortalité effective à ce qui se serait passé s'il n'y avait pas eu la guerre. Mais, comme cette histoire contre-factuelle n'est pas consciente de l'être, elle ne formalise pas ses hypothèses, ce qui lui interdit de les vérifier.

Tentons donc de le faire[6]. La statistique des décès par

---

5. Robert Fogel, *Railroads and American Economic Growth : Essays in Econometric History*, Baltimore, The Johns Hopkins Press, 1964.
6. Nous reprenons ici les résultats non publiés d'une étude du Dr. Jay Winter, de Pembroke College, Cambridge.

sexes et par âges est connue. Un peu de critique, pour ne pas contrister Seignobos, conduit à écarter de l'analyse les décès masculins, car il est difficile de les épurer des pertes militaires, qui sont en outre tellement importantes pour certains âges qu'elles rendent toute comparaison impossible. Retenons donc les seuls décès féminins. Ils décrivent l'histoire qui s'est effectivement passée.

Pour la comparer à ce qui se serait passé s'il n'y avait pas eu la guerre, il nous faut évaluer combien de femmes des divers groupes d'âges seraient mortes chaque année si tout avait été normal par ailleurs ; c'est l'hypothèse contre-factuelle. Or il est parfaitement possible de calculer ces décès « théoriques » : nous connaissons les taux de mortalité par âges et par sexes des années qui précèdent et qui suivent la guerre. En prenant pour hypothèse que l'évolution qui était en cours se serait poursuivie sans la guerre, nous obtenons des taux de mortalité « théoriques » pour les années de guerre. En les appliquant aux effectifs connus de la population féminine, nous obtenons le nombre des décès « théoriques ». La comparaison devient possible.

Et c'est la surprise : il y a eu en 1915, 1916 et 1917 moins de décès féminins qu'il n'y aurait dû en avoir, si toutes choses avaient été normales par ailleurs. Non seulement il n'y a pas de « surmortalité » mais, au contraire, il faudrait parler d'une « sous-mortalité » civile. L'analyse conduit à des résultats voisins pour le Royaume-Uni, mais opposés pour l'Allemagne. D'où la conclusion que les puissances alliées ont réussi à préserver les conditions de vie de leurs populations civiles pendant la guerre, alors qu'au contraire la pourtant puissante administration allemande n'y est absolument pas parvenue. Ce qui n'a pas peu contribué à la désorganisation de la société allemande en 1918 et aux tentatives révolutionnaires qui ont marqué, outre-Rhin, la fin de la guerre.

J'ai tenu à développer cet exemple avec quelque détail, en raison non seulement de son intérêt, mais aussi de la formalisation qu'implique le recours au calcul ; il illustre clairement, de ce fait, une démarche contre-factuelle qu'on retrouve, moins consciente d'elle-même, dans toute histoire.

L'expérience imaginaire

En effet, toute histoire est contre-factuelle. Il n'y a pas d'autre moyen, pour identifier les causalités, que de se transporter en imagination dans le passé et de se demander si, par hypothèse, le déroulement des événements aurait été le même au cas où tel ou tel facteur considéré isolément aurait été différent. L'expérience imaginaire est la seule possible en histoire, comme P. Lacombe le soulignait déjà il y a un siècle.

Paul Lacombe : L'expérience imaginaire en histoire

Je dois dire ici quelques mots d'une sorte d'expérience qui est seule possible en histoire : l'expérience imaginaire. Supposer par la pensée à une série d'événements une tournure autre que celle qu'ils eurent, refaire par exemple la Révolution française. Beaucoup d'esprits trouveront sans doute que cela constitue un ouvrage vain, sinon même dangereux. Je ne partage pas ce sentiment. Je vois un danger plus réel dans la tendance qui nous porte tous à croire que les événements historiques ne pouvaient pas être autrement qu'ils n'ont été. Il faut se donner au contraire le sentiment de leur instabilité vraie. Imaginer l'histoire autrement qu'elle ne fut sert d'abord à cette fin.

De l'histoire considérée comme science, *p. 63-64.*

Les philosophes ont généralement abordé cette question à partir d'exemples empruntés à l'histoire événementielle la plus classique. Max Weber raisonne sur le rôle joué par Bismarck dans le déclenchement de la guerre de 1866 entre l'Autriche et la Prusse [7], et Raymond Aron reprend le même exemple pour analyser très finement les opérations auxquelles procède l'historien.

---

7. Max Weber reprend lui-même cet exemple d'Edouard Meyer, *Zur Theorie und Methodik der Geschichte*, Halle, 1902, qui fait de la guerre de 1866 le résultat d'une décision de Bismarck. Voir toute cette discussion dans les *Essais*, p. 290 *sq.*

Raymond Aron : Peser les causes...

Si je dis que la décision de Bismarck a été cause de la guerre de 1866, [...] j'entends que, sans la décision du chancelier, la guerre n'aurait pas éclaté (ou du moins n'aurait pas éclaté à ce moment)[...]... la causalité effective ne se définit que par une confrontation avec les possibles. Tout historien, pour expliquer ce qui a été, se demande ce qui aurait pu être. *La théorie se borne à mettre en forme logique cette pratique spontanée de* l'homme dans la rue.

Si nous cherchons la cause d'un phénomène, nous ne nous bornons pas à additionner ou à rapprocher les antécédents. Nous nous efforçons de peser *l'influence propre de chacun. Pour opérer cette discrimination, nous prenons un des antécédents, nous le supposons, par la pensée, disparu ou modifié, nous tâchons de construire ou d'imaginer ce qui se serait passé dans cette hypothèse. Si nous devons admettre que le phénomène étudié aurait été autre en l'absence de cet antécédent (ou bien au cas où celui-ci aurait été différent), nous concluons que cet antécédent est* une *des causes d'une partie du phénomène effet, à savoir de la partie que nous avons dû supposer transformée [...]*

Logiquement, la recherche comprend donc les opérations suivantes : 1° découpage du phénomène effet ; 2° discrimination des antécédents et séparation d'un antécédent dont on veut estimer l'efficace ; 3° construction d'évolutions irréelles ; 4° comparaison des images mentales et des événements réels.

Supposons provisoirement [...] que nos connaissances générales, d'ordre sociologique, permettent les constructions irréelles. Quelle en sera la modalité ? Weber répond : il s'agira de possibilités objectives, *autrement dit de consécutions conformes aux généralités connues, mais* seulement *probables.*

Introduction à la philosophie de l'histoire, *p. 164.*

Par-delà l'exemple événementiel, l'analyse a une portée générale : « Tout historien, pour expliquer ce qui a été, se demande ce qui aurait pu être. » C'est, en effet, la même démarche intellectuelle qui est pratiquée quel que soit le problème historique abordé : « La causalité effective ne se définit que par une confrontation avec les possibles. »

Si l'on s'interroge par exemple sur les causes de la Révolution française et que l'on veuille peser l'importance respective des facteurs économiques (la crise de l'économie française à la fin du XVIIIe siècle, la mauvaise récolte de 1788), des facteurs sociaux (la montée de la bourgeoisie, la réaction nobiliaire), des facteurs politiques (la crise financière de la monarchie, le renvoi de Turgot), etc., il n'est d'autre solution que de considérer une à une ces différentes causes, de les supposer différentes et de tenter d'imaginer les évolutions qui s'en seraient alors suivi. Comme le dit M. Weber : « Pour démêler les relations causales réelles, nous en construisons d'irréelles[8]. » Cette « expérience imaginaire » est la seule façon, pour l'historien, non seulement d'identifier les causes, mais de les *demêler*, de les *peser*, pour reprendre les termes de M. Weber et de R. Aron. C'est-à-dire de les hiérarchiser.

Ce rôle décisif de l'expérience imaginaire dans la construction des explications historiques oblige à s'interroger sur ses conditions de possibilité.

Fondements et implications de l'imputation causale

Passé, présent et futur du passé

En premier lieu, l'expérience imaginaire repose sur une manipulation du temps. La construction d'évolutions irréelles pour trouver les causes des évolutions réelles implique une mise à distance et une reconstruction du temps. Nous avons longuement analysé la forme de temporalité propre à l'histoire, en soulignant le fait que ce temps passé qui vient jusqu'au présent est parcouru par l'historien dans les deux sens, d'amont en aval et d'aval en amont. C'est par ce va-et-vient continuel entre le présent et le passé, et entre les divers moments du passé, que l'histoire se construit. La

---

8. Repris par P. Ricœur, *Temps et Récit*, t. I, p. 328.

recherche des causes est parcours du temps par l'imagination.

Elle peut d'ailleurs porter elle-même sur le temps : parmi les causes dont l'historien cherche à peser l'importance figure nécessairement le temps trop court ou trop long. L'Allemagne aurait-elle été vaincue en 1918 si les Américains étaient entrés en guerre plus tard ? Si la Russie tsariste n'avait été jetée dans la guerre de 1914, la politique de constitution d'une bourgeoisie rurale aurait-elle fourni des bases sociales suffisantes à un régime constitutionnel ?

Dans ce parcours du temps, l'historien se situe en un moment où le futur était anticipé au présent par les hommes du passé à la lumière de leur propre passé. Il reconstruit par l'imagination un moment passé comme un présent fictif par rapport auquel il redéfinit un passé et un futur. Son passé est un temps à trois dimensions.

Mais le passé et le futur de ce passé ne sont pas de même texture. R. Koselleck formalise cette différence à l'aide des deux concepts non symétriques de champ d'expérience et d'horizon d'attente [9]. Le champ d'expérience des hommes du passé est la présence pour eux de leur passé, la façon dont il était actuel pour eux. Il est à la fois rationnel et irrationnel, individuel et interindividuel. Il enjambe la chronologie et saute des pans entiers du temps, car les hommes du passé, comme nous, gommaient certains éléments de leur passé pour en valoriser d'autres. L'horizon d'attente est la présence, pour eux, du futur : un horizon qui ne se découvre jamais dans son ensemble, comme l'historien peut aujourd'hui le voir, mais qui se laisse concrètement appréhender par éléments successifs : les hommes du passé devront attendre pour le découvrir. Ce futur passé est fait d'anticipations, d'alternatives possibles, d'espoirs et de craintes.

Cette manipulation du temps comporte un grand avantage et un grand risque. Le grand avantage est que l'historien vient après l'événement ou la situation qu'il étudie. Il sait donc quelle a été l'évolution réelle. C'est même cette connaissance de l'évolution ultérieure (par rapport au passé étudié) qui donne aux faits leur caractère historique. Comme

9. R. Koselleck, « Champ d'expérience et horizon d'attente », *Le Futur passé*, p. 307-329.

le voient très bien les élèves, les événements « historiques »,
au sens de « mémorables », « dignes d'être relatés », sont
ceux qui portent des conséquences. Aller acheter une boîte
de conserve chez l'épicier n'est pas un fait historique. Pour
être historique, il faut que le fait ait la capacité de provoquer
un changement [10]. L'historien est en quelque sorte « en
avance » sur le temps qu'il étudie. Il peut diagnostiquer à
coup sûr ce qui va se produire, puisque c'est déjà arrivé. Il
distingue facilement, trop facilement même, les événements
importants. C'est ce que F. Braudel appelait « les impla-
cables commodités de notre métier ».

> Au premier examen, ne pouvons-nous pas dégager l'essen-
> tiel d'une situation historique quant à son devenir ? Des
> forces aux prises, nous savons celles qui l'emporteront, nous
> discernons à l'avance les événements importants, « ceux qui
> auront des conséquences », à qui l'avenir sera finalement
> livré. Privilège immense ! Qui saurait, dans les faits mêlés de
> la vie actuelle, distinguer aussi sûrement le durable de
> l'éphémère [11] ?

« Simplification évidente et dangereuse », dit ailleurs
F. Braudel [12]. Cette chance est en effet indissociable d'un
grand risque. La connaissance rétrospective de ce qui, pour
les hommes passés, était le futur risque en effet de pervertir
la reconstitution de l'horizon d'attente et de le rétrécir, voire
de rendre l'historien aveugle aux possibilités que recélait la
situation.
L'histoire de la campagne de France, en 1940, en fournit
un bon exemple. La défaite est un événement si rapide et si
massif que les historiens, frappés par les images de la débâcle,
et peut-être aussi traumatisés par l'effondrement de la France,
ont eu tendance à écrire l'histoire des cinq semaines qui
s'écoulent de la percée allemande dans les Ardennes à la

10. Voir N. Sadoun-Lautier, *Histoire apprise, Histoire appropriée*,
chap. 3.
11. Dans sa leçon inaugurale au Collège de France, *Écrits sur l'histoire*,
p. 30. Le texte cité prend une valeur particulière du fait que F. Braudel l'a
écrit deux fois exactement dans les mêmes termes, la première dans cette
leçon de 1950, la seconde dans un article de la *Revue économique*, de
1950 également, article repris dans les *Écrits*, p. 123-133.
12. Dans l'article célèbre sur la longue durée, *ibid.*, p. 58.

demande d'armistice comme une tragédie antique dont le dénouement est inéluctable. Mais dans l'horizon d'attente des Français au début de mai 1940, solidaire d'un champ d'expérience où brillaient les références de la bataille de la Marne et de la victoire de 1918 longuement attendue, la défaite n'était qu'une alternative parmi d'autres, possible, mais ni certaine ni inévitable. Il a fallu attendre un demi-siècle pour qu'une histoire attentive aux documents, faite de surcroît par un résistant, signale que les pertes de l'armée française en mai-juin 1940, 100 000 hommes, ont été plus importantes proportionnellement que celles de la bataille de Verdun, et qu'à la fin du mois de mai, lors de la tentative de rétablissement sur la Somme, le moral des troupes s'était momentanément redressé. Compte tenu des forces en présence, et du rythme de production d'armements atteint à l'époque – en mai, malgré les opérations, la France produit davantage de chars que l'Allemagne –, la défaite n'était pas inéluctable [13].

C'est dire à quel point il importe que l'historien ne se censure pas abusivement et qu'il ne rétrécisse pas ses hypothèses aux évolutions qu'il a la chance de connaître parce qu'il vient après l'événement. Construire des évolutions irréelles est « le seul moyen d'échapper à *l'illusion rétrospective de la fatalité* [14] ».

Possibilités objectives, probabilités, fatalité

On est ici au cœur du métier d'historien, en son point le plus sensible. Cette construction imaginaire probabiliste est en effet ce qui permet à l'histoire de concilier la liberté des acteurs et l'imprévisibilité du futur, avec la mise en évidence et la hiérarchisation des causes qui conditionnent leur action.

13. Le lecteur curieux de précisions sur ce point que je cite seulement à titre d'exemple pourra se reporter à Jean-Louis Crémieux-Brilhac, *Les Français de l'an quarante*, Paris, Gallimard, 1990, 2 vol. Jean-Pierre Azéma, dans sa contribution à l'ouvrage qu'il a écrit avec Michel Winock, *Naissance et Mort. La Troisième République*, Paris, Calmann-Lévy, 1970, avait pris bien soin de raconter la campagne de 1940 comme s'il n'en connaissait pas le dénouement, mais il ne disposait pas alors du travail d'archives fait depuis – pendant dix ans – par J.-L. Crémieux-Brilhac.
14. R. Aron, *Dimensions de la conscience historique*, p. 186-187. Les italiques sont de R. Aron.

P. Ricœur, après R. Aron, a souligné fortement ces deux points. Le fait de reconstituer, dans l'horizon d'attente du passé, des possibilités objectives qui étaient seulement – et inégalement – probables n'est pas un procédé littéraire qui permet à l'historien d'introduire dans son récit un élément de « suspense » ; c'est d'abord un respect de l'incertitude fondamentale de l'événement.

Paul Ricœur : Respecter l'incertitude de l'événement

...la logique de la probabilité rétrospective revêt une signification précise qui intéresse directement notre investigation sur la temporalité historique : « *L'enquête causale de l'historien, dit Aron, a moins pour sens de dessiner les grands traits de relief historique que de conserver ou de restituer au passé l'incertitude de l'avenir* » *(p. 181-182). Et encore :* « *Les constructions irréelles doivent rester partie intégrante de la science, même si elles ne dépassent pas une vraisemblance équivoque, car elles offrent le seul moyen d'échapper à l*' « *illusion rétrospective de la fatalité* » *(p. 186-187). Comment est-ce possible ? Il faut comprendre que l'opération imaginaire par laquelle l'historien suppose par la pensée un des antécédents disparus ou modifiés, puis tâche de construire ce qui se serait passé dans cette hypothèse, a une signification qui dépasse l'épistémologie. L'historien se comporte ici en narrateur qui redéfinit par rapport à un présent fictif les trois dimensions du temps. Rêvant d'un événement autre, il oppose l'uchronie à la fascination du révolu. L'estimation rétrospective des possibilités revêt ainsi une signification morale et politique, qui excède sa signification purement épistémologique : elle rappelle aux lecteurs d'histoire que* « *le passé de l'historien a été le futur des personnages historiques* » *(p. 187). Par son caractère probabiliste, l'explication causale incorpore au passé l'imprévisibilité qui est la marque du futur et introduit dans la rétrospection l'incertitude de l'événement.*

Temps et Récit, *t. I, p. 331-332.*

La leçon morale et politique du respect de l'imprévisibilité du futur est ainsi une leçon de liberté. R.G. Collingwood, à sa manière paradoxale et dans le cadre de sa philosophie idéaliste, argumentait qu'on ne pouvait découvrir que l'histoire est une science autonome sans découvrir en même temps que l'homme est libre [15]. Il touchait un point fondamental : à condition de respecter l'incertitude de l'événement, c'est l'histoire qui permet de penser à la fois la liberté des hommes et la contrainte des situations.

En même temps, la reconstitution probabiliste des futurs possibles qui auraient pu advenir est le seul moyen de découvrir et de hiérarchiser les causes en histoire. L'imagination qui est ici sollicitée n'est pas la folle du logis. Les constructions irréelles qu'elle bâtit sont certes des fictions, mais elles n'ont rien à voir avec le délire ou le rêve. Elles s'ancrent résolument dans le réel et s'inscrivent dans les faits reconstitués par l'historien. L'hypothèse d'une possible stabilisation du front en mai 1940 repose sur une analyse du temps perdu par le commandement français du fait du remplacement de Gamelin par Weygand, sur la connaissance des difficultés logistiques de l'armée allemande, sur les blindés disponibles. On voit bien sa fécondité : elle met en évidence, par contraste, dans les causes de la défaite les erreurs commises par les militaires et la doctrine d'emploi de l'arme blindée. Son point d'interrogation est l'infériorité de l'aviation française, à la fois en nombre et en qualité. L'expérience imaginaire est un inventaire guidé par des hypothèses alternatives.

Ancrée dans le réel, la construction des évolutions irréelles tient compte en outre de tout ce que l'historien peut savoir des régularités sociales, de ce que M. Weber appelait les « règles de l'expérience », la manière dont les hommes ont l'habitude de réagir à des situations données. Parfois il s'agit de ce que la vie lui a appris et qu'il a découvert par ses propres pratiques sociales ; parfois il s'appuie sur les apports de l'histoire et de la sociologie. De toute façon, il s'inspire

---

15. *The Idea of History*, p. 315 *sq.* Pour R.G. Collingwood, l'homme n'est évidemment pas libre par rapport à la situation ; mais la situation n'existe qu'en tant que situation pensée par l'homme, et en tant qu'il pense la situation, il la construit et il est libre.

des précédents et mobilise des connaissances multiples ; il n'est pas guidé par je ne sais quel « flair » de fin limier. C'est à ce prix, et à ce prix seulement, qu'il atteint au moins ce que R. Aron appelle « une vraisemblance équivoque ».

Ainsi ancrée dans le réel et armée d'un savoir social, l'expérience imaginaire conduit l'historien à repérer, dans le passé, des possibilités qui étaient objectives, mais qui ne se sont pas réalisées, qui n'étaient donc pas nécessaires, mais seulement probables. Le difficile, dans le métier d'historien, est d'assigner à chaque possibilité objective un degré de probabilité adéquat, qui fonde la hiérarchie des causes[16].

C'est là que l'essentiel se joue, et l'historien le sait bien, qui ne demande pas à son lecteur de le croire sur parole quand il signale ces possibilités objectives inégalement probables. Il se sent tenu de rendre des comptes, et, pour citer P. Ricœur, de « donner les raisons pour lesquelles il tient tel facteur *plutôt que tel autre* pour la cause suffisante de tel cours d'événements ». Il doit argumenter « parce qu'il sait qu'on peut expliquer *autrement*. Et il le sait, parce qu'il est, comme le juge, dans une situation de contestation et de procès, et parce que son plaidoyer n'est jamais achevé : car l'épreuve est plus concluante pour éliminer les candidats à la causalité [...] que pour en couronner un seul sans retour[17] ».

Nous sommes ainsi reconduits à la position inconfortable de l'historien. On sent bien qu'il ne raconte pas n'importe quoi, qu'il argumente avec des faits construits à partir de documents selon les règles de l'art. On comprend bien que l'expérience imaginaire d'évolutions irréelles, qui lui permet de peser les causes, tient compte de toutes les données objectives. Il reste qu'il s'agit d'une opération fictive, menée en imagination. La balance avec laquelle il pèse les causes n'a été vérifiée par aucun service des poids et mesures. Dès lors, il entre toujours dans son appréciation quelque chose de subjectif. Les causes qu'il déclare prépondérantes au terme de son enquête ont toute chance d'être celles que sa théorie privilégie. C'est pourquoi Henri-I. Marrou, citant R. Aron, pouvait dire que « La théorie précède l'histoire ».

---

16. Voir ici P. Ricœur, *Temps et Récit*, t. I, p. 329.
17. *Ibid*. Les italiques sont de P. Ricœur.

Henri-I. Marrou : La théorie précède l'histoire

...la théorie, c'est-à-dire la position, consciente ou inconsciente, assumée en face du passé par l'historien : choix et découpage du sujet, questions posées, concepts mis en œuvre, et surtout types de relations, systèmes d'interprétation, valeur relative attachée à chacun : c'est la philosophie personnelle de l'historien qui lui dicte le choix du système de pensée en fonction duquel il va reconstruire et, croit-il, expliquer le passé.

La richesse, la complexité de la nature des faits humains et par suite de la réalité historique rend celle-ci [...] pratiquement inépuisable à l'effort de redécouverte et de compréhension. Inépuisable, la réalité historique est du même coup équivoque *(Aron, p. 102) : il y a toujours, se recoupant et se superposant sur le même point du passé, tant d'aspects divers, tant de forces en action que la pensée de l'historien y retrouvera toujours l'élément spécifique qui, d'après sa théorie, se révèle comme prépondérant et s'impose comme système d'intelligibilité – comme l'explication. L'historien choisit à son gré : les données se prêtent complaisamment à sa démonstration et s'accommodent également de tout système. Il trouve toujours ce qu'il cherche...*

De la connaissance historique, *p. 187-188.*

Mais si l'historien trouve toujours ce qu'il cherche, qu'en est-il d'une vérité de l'histoire ? Est-elle autre chose qu'un divertissement littéraire ? Même si, par la construction intellectuelle d'explications et la recherche de causes nous avons pris quelque recul, par rapport à l'intuition romantique ou humaniste de la compréhension, le statut de l'histoire, tel qu'il nous apparaît à ce stade, est encore bien fragile. Peut-on s'en satisfaire ?

9

Le modèle sociologique

Beaucoup refusent de se satisfaire des approximations méthodologiques que nous venons de décrire. Si l'on se forme une conception exigeante de la vérité, il est bien difficile de s'en remettre à une compréhension ineffable et à une imputation causale qui repose sur l'imagination. On a beau dire que les historiens sont retenus de verser dans la fantaisie par l'exigence d'argumenter, et d'argumenter à partir de faits construits suivant les règles du métier, leur point de vue, leur personnalité pèsent bien lourd dans leur démarche. Nous sommes très loin, nous l'avons répété, de ce qu'on a l'habitude d'appeler une science, même d'une science mêlée de savoir-faire clinique comme la médecine.

Or le prestige de la science dans notre société est tel, depuis un siècle, qu'il conduit les historiens, et avec eux les sociologues et les anthropologues, à durcir leurs méthodes et à se réclamer de procédures plus rigoureuses. On s'est efforcé de se rapprocher du modèle de légitimité en vigueur dans les sciences exactes, et même si ce modèle a évolué, on l'a vu, il est resté une référence à la fois enviée et inaccessible.

Les historiens de la fin du XIXe siècle avaient tenté d'affirmer le caractère scientifique de leur discipline par la méthode critique et l'établissement des faits. C'est tout le débat que l'on a abordé plus haut sur l'observation directe du chimiste ou du naturaliste et l'observation indirecte de l'historien (voir *supra*, p. 71 *sq.*). Mais ils étaient trop historiens pour dissimuler la subjectivité à l'œuvre dans leur métier. Nous avons vu comment Seignobos, par exemple, soulignait le rôle de l'imagination en histoire. Il était encore très loin du modèle des sciences positives. Or sa conception ne valait pas seulement pour l'histoire mais aussi pour l'ensemble des sciences humaines. Il l'affirme avec force, face à

l'émergence, menaçante pour l'histoire, de la sociologie.
Son argumentation repose sur deux points essentiels.
D'abord, nous l'avons vu, toutes les sciences sociales opèrent, « non pas sur des objets réels, mais sur les représentations qu'on se fait des objets ». Ce sont des images qui sont
la matière pratique de la science sociale. Qu'elle s'intéresse
à des faits passés ne donne à l'histoire aucun statut particulier sur ce point.

En second lieu, Seignobos va plus loin, et il fait valoir,
dans le style de son époque, ce que nous traduirions dans
celui de la nôtre en disant que si l'on veut comprendre des
faits humains, on ne peut faire abstraction de leur sens.

**Charles Seignobos : Ne pas étudier la danse
sans la musique**

*Les actes humains qui constituent la matière de la science
sociale ne peuvent donc être compris que par l'intermédiaire des phénomènes conscients du cerveau. Ainsi on
est ramené irrésistiblement à l'interprétation cérébrale
(c'est-à-dire psychologique) des faits sociaux. Auguste
Comte avait espéré l'éviter en constituant la sociologie
sur l'observation des faits extérieurs ; mais ces faits extérieurs ne sont que les produits des états intérieurs ; les
étudier seuls sans connaître les états psychologiques qui
les motivent, ce serait vouloir comprendre les mouvements d'un danseur sans entendre la musique sur
laquelle il danse.*

La Méthode historique, *p. 109.*

Mis en cause en la personne de leur père fondateur,
A. Comte, les sociologues ont radicalement contesté ce point
de vue au nom de la science positive. Débat fondamental et
fondateur, qui mérite d'être repris.

La méthode sociologique [1]

Le refus du subjectivisme

Pour les sociologues positivistes, la science sociale procède comme toutes les sciences. Il leur faut donc réfuter Seignobos. Simiand s'en charge, dans un article célèbre de 1903 :

> ...la pratique suivie revient à *imaginer* les actions, les pensées, les motifs des hommes passés, et cela d'après les actions, les pensées, les motifs des hommes qu'il *[l'historien]* connaît, des hommes actuels, et c'est de cette construction arbitraire, faite avec son imagination, c'est de l'emploi sans critique de cette psychologie vague et mal élaborée, de l'application inconsciente de règles analogiques postulées sans discussion préalable, que l'historien tire « l'explication ».

Mais on ne détruit bien que ce qu'on remplace. Que devient l'histoire, si l'on refuse l'imagination analogique ?

La réponse est catégorique : l'histoire doit se donner des objets tels qu'elle puisse en faire une science. Elle doit donc répudier toute érudition vaine, qui ne sert qu'à accumuler des faits singuliers dont il ne peut y avoir science, puisqu'il n'y a de science que du général. Après P. Lacombe, qu'il approuve, Simiand reprend la prescription : « Si donc l'étude des faits humains veut se constituer en science positive, elle est conduite à se détourner des faits uniques pour se prendre aux faits qui se répètent, c'est-à-dire à écarter l'accidentel pour s'attacher au régulier, à éliminer l'individuel pour étudier le social[2]. »

Le sens de ce précepte s'éclaire avec les conséquences qu'en tire Simiand. Il ne refuse pas seulement l'interprétation psychologique des conduites par des motivations ; il refuse aussi ce qui paraît le plus objectif dans la démarche des historiens,

---

1. J'utilise ce terme par référence à É. Durkheim, *Les Règles de la méthode sociologique*, de préférence à des termes plus contemporains et moins généraux.
2. F. Simiand, « Méthode historique et science sociale », p. 95.

leur façon de dégager le caractère unique d'une période – plus exactement d'une société donnée en un moment donné – et de montrer les liens d'interdépendance qui unifient tous les aspects de cette société précise à ce moment précis du temps. Non qu'il nie l'existence de ces liens : le *Zusammenhang* est bien une réalité (voir *supra*, chap. 5). Mais la méthode historique traditionnelle est incapable de l'établir. Son argumentation est ici assez serrée pour qu'on la suive.

L'exemple choisi est une citation de H. Hauser, souvent reprise depuis : « Conquête du monde, arrivée au pouvoir des *homines novi,* modifications apportées à la propriété quiritaire et à la *patria potestas,* formation d'une plèbe urbaine [...], tout cela forme un *complexus* indéchirable, tous ces faits s'expliquent les uns par les autres beaucoup mieux que l'évolution de la famille romaine ne s'explique par celle de la famille juive ou chinoise ou aztèque. » Or, objecte Simiand, c'est là une affirmation gratuite « tant que H. Hauser n'aura pas établi que la famille romaine a évolué tout autrement que la famille de type originaire analogue rencontrée ailleurs, que cette évolution idiosyncrasique a bien été *causée* par les phénomènes sociaux d'autre sorte dont il nous est donné quelques exemples, que les contingences historiques spéciales à l'histoire de la société romaine ont bien eu un rôle *causant* décisif et non simplement un rôle de cause occasionnelle : or, comment le ferait-il avec rigueur, avec méthode, avec la valeur d'une preuve scientifique [...] sinon en recourant à la méthode comparative [3] ». En d'autres termes, l'objectif même des historiens : comprendre l'originalité d'une société dans ses divers aspect solidaires implique de bien situer l'originalité de chaque composante, ce qui exige d'abord une étude comparative.

Ce débat est fondamental, et il est repris souvent par la suite, parfois à fronts renversés. Des historiens aussi différents que F. Furet ou P. Veyne, qui ne sont certes pas des sociologues positivistes, ont plaidé eux aussi contre la recherche des liens synchroniques, du *Zusammenhang,* et pour la comparaison systématique de réalités analogues dans différentes sociétés, en reprenant parfois exactement l'exemple utilisé par Simiand [4].

---

3. *Ibid.*, p. 104-105.
4. On remarquera les oscillations des héritiers de Simiand sur ce point. Le projet d'histoire globale, cher à Braudel, relevait on ne peut plus du

La proposition des sociologues positivistes récuse le souci historisant du concret : le concret est toujours unique. Il n'est de science que du général, c'est-à-dire de l'abstrait. Il faut construire des faits sociaux ou politiques abstraits, comme l'absolutisme monarchique, pour ériger l'histoire en vraie science.

Simiand ne donne pas d'autre exemple de tels faits sociaux abstraits dont il voudrait que l'histoire soit l'étude. Si l'on veut comprendre ce qu'est la construction des faits sociaux, il faut se tourner vers l'œuvre des sociologues, et d'abord de Durkheim, dont l'ouvrage sur le suicide vaut démonstration.

L'exemple du suicide

L'audace du projet est évidente : y a-t-il acte plus individuel, plus psychologique que le suicide ? Or, précisément, Durkheim construit le suicide en fait social.

Son premier travail est de le définir ; le savant, en effet, ne peut employer les mots de la langue usuelle sans élaboration. Ce qui l'intéresse, ce n'est pas le suicide comme acte individuel, mais l'ensemble des suicides, qui constitue un fait *sui generis*. Durkheim montre en effet, par des séries statistiques concernant six pays différents, la stabilité et la constance du nombre total des suicides d'année en année, et il explique les exceptions. Les taux rapportés à la population totale confirment cette constance, mais font apparaître de grandes différences stables entre pays. Chaque société est ainsi prédisposée à fournir un contingent déterminé de morts volontaires (p. 15). Comment expliquer ces différences ?

L'analyse va passer en revue tous les facteurs susceptibles de rendre raison des écarts enregistrés. D'abord les facteurs extra-sociaux : contrairement à ce qu'on aurait pu croire, le suicide n'est pas lié à des états psychopathiques. La preuve en est fournie par la comparaison des statistiques d'aliénés

---

Zusammenhang décrété impossible à atteindre par Simiand. Et, tout en revenant à une histoire plus proche, à certains égards, de Seignobos que de Simiand, P. Veyne et F. Furet renoncent au « tout-se-tient », qui est pour eux, comme pour Simiand, un « fourre-tout », et préconisent une histoire comparative centrée sur une institution donnée.

et de suicidés : les deux populations sont très différentes, notamment selon le sexe et selon la religion. Les deux phénomènes ne varient d'ailleurs pas de la même façon entre les pays. L'alcoolisme n'est pas une meilleure explication, car les cartes de suicides par département sont fort différentes de celles de consommation d'alcool.

Il faut donc se tourner vers des facteurs non sociaux et non pathologiques, comme la race et l'hérédité, puis le climat, qui fournit des conclusions intéressantes. On constate en effet un rythme saisonnier des suicides, qui culminent en été et varient selon la longueur moyenne des journées.

Durkheim se tourne alors vers les facteurs sociaux. La religion d'abord, dont l'effet est sensible : les protestants se suicident davantage que les catholiques, qui eux-mêmes le font plus que les juifs. Ensuite la situation de famille : le suicide est plus fréquent parmi les célibataires que parmi les gens mariés. Il avance ainsi inexorablement vers la conclusion que le suicide est rendu possible par l'affaiblissement des liens sociaux, par l'anomie sociale.

J'arrête là cet exemple ; on voit la méthode mise en œuvre, méthode que Durkheim a présentée quelques années avant *Le Suicide*, dans *Les Règles de la méthode sociologique* (1895).

Les règles de la méthode

Le souci central, qui commande la méthode, est la volonté de prouver. Une science n'est pas constituée d'affirmations vraisemblables, ni même vraies, mais vérifiées, prouvées, irréfutables. Il ne suffit pas de dire des choses intelligentes qui ouvrent des aperçus inédits, il faut administrer la preuve de ce qu'on dit. La science n'est pas du domaine de l'opinion, ni même de l'opinion vraie, mais de la vérité prouvée. Comment donc, à propos de faits humains sociaux, apporter la preuve de ses affirmations ?

Pour Durkheim, la méthode des sciences sociales ne diffère pas en son principe de celle des sciences naturelles, dites expérimentales.

Émile Durkheim : La méthode comparative

Nous n'avons qu'un moyen de démontrer qu'un phéno-
mène est cause d'un autre, c'est de comparer les cas où
ils sont simultanément présents ou absents et de chercher
si les variations qu'ils présentent dans ces différentes
combinaisons de circonstances témoignent que l'un
dépend de l'autre. Quand ils peuvent être artificiellement
produits au gré de l'observateur, la méthode est l'expéri-
mentation proprement dite. Quand, au contraire, la pro-
duction des faits n'est pas à notre disposition et que nous
ne pouvons que les rapprocher tels qu'ils se sont sponta-
nément produits, la méthode que l'on emploie est celle de
l'expérimentation indirecte ou méthode comparative.

Les Règles de la méthode sociologique, *p. 124.*

C'est la méthode même de la médecine expérimentale
selon Claude Bernard. Il faut rechercher si l'absence d'un
fait s'accompagne de celle de tel autre, ou, inversement, si la
présence de l'un s'accompagne toujours de l'absence de
l'autre. « Dès qu'on a prouvé que, dans un certain nombre
de cas, deux phénomènes varient l'un comme l'autre, on
peut être certain qu'on se trouve en présence d'une loi »
(p. 132). Ainsi le suicide n'est-il pas lié à la maladie mentale puisqu'il varie en sens inverse du nombre d'aliénés. En
revanche, il est lié à l'âge, à la religion, au statut matrimo-
nial, au sexe, etc. C'est la méthode même des variations
concomitantes utilisée dans les sciences de la nature, à la
seule différence qu'elle ne résulte pas d'une expérimentation
au sens propre : c'est une *méthode expérimentale a pos-*
teriori.

Elle implique évidemment qu'on recherche des situations
sociales différentes pour les comparer entre elles et voir si
les faits qu'on étudie varient d'ordinaire ensemble ou pas.
C'est ce qui oblige à sortir d'une seule période et d'un seul
pays. *Le Suicide* embrasse l'ensemble du XIXe siècle, et plusieurs pays d'Europe. On ne comprendra pas la famille
romaine sans sortir de l'histoire romaine pour chercher des
comparaisons dans la famille juive ou aztèque.

Pour que cette méthode comparative *a posteriori* puisse être pratiquée, il faut que les faits sociaux soient élaborés dans cette intention. Le point décisif est de construire des faits sociaux en tant que sociaux, qui se prêtent à la comparaison. C'est en ce sens que Durkheim énonce la règle célèbre : « Il faut traiter les faits sociaux comme des choses. » Cela ne signifie pas qu'ils soient des choses, et l'on chercherait une mauvaise querelle à Durkheim en lui reprochant d'ignorer l'aspect moral ou psychologique des choses : il le connaît parfaitement. Simplement, il choisit de l'écarter, parce que c'est la seule façon de construire des faits sociaux qui se prêtent à la comparaison : « Une explication purement psychologique des faits sociaux ne peut donc manquer de laisser échapper tout ce qu'ils ont de spécifique, c'est-à-dire de social » (p. 106).

Le fait social doit être tiré de données, de *data* diraient les Anglo-Saxons, qui s'imposent à l'observation. Ces données sont extérieures aux individus, elles leur sont imposées du dehors, ce qui signifie qu'elles sont collectives, ou s'imposent à une collectivité. Le pourcentage des suicides dans une population donnée est un fait social, comme la mortalité par accident de la route ou le chômage : personne n'y peut rien et l'on voit les difficultés des hommes qui nous dirigent pour faire baisser la mortalité par accident de la route ou le taux de chômage ! Ce pourrait même être une définition des politiques dites « volontaristes » que de s'attaquer précisément à des faits sociaux qui leur échappent largement.

Pour être comparables, ces faits sociaux doivent être construits sur des bases qui permettent la comparaison : avec un taux de suicide des hommes en Allemagne et un taux de suicide des femmes en Autriche, on ne peut rien faire. La comparaison systématique suppose une construction préalable, et elle vaut ce que vaut cette construction.

On voit comment les sociologues argumentent leur prétention à constituer une véritable science sociale. L'histoire peut-elle relever ce défi et assumer les mêmes contraintes méthodologiques ?

La méthode sociologique
appliquée à l'histoire

De la typologie aux statistiques

Bien évidemment, certains types d'histoire ne peuvent se plier à des règles aussi rigoureuses et se trouvent, par là même, disqualifiés. Il est des histoires condamnées. A la fin de son article, Simiand lançait trois anathèmes significatifs, dont les deux premiers concernent l'idole politique et l'idole individuelle. La condamnation est logique, car la politique relève par définition de l'ordre des intentions, c'est-à-dire du psychologique, et non du social au sens durkheimien. Quant à l'individuel, il est nécessairement exclu d'une science qui se veut sociale.

La condamnation de l'individuel entraîne celle de la monographie : pour qu'une monographie comme l'histoire d'un village ou d'une famille puisse prétendre à un statut scientifique, il faudrait, dans cette perspective, qu'on puisse prouver son caractère représentatif. Or cette preuve elle-même suppose qu'on soit sorti de la monographie pour comparer son objet à d'autres de la même classe. Pour être légitime, la monographie doit intégrer une phase comparative. C'est-à-dire renoncer à être une monographie.

Inversement, l'histoire privilégiée partira à la recherche des co-variations, à des niveaux plus ou moins élaborés.

Au niveau le plus humble, cette histoire se limitera à des critères simples, du type présence/absence, qu'elle croisera pour définir des typologies. En ce sens, elle a été largement pratiquée, et par des auteurs qui ne songeraient pas à se réclamer de l'héritage durkheimien[5]. On peut en donner pour exemple les pages où P. Barral entreprend de comparer entre elles, du point de vue sociopolitique, des régions rurales qu'il construit dans cette intention[6]. En simplifiant, il utilise trois

---

5. J.-Cl. Passeron argumente de façon convaincante le caractère typologique de la méthode durkheimienne. Nous reprendrons ce débat à la fin du présent chapitre.
6. Pierre Barral, *Les Agrariens français de Méline à Pisani*, Paris, Presses de la FNSP, 1968. Cette typologie a été reprise et remaniée par Maurice Agulhon dans le tome III de l'*Histoire de la France rurale* (sous la dir. de Georges Duby et Armand Wallon, Paris, Éd. du Seuil, 1976).

critères qu'il croise : le mode de faire-valoir dominant
(fermier ou métayer/propriétaire), la taille des exploitations
et la religion. Il distingue ainsi des démocraties rurales (de
droite ou de gauche selon le facteur religieux), des terres de
dépendance, acceptée ou refusée, et des zones d'agriculture
capitaliste.

A un niveau plus élaboré, l'histoire cherche des comparaisons plus systématiques, dans le temps ou dans l'espace.
Comme exemple de variations dans l'espace, on pourrait
prendre le livre pionnier d'André Siegfried en 1913 : *Tableau
politique de la France de l'Ouest*. Pour la première fois, une
analyse se donnait la peine de cartographier soigneusement
les différentes variables sociales et de les comparer à l'orientation politique. Depuis, la comparaison de cartes est devenue l'une des méthodes usuelles du métier, de façon
d'ailleurs souvent très approximative. On devrait calculer
systématiquement les corrélations entre les données que
traduisent les cartes : on s'apercevrait alors souvent que les
différences pèsent plus lourd que les ressemblances sur lesquelles se concentre le commentaire [7].

Comme exemple de variations dans le temps, le meilleur
est certainement l'étude de la crise économique d'Ancien
Régime, telle que J. Meuvret l'a conduite [8]. Il s'agit ici de
traduire l'évolution de faits sociaux par des courbes qu'on
puisse comparer entre elles. La courbe du prix du blé
flambe à la suite des mauvaises récoltes, pour retomber
après la « soudure », à la fin de l'été suivant, si la nouvelle
récolte a été bonne, sinon elle s'envole vers de nouveaux
sommets. La courbe de la mortalité accompagne dans ses
fluctuations celle des prix du blé. Quant à la courbe de la
natalité, elle varie en sens inverse, avec un décalage d'une
année environ : la famine n'est pas une période favorable à
la conception. Ces trois co-variations n'épuisent pas la description de la crise économique d'Ancien Régime, mais

7. Quand on calcule la corrélation entre les valeurs que traduisent deux
séries de cartes, il est fréquent d'aboutir à des résultats non significatifs.
C'est que les corrélations dites écologiques (entre données spatiales) sont
très sensibles à l'unité d'analyse adoptée. Entre la pratique religieuse et le
vote de droite, la corrélation est très différente si on la calcule au niveau
de la commune, du canton ou du département.

8. *Supra,* note 3, p. 129.

elles répondent fidèlement aux prescriptions des sociologues.

A un niveau plus élaboré encore, on ne se contente pas de
comparaisons systématiques entre phénomènes préalablement quantifiés (le prix du blé, la mortalité, la natalité). On
veut mesurer la co-variation, savoir si elle est très forte, ou
seulement assez forte. Durkheim lui-même écrivait à une
époque où les tests statistiques qui permettent de mesurer
la co-variation ou la corrélation n'existaient pas encore[9].
Le Suicide met face à face de nombreuses séries statistiques
sur lesquelles des calculs de corrélation auraient été possibles sans élaboration supplémentaire ; ils donnent parfois
des résultats très élevés.

On entre ici dans le domaine de la statistique, qui fait peur à
beaucoup d'historiens, au point que notre discipline a pris, sur
ce point, un retard dramatique. On trouve dans des thèses
d'État en histoire des erreurs pour lesquelles un étudiant de psychologie ou de sociologie serait « recalé » au DEUG. Le B-A
BA est délibérément ignoré, par coquetterie et par paresse plus
que par incapacité, car la statistique dont les historiens ont
besoin est généralement rudimentaire : c'est une simple affaire
de bon sens. Mais il est de bon ton, pour certains, de jouer aux
princes de l'intelligence en dédaignant superbement, comme
des contingences subalternes, des mesquineries de tâcheron,
les exigences de la rigueur et les contraintes de la quantification, même évidente… Ce qui conduit à se satisfaire d'énoncés
paresseux et dévastateurs, où l'on proclame, sans vérification,
qu'un phénomène « exprime » ou « traduit » (comment ?) un
autre[10]. Cela finira par se savoir et par se payer très cher.

---

9. *Le Suicide* date de 1897. La corrélation linéaire (Bravais-Pearson) a
été inventée par Pearson au début du siècle pour démontrer l'absence de
relation entre l'alcoolisme des parents et le niveau mental des enfants,
donc le caractère héréditaire de la déficience mentale. Voir Michel
Armatte, « Invention et intervention statistiques. Une conférence exemplaire de Karl Pearson », *Politix*, n° 25, 1994, p. 21-45, et André Desrosières, *La Politique des grands nombres*.
10. La carence statistique prend deux formes. Ou bien l'historien se dispense purement et simplement de toute élaboration statistique, alors
qu'elle serait possible. Ou bien il entreprend un traitement statistique, sans
en accepter les exigences. J'ai vu un chercheur, aujourd'hui disparu après
une brillante carrière, reprendre dans la version imprimée de sa thèse
secondaire une formule erronée du coefficient de corrélation et un coeffi-

Pour faire comprendre la nécessité de recourir à un mini-
mum d'élaboration statistique pour l'administration de la
preuve, je prendrai deux exemples. Voici d'abord les proclamations officielles des candidats aux élections législatives de
1881 [11]. On a constitué deux échantillons de taille égale de
textes respectivement conservateurs et républicains ou radicaux, et l'on se demande quels sont les mots caractéristiques
du discours des uns et des autres. *République* ou *progrès*
sont évidemment beaucoup plus fréquents à gauche qu'à
droite. Mais d'autres termes, comme *droit*, *liberté*, etc., sont
moins nettement situés : quand un terme est utilisé trois fois
à droite et deux à gauche, est-ce un hasard ? Une différence
de quatre à deux est plus probante, mais l'est-elle vraiment ?
Après tout, il suffirait d'un candidat qui ait un « tic » de langage pour qu'on obtienne ce score. Dix contre cinq serait
certainement plus probant... Mais où mettre la barre ?

Voici – second exemple – des communes qu'on peut classer sur l'échelle politique à partir des votes aux élections de
1919, au moment où elles érigent des monuments aux morts
de la guerre. Naturellement, l'emplacement du monument
dépend des circonstances locales, des lieux disponibles. On
trouve donc dans les communes de droite comme de gauche
des monuments dans la cour des écoles, dans le cimetière,
sur des places publiques, etc. On a pourtant l'impression que
le choix de la place publique est plus républicain, plus à
gauche, que les autres, et notamment que celui du cimetière.
En effet, en principe, seuls les monuments érigés dans les
cimetières pouvaient porter des emblèmes religieux ; les
communes qui tenaient absolument à placer une croix sur
leur monument ont donc pu privilégier le cimetière, et l'on
sait le lien très général à l'époque entre force du catholicisme et orientation à droite. Mais on ne peut ériger de règle

----

cient de corrélation auquel il persistait à accorder une valeur forte, alors
que ces deux fautes lui avaient été signalées lors de la soutenance par
l'économiste H. Guitton. On voit à quelle désinvolture envers la statistique a conduit la mode quantitative, chez des chercheurs qui la prenaient
comme une mode, et non comme un dispositif d'administration de la
preuve.
    11. Antoine Prost, en coll. avec Louis Girard et Rémi Gossez, *Vocabu-
laire des proclamations électorales de 1881, 1885 et 1889*, Paris, PUF-
Publications de la Sorbonne, 1974.

simple du type : toutes les communes de gauche placent leur monument sur une place publique et toutes celles de droite dans le cimetière ; à droite comme à gauche, on rencontre l'une et l'autre localisation. C'est une question de proportions. La différence est-elle suffisante pour qu'on puisse parler cependant d'inclination, de tendance, de préférence ? Ou est-ce simplement le hasard des circonstances[12] ?

Intuitivement, on sent bien dans ces deux exemples que certaines différences quantifiées sont assez fortes pour autoriser des conclusions, et d'autres non. On sent bien aussi que le hasard a plus de poids dans les petits échantillons que dans les gros[13] : quand on a un peu plus de garçons que de filles sur 750 000 naissances, c'est un résultat très sûr, alors qu'il faudrait être stupide pour déclarer très différentes deux classes de lycées dont l'une aurait 52 % de garçons et l'autre 48 %... Mais les mêmes pourcentages autoriseraient-ils une conclusion pour deux lycées de 2 000 élèves chacun, dont l'un serait un ancien lycée de garçons, et l'autre de filles ?

Si l'historien veut vraiment prouver quelque chose, il doit se poser ces questions. D'autant qu'elles sont simples et faciles à résoudre ; il suffit d'un peu de réflexion. Les calculs statistiques étaient naguère lourds et fastidieux ; il était raisonnable de les réserver pour les points vraiment critiques. Les calculettes et les ordinateurs ont entièrement modifié le paysage, et le recours aux tests statistiques devrait devenir une routine pour les historiens comme il l'est pour les psychologues et les sociologues.

Leur principe est simple. On fixe d'abord un niveau d'exigence par rapport au seul rôle du hasard. Le hasard, en effet, produit des différences. Si l'on est très exigeant, on décidera par exemple que, pour qu'on puisse l'utiliser comme preuve, une différence statistique ne devra pas avoir une chance sur cent d'être due au hasard. On dit alors qu'elle est « significative » au seuil de 0,01 ou 1 %. Mais on peut accepter d'autres seuils : 5 ou 10 %. Au-delà, tirer argument de la différence

12. Cet exemple est plus longuement discuté, sur le cas de la Loire-Atlantique, dans mon article, « Mémoires locales et mémoires nationales : les monuments de 1914-1918 en France », Paris, *Guerres mondiales et Conflits contemporains*, juillet 1992, p. 41-50.
13. D'où l'absurdité de pourcentages calculés avec deux ou même une décimale, pour des effectifs de quelques dizaines !...

serait aventureux. On obtient ainsi, par référence à l'hypothèse nulle, un indicateur gradué de la valeur probante de la
différence constatée, compte tenu d'une part de l'ampleur de
cette différence, d'autre part de la taille de la population
d'objets ou de personnes dans laquelle elle est constatée. On
sait quelles sont les différences qui ne prouvent rien, et celles
qui ont une valeur probante et dans quelle proportion. A
condition, toutefois, de ne pas verser dans un excès de
rigueur et de tenir compte du fait que les variables en jeu
sont tellement nombreuses que les résultats ne peuvent pas
être parfaits [14].

La construction des indicateurs

L'histoire quantitative a suscité, dans le second tiers du
siècle, une adhésion très forte chez les historiens français,
notamment dans ce qui était alors la VIe section de l'École
pratique des hautes études. Un des plus éminents représen-
tants de cette école historique qui semblait avoir le vent en
poupe finissait, après quelque hésitation, par conclure un
article du *Monde* en écrivant : « Il n'est d'histoire scientifique que du quantitatif [15]. »
L'humeur actuelle est différente, et beaucoup d'historiens

14. François Furet et Jacques Ozouf, dans *Lire et Écrire, l'alphabétisation des Français de Calvin à Jules Ferry* (Paris, Éd. de Minuit, 1977,
t. 1), constatent, sous le titre « Le verdict de l'ordinateur », une corrélation extrêmement forte (0,927 en 1866, 0,866 en 1896) entre l'alphabétisation
des conscrits et les indicateurs de scolarisation. Ils notent, ce qui est exact,
que cette corrélation rend compte de 80 % du phénomène (le carré du
coefficient de corrélation) et donc que l'alphabétisation « échappe pour
20 % au moins à l'école » (p. 306). C'est être trop sévère : compte tenu de
toutes les variables non prises en compte dans une analyse de ce type
(scolarisation en salle d'asile par exemple), la corrélation obtenue est
exceptionnellement élevée, et rares sont les chercheurs qui ont eu l'occasion d'en constater d'aussi fortes. Un résultat aussi significatif permet de
conclure à un lien très fort entre les deux phénomènes.
15. E. Le Roy Ladurie, article du 25 janvier 1969, *Le Territoire de l'historien*, I, p. 22. Pour avoir une idée de ce qu'était à l'époque la « mode »
quantitative des historiens français, on consultera comme un document
historique les actes du célèbre, et d'ailleurs intéressant, colloque tenu à
l'ENS de Saint-Cloud en 1965 : *L'Histoire sociale, sources et méthodes.*

répugnent à entrer dans cette démarche scientifique. Mais, comme la force en est évidente, et qu'ils n'osent avouer un blocage psychologique ou une paresse, ils argumentent leur refus par une critique de la quantification. Non sans quelque mauvaise foi, car, comme le note Popper, « ces méthodes ont été réellement employées avec un grand succès dans quelques-unes des sciences sociales. Comment peut-on, en face de cela, nier qu'elles soient applicables [16] ? » Certains n'en objectent pas moins que tout n'est pas quantifiable, et il ne faudrait pas les presser beaucoup pour qu'ils ajoutent que seul est quantifiable ce qui est de peu de sens ou de peu d'importance.

L'argument manque de pertinence et plus encore d'imagination. Dès que l'historien se donne pour objet un fait social au sens durkheimien, c'est-à-dire un fait d'ordre collectif, celui-ci concerne une population plus ou moins précisément dénombrable : on n'est pas dans le domaine de l'unique, de l'ineffable. De même que pour les peuples menacés de famine la première qualité de la nourriture est sa quantité, pour l'historien du fait social, les quantités associées à ce fait sont l'une de ses qualités. On peut choisir de ne pas étudier des faits sociaux, et d'écarter les aspects sociaux des faits individuels, mais il est difficile alors de se prétendre historien. Étudier la pensée de Proudhon ou de Maurras sans s'intéresser à leur audience, ce n'est pas plus faire de l'histoire qu'étudier les allitérations dans l'œuvre de Mallarmé. Toute étude historique comporte un volet social, donc collectif, donc nombré ou nombrable.

L'opposition qualitatif/quantitatif derrière laquelle beaucoup s'abritent n'a en réalité d'autre sens que l'inégale difficulté à construire des indicateurs sur lesquels on puisse raisonner de façon comparative. Le quantitatif est un domaine où les indicateurs sont évidents, inscrits en quelque sorte dans les faits eux-mêmes : si l'on s'intéresse au prix du blé, la construction de l'indicateur ne pose pas de problème. C'est même parfois un piège : il y a prix et prix, et l'on n'aboutit pas au même résultat en prenant les prix au départ de la ferme ou à l'arrivée au moulin, à l'importation ou sur le marché intérieur.

16. K. Popper, *Misère de l'historicisme*, p. 23.

204   *Douze leçons sur l'histoire*

Le qualitatif est un domaine où la construction d'indicateurs pertinents requiert quelque ingéniosité. C'est là que se révèle l'imagination créatrice du chercheur. Est-il sujet plus qualitatif que la religion ? Gabriel Le Bras n'a pas prétendu sonder la foi individuelle des croyants, entrer dans leur intimité et découvrir la vérité de leurs rapports avec Dieu. Il a traité la religion comme un fait social, à partir de la pratique religieuse qui constitue la manifestation collective de la religion. Il a donc construit des indicateurs à partir des pratiques exigées par l'Église catholique : l'assistance à la messe chaque dimanche, la communion pascale. Ces indicateurs, on le notera, sont discontinus : ils fondent une typologie. G. Le Bras distingue les catholiques pratiquants, qui vont à la messe tous les dimanches, les catholiques saisonniers, qui font leurs Pâques et vont à la messe pour les grandes fêtes, Noël, la Toussaint…, et enfin les non-pratiquants.

Ces indicateurs une fois construits, la quantification dépend des sources. Si l'on dispose de bonnes statistiques religieuses, comme dans le diocèse d'Orléans sous l'épiscopat de Mgr Dupanloup [17], on peut évaluer en pourcentages relatifs la proportion par communes de pratiquants, de saisonniers et de non-pratiquants. Si l'on n'a pas de véritable statistique, mais des témoignages plus lacunaires, on peut se contenter de définir le type dominant localement. Ce qui permet l'administration de la preuve, ce n'est pas d'abord la quantification, c'est la construction d'indicateurs pertinents, et la validité de la preuve dépend de celle des indicateurs.

En définitive, c'est la même chose de construire un fait social et de construire les indicateurs qui permettront d'opérer des comparaisons entre ce fait social et d'autres. La définition opératoire du fait social, ce sont ses indicateurs.

---

17. Étudié par Christiane Marcilhacy, *Le Diocèse d'Orléans sous l'épiscopat de Mgr Dupanloup, 1849-1878*, Paris, Plon, 1963.

Les limites de la méthode sociologique

Les limites épistémologiques

C'est là, précisément, que se situe la limite épistémologique du fait social.

Loin de moi l'idée de dévaloriser la quantification en histoire, ou plus généralement le mode de raisonnement durkheimien. Je les crois indispensables. Mais ils ne constituent pas une panacée. Je leur vois deux limites.

La première est d'ordre épistémologique. J'ai longtemps cru que l'historien était un « bricoleur » qui nouait ensemble des récits thucydidiens et des morceaux durs de « vraie » science sociale durkheimienne [18], et je voyais mal quel statut épistémologique donner à ce patchwork de pièces différentes par leur matière et leur texture. En fait, je surestimais la démarche durkheimienne et je la prenais pour plus scientifique qu'elle n'est. On peut reformuler ce débat en termes modernes, en partant de la définition de l'énoncé « scientifique » comme « réfutable » (falsifiable, dit Popper) [19]. En apparence, les affirmations de la sociologie, et notamment celles qui s'appuient sur des quantifications et des calculs statistiques sont « réfutables », et pourraient revendiquer à ce titre un statut « scientifique ». En fait, il n'en est rien ; elles sont assurément plus robustes que d'autres, mais elles ne peuvent prétendre au statut de lois universelles. Il est impossible, en effet, comme le montre J.-Cl. Passeron, d'extraire totalement de tout contexte historique les réalités qu'elles concernent [20]. L'affirmation sociologique est toujours également historique car elle porte sur des réalités indissociables de contextes déterminés, et elle n'est donc valable que dans

18. Voir mon débat avec J.-Cl. Passeron, « L'enseignement, lieu de rencontre entre historiens et sociologues », *Sociétés contemporaines*, n° 1, mars 1990, p. 7-45.

19. K. Popper, *La Logique de la découverte scientifique*, beaucoup plus important que *Misère de l'historicisme*, qui est un pamphlet contre les « grandes » théories, et avant tout contre le marxisme.

20. On m'excusera de ne pas reprendre ici la démonstration de J.-Cl. Passeron, dans *Le Raisonnement sociologique*, notamment dans sa conclusion.

l'espace et le temps de ces contextes. Il suffit, pour s'en convaincre, de voir « avec quelle facilité un chercheur [...] peut toujours opposer à un constat empirique qui le contredit que le constat n'est pas fait dans le contexte que supposait la validité de sa proposition [21] ». Et la clause « toutes choses égales par ailleurs » peut devenir un « alibi illimité » dans les comparaisons sociologiques aussi bien qu'historiques. Le recours à une démarche durkheimienne ne permet pas à l'historien d'échapper à l'histoire dans la diversité des situations concrètes qui sont son objet.

Bien plus, le raisonnement statistique ne constitue que l'horizon, le modèle d'aspiration de la sociologie. Le plus souvent, la méthode comparative préconisée se limite à la méthode des variations concomitantes, voire à sa version affaiblie, la méthode des différences. Nous ne sortons pas de l'univers du raisonnement naturel. La sociologie propose une version plus armée, plus rigoureuse, peut-être aussi plus intimidante, du raisonnement naturel. La différence avec l'histoire est de degré, non de nature.

Du coup, le va-et-vient, dans le discours historique, entre des séquences explicatives ou compréhensives et des séquences comparatives, voire quantifiées, n'est pas le mariage de la carpe et du lapin, le mixte inavouable de méthodes hétérogènes, mais l'utilisation complète d'une gamme argumentative qui se déploie, tout entière, dans un univers où les concepts sont indissociables de leurs contextes.

C'est dire du même coup que la démarche sociologique est typologique : elle constitue des types, qu'elle compare, entre lesquels elle établit des rapports de présence concomitante ou d'incompatibilité, ou entre lesquels elle calcule des distances, ou des corrélations. Mais ces relations n'ont pas de valeur universelle : leur portée se borne aux types considérés.

Les domaines privilégiés

En second lieu, le raisonnement sociologique n'est pas utilisable dans l'histoire des événements proprement dits. Certes, il peut venir parfois confirmer ou infirmer l'imputa-

---

21. J.-Cl. Passeron, *Le Raisonnement sociologique*, p. 64.

tion causale : si l'on soutient que la misère est la cause des grèves, on peut quantifier les niveaux de salaires et de chômage d'une part, la fréquence des grèves d'autre part, pour examiner s'ils sont corrélés. Mais il s'agit ici d'une cause matérielle. Les causes finales échappent entièrement à la quantification, et jamais la statistique ne nous dira si la décision de Bismarck est ou non responsable de la guerre de 1866.

Il en résulte très clairement qu'il existe deux modes de raisonnement historique. Pour simplifier, on dira que le premier s'intéresse aux enchaînements dans le déroulement du temps, et le second aux cohérences au sein d'une société donnée dans un temps donné. Le premier traite des événements et s'organise selon l'axe du récit, le second s'attache aux structures et relève du tableau. Naturellement, l'un et l'autre s'entrecroisent, car tout problème historique concret relève simultanément du récit causal et du tableau structural.

Certaines formes d'histoire privilégient le récit ; l'analyse des enchaînements constitue leur dimension fondamentale, comme on le voit bien dans l'enseignement. L'histoire politique, celle des guerres ou des révolutions, de ce qui demeure pour nos contemporains les « grands » événements, s'organise principalement suivant une série d'imputations causales. Nous sommes renvoyés au chapitre précédent.

Le grand apport de la démarche sociologique, dont la quantification est l'un des éléments en même temps que le symbole, est de permettre de penser avec rigueur les cohérences qui soudent une société, ses structures, le *Zusammenhang* paradoxalement si critiqué par Simiand chez Hauser (voir *supra* p. 192). Quelques-unes des plus fortes œuvres historiques de ce siècle, à commencer par *La Méditerranée*, s'organisent autour de ces solidarités, de ces cohérences. « Expliquer – dira Braudel –, c'est repérer, imaginer des corrélations entre les respirations de la vie matérielle et les autres fluctuations si diverses de la vie des hommes [22]. » La dévalorisation de l'événement et le désintérêt pour la question des causes s'accompagnent ici d'une valorisation du temps long des structures géographiques, économiques et

---

22. Cité par Paul-André Rosental, « Métaphore et stratégie épistémologique ».

techniques. Le raisonnement sociologique est à sa place, même si Braudel affirme quelque défiance envers les systèmes trop déterministes.

On pourrait même aller plus loin et soutenir qu'en ce sens précis il n'est d'histoire que totale. La prétention à écrire une histoire totale, qui serait une histoire du tout de l'humanité, des origines à nos jours, et sous tous ses aspects, est évidemment absurde. Nous avons montré plus haut (chap. 4) comment l'inévitable et nécessaire renouvellement des questionnaires interdit toute conception cumulative du savoir historien. Mais, en un autre sens, toute histoire est totale, parce qu'elle a pour ambition de montrer comment les éléments qu'elle traite forment un tout. Nous ne pouvons assurément tout connaître d'une époque, ou d'une société. Mais le propre de l'histoire est de constituer des tout, c'est-à-dire des structures organisées, là où le regard superficiel ne verrait que simple amas ou juxtaposition[23].

On voit tout de suite que certains domaines se prêtent plus facilement à ce type d'histoire et d'autres plus difficilement.

La démographie historique est évidemment un terrain d'élection pour une histoire soucieuse d'administration de la preuve. Les démographes ont élaboré de multiples taux (mortalité, natalité, fécondité, reproduction), et leur ingéniosité est sans borne. On a vu plus haut, avec le problème de la « surmortalité » civile pendant la guerre de 1914-1918, un exemple de leur dextérité.

L'histoire économique est un second domaine qui se prête spontanément à l'emploi de méthodes quantitatives. Les économistes reconstituent des séries continues qui permettent des comparaisons sûres. On pense ici à la grande enquête dirigée par J. Bouvier sur le profit dans les industries du Nord[24], ou aux séries de F. Crouzet sur l'industrie française au XIXe siècle[25].

L'histoire des groupes sociaux se prête tout aussi bien à la méthode comparative. L'analyse de leur richesse est évidem-

23. K. Popper, *Misère de l'historicisme*, p. 81.
24. J. Bouvier, F. Furet, M. Gillet, *Le Mouvement du profit en France au XIXe siècle*, Paris-La Haye, Mouton, 1965.
25. François Crouzet, « Essai de construction d'un indice annuel de la production industrielle française au XIXe siècle », *Annales ESC*, janv.-février 1970, p. 56-99.

ment un élément indispensable de leur histoire, et les chercheurs ont développé en ce domaine un grand savoir-faire.
Les enquêtes sur les fortunes à Paris, ou dans de grandes
villes de province, comme Lyon, Lille ou Toulouse[26], ont
exploité de façon systématique, pour plusieurs dates qui
jalonnent un long XIXᵉ siècle, les déclarations de succession,
permettant des comparaisons entre groupes sociaux et entre
villes. La supériorité des fortunes parisiennes éclate. Autre
exemple, la façon dont Gabriel Désert, dans sa thèse sur les
paysans du Calvados au XIXᵉ siècle[27], a reconstitué, à partir
de l'évolution des prix des produits agricoles, blé, lait, fro-
mage, etc., de celle des fermages et des impôts, en tenant
compte des transformations des pratiques culturales, l'évolution séculaire des revenus de plusieurs types de cultiva-
teurs, du propriétaire exploitant 35 hectares de terre à blé
dans la campagne de Caen au tout petit paysan propriétaire
qui pratique une polyculture vivrière sur 5 hectares, en passant par les éleveurs et en distinguant selon les modes de
faire-valoir.

Mais l'on peut tout aussi bien étudier, à l'aide d'indicateurs plus ou moins quantifiés, la mobilité des divers groupes
sociaux, leurs modes de vie, leurs comportements. Christophe Charle, dans sa thèse sur les élites en France à la fin
du XIXᵉ siècle, a comparé l'élite administrative (conseillers
d'État, etc.), l'élite des affaires (banquiers, etc.) et l'élite universitaire (professeurs de l'Université) sous plusieurs critères
sans se limiter au revenu. Il a par exemple pris en compte le
domicile (quelles rues ? les beaux quartiers ?) et le lieu habi-
tuel des vacances[28].

L'histoire politique a beaucoup utilisé cet indicateur que
fournit aux sociétés démocratiques le vote libre des citoyens.
Les analyses de géographie électorale, fondées par A. Siegfried, développées par F. Goguel, font partie des éléments de

26. Adeline Daumard, *Les Fortunes françaises au XIXᵉ siècle*, Paris-
La Haye, Mouton, 1973 ; Pierre Léon, *Géographie de la fortune et Struc-
tures sociales à Lyon au XIXᵉ siècle (1815-1914)*, Lyon, Université de
Lyon-II, 1974.

27. Gabriel Désert, *Les Paysans du Calvados, 1815-1895*, Lille, service
de reproduction des thèses, 3 vol multigr., 1975.

28. C. Charle, *Les Élites de la République 1880-1900*, Paris, Fayard,
1987.

base de toute histoire politique. Elles permettent aussi de suivre l'implantation des partis politiques et d'articuler le social, le local et le national. Mais bien d'autres sujets politiques se prêtent à ce mode de raisonnement. On peut étudier par exemple les manifestations, les défilés, les meetings. Jean-Louis Robert, dans sa thèse, a ainsi traité les comptes rendus établis par les inspecteurs de police pour 18 000 réunions syndicales, socialistes ou pacifistes pendant la Grande Guerre[29].

L'histoire des mentalités se prête moins bien, semble-t-il, à cette approche « scientifique ». On est dans un domaine tout de nuance et de finesse, qui ne se laisse pas appréhender avec les outils, robustes mais grossiers, de la quantification. Du moins est-ce ce que l'on avance, quand on se refuse à chercher des indicateurs pertinents. Mais, si on se donne la peine de les chercher, comme G. Le Bras, on en trouve. L'analyse systématique du vocabulaire, par exemple, offre d'innombrables possibilités[30]. Celle des pratiques symboliques, dont j'ai donné un exemple avec les monuments aux morts, est tout aussi féconde. Et Daniel Roche ou Michel Vovelle ont montré tout le parti que l'on pouvait tirer d'une étude des bibliothèques ou des testaments[31]. Comme il y a une histoire sociale du politique, il y a une histoire sociale des mentalités comme des représentations.

Cette histoire que l'on pourrait appeler sociologique, dans la mesure où elle assume les normes de la sociologie durkheimienne et applique des méthodes analogues, est particulièrement efficace dans la longue et la moyenne durée. Elle a eu ses jours de gloire, et il fut un temps où l'école des *Annales* ne jurait que par les grandes enquêtes quantitatives et prônait

29. Jean-Louis Robert, *Les Ouvriers, la Patrie et la Révolution, Paris 1914-1919*, Besançon, Annales littéraires de l'université de Besançon n° 592, 1995.

30. Je me permets de renvoyer ici à ma contribution à René Rémond, *Pour une histoire politique*, Paris, Éd. du Seuil, 1988, « Les mots », p. 255-285.

31. Daniel Roche, *Le Peuple de Paris. Essai sur la culture populaire au XVIIIᵉ siècle*, Paris, Aubier-Montaigne, 1981 ; Michel Vovelle, *Piété baroque et Déchristianisation en Provence au XVIIIᵉ siècle. Les attitudes devant la mort d'après les clauses des testaments*, Paris, Plon, 1973.

l'histoire sérielle, qui s'appuyait sur de longues séries de chiffres, comme celles établies par P. Chaunu dans sa thèse sur le trafic des métaux précieux entre l'Amérique et l'Espagne au XVIe siècle [32]. C'était l'époque où E. Le Roy Ladurie, qui œuvrait à une enquête sur les conscrits français du XIXe siècle, concluait un texte catégorique en proclamant : « L'historien de demain sera programmeur ou il ne sera plus [33]. »

Puis il partit pour Montaillou… Par un de ces revirements qui tiennent de la mode plus que de la science, de l'air du temps et de la demande des médias plus que du développement cohérent d'une discipline savante, l'histoire quantitative fut reléguée dans quelque placard.

Elle présentait pourtant un grand mérite, qu'on vient d'exposer assez longuement pour n'y revenir qu'en deux phrases. C'est une histoire qui administre la preuve de ses dires. C'est une histoire qui permet de saisir des structures et de les comparer entre elles. Mais, à elle seule, la méthode quantitative et comparative ne suffit pas à rendre compte du modèle qui a durablement dominé l'historiographie en France, celui de l'histoire sociale. Son équilibre est plus complexe et mérite d'être examiné en lui-même.

---

32. Pierre Chaunu, *Séville et l'Atlantique entre 1504 et 1650*, Paris, SEVPEN, 1959-1960, 8 vol.
33. E. Le Roy Ladurie, « L'historien et l'ordinateur », *Le Nouvel Observateur*, 8 mai 1968, repris dans *Le Territoire de l'historien*, t. I, p. 14.

10

L'histoire sociale

L'histoire sociale constitue un bon exemple si l'on veut comprendre comment s'unissent, dans une démarche concrète, la structure et l'événement, l'analyse des cohérences et la recherche des causes. C'est une histoire « au milieu » des différentes démarches dont nous avons fait l'inventaire jusqu'ici. Je l'entends au sens large, comme une tradition en longue durée, qui court de Voltaire ou Guizot à Labrousse ou Braudel, en passant par Michelet, Fustel, Taine, Seignobos dans sa thèse, Bloch, Lefebvre et beaucoup d'autres. Pour expliquer son mode de raisonnement, la façon dont elle tente la synthèse de l'événement et de la structure, je prendrai deux exemples, le premier dans le *Cours d'histoire moderne* de Guizot (1828), le second dans l'introduction de la thèse de Labrousse (1943).

Guizot : classes et lutte des classes

Un exemple : l'émergence de la bourgeoisie

En 1828, Guizot reprend son cours en Sorbonne qui avait été interdit par les ultras, et il prend comme sujet le développement de la « civilisation moderne », qu'il va suivre sur une dizaine de siècles. La longue durée, on le voit, ne date pas d'hier… La septième leçon[1] est consacrée à l'émergence de la bourgeoisie et à son affermissement, du Xe au XVIe siècle. Voici comment il la présente.

Quand le régime féodal se fut un peu assis – Guizot ne donne ni dates ni territoires –, les possesseurs de fiefs éprou-

---

1. Je cite une édition ancienne : *Cours d'histoire moderne*, par M. Guizot, *Histoire générale de la civilisation en Europe*, Paris, Pichon et Didier, 1828, où chaque leçon a sa propre pagination.

vèrent de nouveaux besoins. Pour les satisfaire, un peu de
commerce et d'industrie reparut dans les villes, la richesse et
la population y revinrent lentement. Mais les puissants du
monde, contraints de renoncer au pillage et à la conquête, ne
cessèrent pas pour autant d'être avides. « Au lieu d'aller
piller au loin, on pilla auprès. Les extorsions des seigneurs
sur les bourgeois redoublent à partir du Xᵉ siècle. » D'où les
plaintes des marchands qui ne peuvent rentrer tranquillement
dans leurs villes et des bourgeois victimes d'extorsions.

On notera ici le caractère psychologique des explications
que donne Guizot des comportements et des bourgeois et des
seigneurs. Mais laissons-le poursuivre.

Face à cette situation, les bourgeois qui ont des intérêts à
défendre procèdent à « la grande insurrection du XIᵉ siècle ».
« L'affranchissement des communes [...] a été le fruit d'une
véritable insurrection, d'une véritable guerre, guerre décla-
rée par la population des villes à ses seigneurs. Le premier
fait qu'on rencontre toujours dans de telles histoires, c'est la
levée des bourgeois qui s'arment de tout ce qui se trouve
sous leur main ; c'est l'expulsion des gens du seigneur qui
venaient exercer quelque extorsion... »

Ce que fait ici Guizot aurait intéressé Simiand : il construit un
fait social avant la lettre. Pour dire : « Le premier fait qu'on
rencontre toujours dans de telles histoires » (au pluriel), il faut
connaître plusieurs cas d'insurrections urbaines, les avoir comparés, et en retenir les traits communs. Nous sommes dans
l'ordre des régularités chères aux sociologues. Mais on retrouve
dans ce concept d'insurrection urbaine, comme dans ceux de
bourgeois et de seigneur qu'il présuppose, les traits de tout
idealtype : d'une part, ce sont des raisonnements, et pas seulement des descriptions générales ; d'autre part, ils sont indissociables des contextes concrets qu'ils permettent de penser.

Ces insurrections connaissent des fortunes diverses, mais
elles entraînent progressivement l'institution de franchises.
L'affranchissement est un grand fait, dont Guizot analyse les
conséquences. La première est le début d'une intervention
royale dans les limites du fief. Bien que tout reste local, la
royauté est intervenue dans la querelle et « la bourgeoisie
s'est rapprochée du centre de l'État ». Les deux conséquences suivantes méritent qu'on ne les résume point, mais
qu'on laisse parler Guizot lui-même.

François Guizot : La classe bourgeoise et la lutte des classes

Quoique tout demeurât local, il se créa pourtant, par l'affranchissement, une classe générale et nouvelle. Nulle coalition n'avait existé entre les bourgeois ; ils n'avaient, comme classe, aucune existence publique et commune. Mais le pays était couvert d'hommes engagés dans la même situation, ayant les mêmes intérêts, les mêmes mœurs, entre lesquels ne pouvait manquer de naître peu à peu un certain lien, une certaine unité qui devait enfanter la bourgeoisie. La formation d'une grande classe sociale, de la bourgeoisie, était le résultat nécessaire de l'affranchissement local des bourgeois.

Il ne faut pas croire que cette classe fût alors ce qu'elle est devenue depuis. Non seulement sa situation a beaucoup changé, mais les élémens en étaient tout autres ; au XIIᵉ siècle elle ne se composait guère que de marchands, de négocians faisant un petit commerce, et de petits propriétaires, soit de maisons, soit de terres, qui avaient pris dans la ville leur habitation. Trois siècles après, la bourgeoisie comprenait en outre des avocats, des médecins, des lettrés de tous genres, tous les magistrats locaux. La bourgeoisie s'est formée successivement, et d'élémens très divers [...]. Toutes les fois qu'on a parlé de la bourgeoisie, on a paru la supposer, à toutes les époques, composée des mêmes élémens. Supposition absurde. C'est peut-être dans la diversité de sa composition aux diverses époques de l'histoire qu'il faut chercher le secret de sa destinée. Tant qu'elle n'a compté ni magistrats ni lettrés, tant qu'elle n'a pas été ce qu'elle est devenue au XVIᵉ siècle, elle n'a eu dans l'État ni le même caractère, ni la même importance. Il faut voir naître successivement dans son sein de nouvelles professions, de nouvelles situations morales, un nouvel état intellectuel, pour comprendre les vicissitudes de sa fortune et de son pouvoir. [...]

Le troisième grand résultat de l'affranchissement des communes, c'est la lutte des classes, lutte qui constitue le fait même, et remplit l'histoire moderne. L'Europe moderne est née de la lutte des diverses classes de la société.

Cours d'histoire moderne, *7ᵉ leçon, p. 27-29.*

Toute cette leçon appellerait évidemment d'innombrables mises au point factuelles. Les choses ne se sont pas déroulées de façon aussi simple, et ce serait à désespérer du progrès de l'histoire si, près de deux siècles plus tard, nous n'avions pas à corriger profondément l'analyse de Guizot. Mais ce qui nous intéresse ici est de comprendre comment il raisonne, non de savoir s'il a tort ou raison. Et l'on ne peut qu'être frappé de l'importance que prend, dans son analyse, la notion de classe sociale.

La classe sociale

La façon dont Guizot définit la bourgeoisie est intéressante pour trois raisons. Il s'agit d'abord d'une définition par le droit, par les institutions : « Il se créa, par l'affranchissement, une classe générale et nouvelle. » La bourgeoisie n'est pas une simple réalité de fait : elle prend forme par le biais des institutions.

Au vrai, il y a une sorte de circularité entre le fait et le droit. Guizot parle de bourgeois avant l'affranchissement, puisque l'insurrection dont résulte celui-ci est l'œuvre de bourgeois. Il y avait donc des bourgeois avant que l'affranchissement ne forme une bourgeoisie. C'est un processus de renforcement, de consolidation, par lequel la bourgeoisie devient en somme ce qu'elle était déjà. On a ici un rôle du politique comme révélateur et créateur du social que ne désavoueraient pas certains contemporains. Mais le politique n'est pas pris en compte dans une perspective événementielle : Guizot évoque l'intervention de la royauté, non celle de tel ou tel roi. Là encore, il construit du général, institutionnel cette fois, à partir du concret des faits.

Chez lui, la définition juridique et politique ne laisse pas de place à une définition économique. Non que les facteurs économiques soient ignorés : les bourgeois se révoltent contre les seigneurs d'abord parce qu'ils sont menacés dans leurs intérêts. L'explication relève de la psychologie la plus élémentaire, de comportements dont l'homme de la rue peut avoir l'expérience. Mais nous sommes très loin d'une conception marxiste de la classe sociale : aucune référence n'est faite au mode de production, aux structures du système de production et d'échange et à leurs transformations.

En second lieu, cette définition institutionnelle s'accompagne d'une définition par énumération des personnages qui composent la bourgeoisie : marchands, négociants, puis avocats, etc. L'énumération n'était pas nécessaire ; on aurait pu définir la bourgeoisie par une liste de traits pertinents, de critères d'appartenance : fortune égale ou supérieure à telle ou telle somme, rudiments d'instruction, etc. Guizot préfère nommer des membres de la classe. Mais, d'une part, il ne prétend pas les nommer tous : l'énumération n'est pas exhaustive et la liste reste ouverte. D'autre part, la question des limites de la classe n'est pas posée ; il ne se demande pas si telle ou telle catégorie sociale fait ou non partie de la bourgeoisie.

C'est que son objectif est de donner un contenu concret à la classe, de permettre à ses auditeurs de se représenter, de s'imaginer la bourgeoisie. Il ne le fait pas en dressant le portrait d'individus déterminés, mais en nommant des groupes professionnels (marchands, avocats, etc.) qui eux-mêmes constituent un premier niveau de généralisation. La bourgeoisie constitue un second niveau ; elle regroupe des groupes. Nous sommes donc éloignés des individus réels. Si pourtant l'énumération peut être efficace, c'est parce que les mots utilisés conservent un sens présent : Guizot sait que ses auditeurs savent ce qu'est, concrètement, un marchand ou un avocat. L'imagination du passé mobilise des savoirs formés par la pratique quotidienne de la société dans laquelle on vit. Nous l'avons longuement expliqué plus haut.

Reste un troisième caractère de la classe bourgeoise selon Guizot : la continuité dans le temps, la stabilité diachronique dans le changement. La bourgeoisie n'est pas immobile, elle change : « Il ne faut pas croire que cette classe fût alors ce qu'elle est devenue depuis... » La composition de la classe se transforme par adjonctions successives de nouveaux éléments, et cette évolution interne entraîne une évolution de sa place et de son rôle dans l'État, dit Guizot ; on pourrait ajouter : dans la société. Mais, malgré ces changements, il s'agit toujours de la même classe.

L'identité préservée et la continuité maintenue au travers de figures successives font de la classe sociale une personne collective : la bourgeoisie du XVIIIe siècle reste la même

classe sociale que celle du Xe, dont elle diffère profondément, de même que je reste la même personne que l'étudiant,
le militaire, etc., que j'ai été successivement. Le recours à la
notion de classe sociale permet de conjuguer au singulier
une réalité plurielle. Elle transforme une collection de réalités individuelles et locales en un acteur collectif.

Ce point est essentiel, et nous devrons y revenir. C'est ce
qui permet à Guizot de raconter l'histoire de la société suivant les mêmes modalités et les mêmes schémas d'explication que celle des individus : avec la classe sociale, il tient
un acteur de l'histoire qui a des intentions, des stratégies. Il
lui prête même des sentiments : les classes « se sont détes-
tées », dit-il peu après le passage cité ci-dessus. Il parle de
leurs « passions ». Du coup, l'histoire devient l'histoire de la
lutte des classes entre elles : « La lutte, au lieu de devenir un
principe d'immobilité, a été une cause de progrès. » « De là
est sorti peut-être le plus énergique, le plus fécond principe
de développement de la civilisation européenne. » La lutte
des classes « constitue le fait même et remplit l'histoire
moderne ».

On voit le compromis que réalise entre l'événement et la
structure l'histoire sociale ainsi comprise. L'acteur collectif
échappe à l'anecdote dépourvue de signification ; il se
situe d'emblée à un niveau de généralité et de stabilité qui
concerne l'ensemble de la société. L'ensemble des classes
sociales compose un tout conflictuel, interdépendant. Mais
les acteurs collectifs agissent une histoire : la composition
de la classe, sa place dans la société et dans l'État, les structures mêmes de cette société et de cet État se transforment
sous l'action des classes en lutte. La notion de classe est
ainsi constitutive d'une histoire soucieuse de penser la
société comme telle. Aussi n'est-elle pas propre à Guizot ;
Tocqueville va jusqu'à écrire : « On est avant tout de sa
classe avant d'être de son opinion » et il affirme ailleurs des
classes qu'« elles seules doivent occuper l'historien[2] ».

---

2. Cité par G. Lefebvre, *Réflexions sur l'histoire*, p. 135.

Labrousse : le fondement économique
des classes sociales

Un exemple : la crise de l'économie française
à la fin de l'Ancien Régime

J'emprunte le second exemple à l'introduction de la thèse de Labrousse[3]. Texte plein, écrit dans un style éblouissant, et qui présente comme en un raccourci l'ensemble de sa démarche.

Le premier intérêt de cette analyse est que Labrousse emboîte, avant Braudel, trois temporalités de rythmes inégaux. Un mouvement long couvre le XVIIIe siècle. Les prix montent. La production agricole s'accroît, mais lentement, car la hausse des prix « ne peut agir sur l'entrepreneur que s'il vend, que s'il dispose d'un surplus négociable ». C'est le cas des viticulteurs, grands et petits, mais les techniques de l'époque ne permettent pas que ce soit celui des producteurs de blé et des éleveurs, sauf pour les très grands propriétaires, qui sont une minorité. Ainsi, « réserve faite du vignoble, la conjoncture favorable n'avantage qu'une petite minorité d'exploitants, seule incitée ainsi à étendre ou à intensifier la culture ».

Cependant, cette minorité de grands propriétaires détient beaucoup de terres, données à bail à des fermiers. Ceux-ci profitent de la hausse, car le fermage reste stable pendant la durée du bail tandis que les prix montent. Les propriétaires non exploitants profitent aussi massivement de la hausse des prix : à chaque renouvellement de bail, pour les bourgeois qui donnent des terres en fermage, mais annuellement pour les seigneurs qui perçoivent des redevances en nature. « La rente seigneuriale, à la différence de la rente bourgeoise, ne prend pas de retard sur le profit. » Les accapareurs font d'énormes bénéfices lors des grandes pointes de hausse des prix. Enfin, le bois bat tous les records, et la forêt, élément important de la grande propriété, n'est jamais affermée :

---

3. C.-E. Labrousse, *La Crise de l'économie française à la fin de l'Ancien Régime et au début de la Révolution*. I. *Aperçus généraux, Sources, Méthode, Objectifs, la crise de la viticulture*, Paris, PUF, 1944, « Introduction générale », p. VII-LII.

« L'aristocratique rente foncière ne transige pas ici avec le profit paysan. »

« Mais, à la différence du profit, la rente accumulée ne fera pas le plus souvent retour à la terre. » Elle s'investit en ville, dans des constructions nouvelles, des consommations ostentatoires, une domesticité élargie, mais aussi dans l'entreprise industrielle. Il y a redistribution urbaine de la rente rurale. « Domestiques, ouvriers du bâtiment, ouvriers d'art, ouvriers des manufactures, entrepreneurs de toutes sortes, accourent dans les villes ; le commerce local bénéficie largement d'un tel afflux et se renforce lui-même d'une foule de nouveaux arrivants. »

Les salariés des villes et des campagnes ont également gagné au mouvement économique, à leur façon, bien qu'ils n'aient eu aucun produit à vendre : « Ils ont en effet gagné la vie. » La crise de subsistance « tue beaucoup moins de journaliers, d'ouvriers, de métayers, d'exploitants parcellaires. Conséquence : un prolétariat ou un quasi-prolétariat sans preneur encombre rapidement le marché du travail [...]. Admis à vivre, le salarié paiera de travaux forcés à vil prix cette tolérance ».

Le second mouvement est plus court : une dizaine d'années. Il commence vers 1778, quand les prix font retraite. La situation du fermier devient alors difficile, avec un profit qui recule, et des fermages toujours orientés à la hausse, car, lors des renouvellements, les candidats ne manquent pas. « La poussée démographique [...] a grossi les rangs de la famille paysanne : les pères de famille attendent, avec leurs effectifs au grand complet, à la porte de la ferme. » La seule façon, pour les fermiers, de défendre leur profit sera de diminuer les salaires de leurs ouvriers. Inversement, les propriétaires sont comblés. « Le fermage monte, monte violemment ! Le capitalisme foncier ne fait pas seulement figure de puissant secteur social abrité. Il attaque, il avance à une allure record, et, devant lui, le profit paysan recule en déroute. » On notera au passage la personnalisation indirecte de cet « acteur » de l'histoire qu'est, pour Labrousse, le capitalisme foncier : il « attaque », action qui suppose un sujet animé. L'industrie de luxe en profite, mais la contraction du débouché rural pénalise dans leur ensemble le commerce et l'industrie. La réduction des frais de main-d'œuvre entraîne un chômage qui est alors « la grande plaie du prolétariat des campagnes et des villes ».

La crise cyclique de 1789, troisième mouvement, qui s'inscrit dans un temps très court, commence avec la mauvaise récolte de 1788. J'arrête là cet exemple, car l'analyse de Labrousse est elle-même plus courte, et elle est moins importante, moins neuve aussi, à ses propres yeux. Labrousse conclut son introduction générale en posant la question : révolution de la misère ou de la prospérité ? Il tranche en faveur de la première interprétation, car, à ses yeux, le procès fait au régime monarchique tire sa force du mécontentement. « Une immense erreur d'imputation fait sortir la crise politique de la crise économique. Les événements révolutionnaires [...] naissent donc, pour une large part, du recul du profit et du salaire, de la gêne de l'industriel, de l'artisan, du fermier, du propriétaire exploitant, de la détresse de l'ouvrier, du journalier. Une conjoncture défavorable réunit, dans une opposition commune, la bourgeoisie et le prolétariat. La Révolution apparaît bien, à cet égard [...] comme une révolution de la misère. »

Économie, société, politique

Si l'on analyse le raisonnement de Labrousse tel qu'il vient d'être résumé, on constate d'abord une construction des groupes sociaux très élaborée. Labrousse utilise de grands agrégats, comme « prolétariat » ou « bourgeoisie », mais il préfère des catégories plus fines : fermiers, propriétaires exploitants, propriétaires non exploitants, salariés des villes, etc.

C'est qu'en réalité il distingue des types de revenus plus que des groupes sociaux [4]. Il se situe à l'exacte jointure de l'économique et du social, au point précis où le mouvement des prix et des quantités produites prend la forme concrète de ressources déterminées pour des individus. Il constitue donc des groupes sociaux à partir des façons à la fois diverses et inégales qu'ils ont de s'insérer dans l'économie. D'où la distinction, par exemple, entre l'aristocratie et la bourgeoisie, c'est-à-dire entre la rente seigneuriale (les redevances) et la rente foncière (les fermages).

Cette façon de procéder entraîne une différence majeure

---

4. Voir l'analyse de Jean-Yves Grenier et Bernard Lepetit, « L'expérience historique. A propos de C.-E. Labrousse ».

avec Guizot. La psychologie ne joue ici aucun rôle, et les aspects juridiques ou institutionnels n'interviennent que dans la mesure où ils règlent l'affectation des revenus. Les groupes sociaux sont déterminés par leur position objective dans le champ économique. Leur satisfaction ou leur mécontentement ne sont pas des mouvements d'humeur, des réactions à des agressions, mais la traduction directe d'un revenu en hausse ou en baisse. Ou plus exactement, la satisfaction et le mécontentement n'ont aucune épaisseur, aucune réalité propre, ils ne font pas l'objet d'une construction sociale ou culturelle : c'est la simple traduction d'une amélioration ou d'une détérioration de la situation matérielle des intéressés. Labrousse admet sans le démontrer, sans même avoir conscience qu'il l'admet et que son analyse le requiert, car c'est pour lui une évidence, que la hausse des revenus entraîne la satisfaction et leur baisse le mécontentement. Le postulat semble aller de soi, encore qu'à l'examiner attentivement on aurait des surprises. Il assure le passage automatique du mouvement des revenus, donc de l'économique, au mouvement social.

Encore faut-il, pour que les contemporains réagissent à l'amélioration ou à la détérioration de leur situation, qu'ils en aient conscience. Comment ont-ils perçu l'évolution de leurs ressources ? Auquel des multiples mouvements de prix ont-ils accordé le plus d'importance ? Comment passe-t-on de la construction statistique rétrospective de l'historien à la réalité vécue par les contemporains ? C'est ici qu'aurait pu prendre place une analyse culturelle, sur la perception par les contemporains des mouvements économiques. Analyse difficile, faute de sources pour le menu peuple. Labrousse ne s'y engage pas. Il postule que le réel, ce qui a été perçu par les contemporains, c'est la moyenne mobile des prix, qui lisse les accidents conjoncturels. Postulat indémontrable évidemment, mais indispensable au paradigme laboussien. Congédiée au niveau du lien entre mouvement des prix et satisfaction ou mécontentement, la psychologie l'est en outre au niveau de la perception même du mouvement des prix [5].

---

5. J.-Y. Grenier et B. Lepetit, *ibid.*, ont bien mis en évidence ce point. Il concerne toute l'école laboussienne. Dans sa thèse, G. Dupeux calcule une moyenne mobile des prix sur neuf années. Il justifie ce choix de neuf

C'est que l'individu a été lui aussi congédié dès le départ, dès le choix des sources, et, sur ce point également, la classe telle que l'entend Labrousse diffère de celle de Guizot. Guizot construisait la classe en agrégeant des individus concrets. Labrousse part de données déjà abstraites, collectives, construites. Comme le remarque justement K. Pomian, ses sources sont les mercuriales des prix, c'est-à-dire des séries relevées sur les marchés, des moyennes, et non le prix concret payé par tel ou tel acheteur ou encaissé par tel fermier ou tel décimateur, ce qui était pour H. Hauser « le vrai prix [6] ». Comme les suicides de Durkheim, les prix de Labrousse sont des faits sociaux construits pour permettre précisément la comparaison à laquelle il se livre entre les divers groupes.

Nous restons cependant dans l'histoire, pour deux raisons. D'abord, l'interrogation diachronique reste essentielle : le travail sur le temps est ici fondamental. Le temps de Labrousse diffère profondément de celui de Guizot. D'une part, il obéit à une périodisation économique, et non politique. D'autre part, c'est un temps cyclique, à plusieurs rythmes : celui des cycles économiques emboîtés. En outre, ce n'est plus exactement le temps du progrès, celui de l'avènement d'une « civilisation moderne ». Il n'obéit à aucune finalité extérieure au travail de l'historien : cette temporalité n'est rien d'autre qu'une organisation dégagée *a posteriori* par les résultats de la recherche.

En second lieu, cette histoire continue à expliquer des événements, mais l'événement a changé de statut : il est devenu conjoncturel. Ce n'est plus l'action de tel ou tel personnage, ni l'affrontement de tel ou tel groupe social, comme chez

années (pourquoi pas sept ou cinq ?) par la durée moyenne des fluctuations cycliques, qui est de neuf ans. Admettons. Il affirme que le prix perçu par les contemporains est la moyenne mobile des neuf années précédentes. Il constate ensuite que les prix perçus ont un retard de neuf ans sur les prix réels. Admirable découverte au terme de l'enquête des postulats qu'on a placés au départ ! Mais sur quoi repose l'affirmation que les prix perçus sont la moyenne des neuf années précédentes ? Voir Georges Dupeux, *Aspects de l'histoire sociale et politique du Loir-et-Cher 1848-1914*, Paris, Impr. nationale, 1962, 2e partie, chap. 1.

6. K. Pomian, *L'Ordre du temps*, p. 77-78. J.-Y. Grenier et B. Lepetit, « L'expérience historique », insistent également sur ce point : la construction statistique des séries de prix est fondamentale dans le paradigme laboussien, et elle a été très difficile à accepter par les historiens d'avant 1940.

Guizot qui se situait à la jointure du social et du politique. Chez Labrousse, l'événement est devenu l'accident qui rompt la continuité linéaire des courbes, la pointe de flambée des prix qu'entraîne une mauvaise récolte par exemple, le retournement qui fait succéder une baisse à une hausse, ou inversement. La conjoncture récupère en quelque sorte la dimension événementielle de l'histoire après en avoir exclu les dimensions individuelle et psychologique.

On voit comment, dans cette histoire, tous les aspects sont liés, en un double sens. Du point de vue de la démarche de l'historien d'abord, le questionnement est cohérent avec les sources privilégiées et avec leur méthode de traitement. L'explication repose sur une comparaison à la puissance deux : des événements d'une même série entre eux, au long des courbes qui construisent leur évolution, puis des courbes entre elles. Labrousse compare des comparaisons. La méthode n'est pas neuve : le grand maître en fut F. Simiand, même si elle avait été utilisée bien avant lui au XIXᵉ siècle, par des hommes comme É. Levasseur. Mais Labrousse la pousse à un point de perfection qui fera école. La comparaison des courbes est à la fois pleinement historique et pleinement scientifique : pleinement historique parce que la courbe est une évolution dans le temps ; pleinement scientifique parce que, parfaitement objective, elle se prête directement à la méthode comparative. Enfin, il est clair que la temporalité de l'histoire laboussienne est totalement cohérente avec son projet.

Mais la cohérence se retrouve également dans l'intégration des divers aspects de la réalité sociale dont Labrousse fait l'histoire. Bien que ce soit avant tout une histoire économique et sociale, elle intègre le politique, comme un effet direct ou indirect du social, comme l'œuvre de ces acteurs collectifs animés que constituent les divers groupes sociaux (fermiers, salariés, rentiers, etc.). Les conduites de ces acteurs voient leur intentionnalité fondée objectivement dans des données qui résultent naturellement des mouvements économiques. Le politique s'emboîte ainsi directement dans le social, qui s'emboîte lui-même dans l'économique. Le résultat est, au prix naturellement de quelques simplifications, une explication cohérente et globale.

On comprend alors la fascination que le paradigme laboussien a exercé sur des générations d'étudiants. Il permettait en

effet de satisfaire simultanément trois exigences intellectuelles. D'abord une exigence de synthèse : il situait l'explication à un niveau de généralité d'où il donnait le sentiment de
dominer l'ensemble de l'évolution sociale. En second lieu, une
exigence d'explication causale : il présentait le déroulement
de l'histoire comme le résultat inéluctable de forces profondes,
à l'œuvre par des médiations évidentes. Il décrivait en quelque
sorte la force des choses, l'action irrépressible de grands mouvements objectifs. Une exigence scientifique enfin : il reposait sur des procédures robustes d'administration de la preuve,
qu'on ne pouvait récuser en doute. C'était une synthèse pleinement explicative et pleinement scientifique.

Aussi toute l'historiographie française du deuxième tiers du
siècle a-t-elle été dominée par l'histoire sociale ainsi entendue. Avec des différences naturelles qui tiennent autant à la
personnalité de leurs auteurs qu'à leurs sujets, les thèses de
P. Goubert, P. Chaunu, F. Braudel, P. Vilar, E. Le Roy Ladurie,
G. Dupeux, P. Vigier, A. Daumard, R. Baehrel, R. Trempé,
M. Perrot, G. Désert, A. Corbin et de bien d'autres s'inscrivent dans cette perspective d'une synthèse entre l'économique,
le social et le politique ou le religieux [7]. Toutes recourent à des
séries quantifiées, traduites par des courbes et des cartes, pour
objectiver les faits qu'elles inventent et étayer leurs raisonnements. La « nouvelle » histoire frappait encore à peine à la
porte et l'école des *Annales* surenchérissait sur la quantification en misant sur les ressources nouvelles de l'ordinateur [8].

---

7. Au cas où le lecteur se demanderait où je me situe, par rapport à cette
cohorte prestigieuse, je dirai que ma thèse, *Les Anciens Combattants et la
Société française, 1914-1939* (Paris, Presses de la FNSP, 1977, 3 vol.),
avait pour projet l'étude d'un groupe social qui n'était pas une classe :
retraversant l'ensemble des classes sociales et défini par d'autres critères
qu'économiques. Il n'est pas nécessaire, pour admirer Labrousse, d'avoir
été son élève...

8. Voir notamment, sur cet état d'esprit, deux textes d'E. Le Roy Ladurie, un article du *Monde* du 25 janvier 1969 et une conférence faite à
Toronto en décembre 1967, tous deux repris dans *Le Territoire de l'historien*, I : « La révolution quantitative et les historiens français : bilan d'une
génération (1932-1968) », p. 15-22, et « Du quantitatif en histoire : la
VIe section de l'École pratique des hautes études », p. 23-37.

Le déclin du paradigme laboussien

Paradigme laboussien et marxisme

L'apogée du paradigme laboussien coïncidait avec un contexte historique qui lui donnait toute sa pertinence[9] : d'abord la crise des années trente, à laquelle l'économie soviétique semblait échapper ; ensuite la guerre de 1940 qui conféra aux vainqueurs de Stalingrad un prestige considérable ; la Libération enfin, qui vit la classe ouvrière érigée en classe universelle, porteuse de l'avenir de la nation, et « son » Parti communiste investi chez les intellectuels du crédit que semblaient mériter le socialisme « scientifique » et le matérialisme dialectique.

Le discrédit du paradigme laboussien s'inscrit dans une conjoncture dominée par l'effondrement du socialisme réel dans les pays soviétiques. Il a été accompagné et précédé d'une critique du marxisme d'autant plus vigoureuse que celui-ci avait pris en France, dans le milieu des années soixante, une tournure à la fois dogmatique et messianique, avec Althusser comme modèle philosophique et Mao comme modèle politique. R. Aron n'avait pas été vraiment entendu quand il avait montré que Tocqueville avait discerné beaucoup mieux que Marx les grandes tendances historiques de l'évolution sociale[10], mais il avait raison, et l'élévation du niveau de vie de l'ensemble de la population dans les pays capitalistes a fini par discréditer les prophètes de la paupéri-

9. Le raisonnement que je formule ici, en faisant l'histoire du paradigme laboussien, est un mode d'explication historique, dont on trouverait d'innombrables exemples dans n'importe quel livre d'histoire. Dire que l'apogée de ce type d'histoire « coïncide » avec un contexte historique déterminé, c'est l'expliquer par ce contexte. La notion critiquée par Simiand de *Zusammenhang* est ici à l'œuvre. On sent bien la force de l'explication, qu'on pourrait étayer par des arguments factuels si besoin. Mais on en sent aussi la faiblesse : qu'est-ce que ces « coïncidences », ces liens affirmés sans être analysés dans leurs modalités ? Ainsi, pourtant, va l'histoire. Jack Hexter a expliqué de cette façon le succès de Braudel avec beaucoup de talent. Voir « Fernand Braudel and the Monde Braudellien » (*sic*), in *On Historians*, p. 61-145.

10. R. Aron, *Dix-huit Leçons sur la société industrielle*, Paris, Gallimard, 1968.

sation, bien avant que l'effondrement économique des pays de l'Est ne les rende ridicules.

Dans ce climat nouveau, tout ce qui, à tort ou à raison, semble lié au marxisme est devenu obsolète, et certains intellectuels vont aussi loin dans la dénonciation des moindres traces de marxisme que leurs prédécesseurs de 1945-1950 – eux-mêmes parfois – dans le culte. Le discrédit est tel qu'il entraîne dans une véritable déroute les concepts qui paraissent peu ou prou liés au marxisme. Il arrive que des historiens, pourtant avertis en principe, cèdent à ce courant. Du coup, l'histoire se prive de concepts comme ceux de classe et de lutte des classes, qui ne sont pas marxistes et qu'utilisaient les historiens d'autrefois, même conservateurs, comme Guizot.

Karl Marx : Je n'ai inventé ni les classes ni la lutte de classes

En ce qui me concerne, je n'ai ni le mérite d'avoir découvert l'existence des classes dans la société moderne ni celui d'avoir découvert leur lutte. Les historiens bourgeois avaient bien avant moi exposé le développement historique de cette lutte de classes, et les économistes bourgeois l'anatomie économique de ces classes. Ce que j'ai fait de nouveau consiste dans la démonstration suivante. 1° l'existence des classes ne se rattache qu'à certaines luttes définies, historiques, liées au développement de la production ; 2° la lutte de classes conduit nécessairement à la dictature du prolétariat ; 3° cette dictature elle-même constitue seulement la période de transition vers la suppression de toutes les classes et vers une société sans classes.

Lettre à Weydemeyer, *5 mars 1852*.

L'abandon de concepts comme ceux de classe ou de lutte des classes, qui étaient de l'aveu même de Marx ceux de l'histoire et de l'économie « bourgeoises », risque de rendre impossible toute histoire de la société. Comment, en effet, penser cette histoire si on ne conçoit pas la société comme composée d'une pluralité d'entités collectives dont la définition et la configuration peuvent changer, mais que traduit assez bien le terme de « classe sociale » ? Comment comprendre les

« classes sociales », si l'on refuse de considérer les réalités économiques sur lesquelles elles reposent, même si c'est par des médiations assurément moins évidentes que celles postulées par Labrousse ? La mode intellectuelle qu'impose, non sans un certain terrorisme, la critique actuelle du marxisme pourrait conduire les historiens à renoncer à tout discours synthétique sur l'ensemble de nos sociétés.

Il est pourtant devenu tout aussi impossible de faire un usage naïf de ces notions, ou de notions analogues (*bourgeois, ouvriers*, etc.). Même si elles ne sont pas marxistes par essence, elles comportent deux risques majeurs, étroitement solidaires.

Le premier est de chosifier, de réifier les classes, d'en faire des réalités par elles-mêmes. Chez Labrousse, comme chez les historiens des années 1950-1960, il n'y avait aucun doute : les groupes sociaux existaient. Ils étaient déjà là, tout prêts à servir de catégories d'analyse [11]. Ce réalisme naïf a été doublement atteint par les interrogations des sociologues et par celles des statisticiens. Les sociologues se sont mis à douter de la réalité de la classe ouvrière, parlant de « nouvelle » classe ouvrière, de « segmentation » de cette classe [12]. La classe sociale la plus évidente devenait problématique. Quant aux statisticiens, se mettant à réfléchir à l'histoire de leur discipline, ils ont fait l'histoire des catégories socioprofessionnelles [13]. L'idée s'impose désormais que les classifications ne sont pas des données de la nature sociale, mais les résultats d'une construction elle-même sociale. Bourdieu et son école ont souligné avec force que les classifications sociales résultent de luttes historiques dont elles sont d'abord l'enjeu [14]. La notion de classe demande donc à être recompo-

11. Les discussions du colloque de 1965 sur le codage socioprofessionnel montrent la profondeur de ce réalisme : il y a des groupes, ce sont les classifications qui doivent s'y adapter. Voir *L'Histoire sociale, sources et méthodes*.
12. Voir mon article « Qu'est-il arrivé à la sociologie du travail française ? », *Le Mouvement social*, n° 171, avr.-juin 1995, p. 79-95.
13. Voir A. Desrosières, « Eléments pour l'histoire des nomenclatures socioprofessionnelles », in *Pour une histoire de la statistique*, t. 1, p. 155-231. Le colloque de Vaucresson (1976) sur l'histoire de la statistique où ce texte fut présenté marque une date importante dans l'évolution de l'histoire sociale.
14. Bel exemple de la construction historique d'une catégorie sociale : L. Boltanski, *Les Cadres ; la formation d'un groupe social*, Paris, Éd. de Minuit, 1982.

sée, reconstruite ; elle est recevable au terme d'une élaboration historique, non comme son point de départ.

Le réductionnisme constitue le second danger d'un usage non critique de ces notions. Chez Labrousse, comme chez Guizot, la lutte de classe est le moteur non seulement de la politique, mais du changement social. Elle répond à des motivations transparentes : les groupes sociaux luttent pour améliorer leur position relative. Cependant, avec Labrousse, on gagne et on perd par rapport à Guizot. On gagne une prise en considération attentive des réalités économiques dont la valeur explicative est évidente. Mais c'est au prix d'une double réduction, du social à l'économique, et du politique au social. Dans cette conception, il n'y a pas de place pour les processus historiques par lesquels des acteurs, individuels ou collectifs, suscitent une prise de conscience, à la fois fondée et biaisée, des réalités objectives, et contribuent ainsi à constituer des groupes conscients de leurs intérêts, et des frontières changeantes qui séparent leurs alliés de leurs adversaires. Le réalisme qui fait trouver naturels, évidents, les divers groupes sociaux, rend aveugle sur leur construction historique en rendant celle-ci quasi automatique. Labrousse n'avait sans doute pas conscience que ses explications reposaient sur le postulat qu'une croissance des revenus entraîne la satisfaction et une diminution le mécontentement des groupes sociaux concernés. Postulat certes robuste et vraisemblable, qui lui semblait évident, mais dont l'examen attentif réserverait quelques surprises : les choses ne sont pas aussi simples. Mais cette simplification n'embarrassait pas l'histoire sociale labroussienne puisqu'elle lui permettait de dégager l'essentiel, les conflits entre les divers groupes qui donnaient une vue à la fois synthétique et dynamique d'une société.

Le paradigme labroussien aurait pu être amendé pour remédier à son réalisme et à son réductionnisme. Mais il a été abandonné bien plus que corrigé. Tout s'est passé comme si le charme s'était rompu, et ce type d'histoire appartient désormais au passé.

Paradigme labroussien et « nouvelle » histoire

Le paradigme labroussien présentait en effet les inconvénients de ses avantages. Sa force explicative avait un double prix, que les historiens de l'époque acceptaient de payer mais qui semble excessif à leurs successeurs actuels.

En premier lieu, tout entière attachée à décomposer la force des choses, cette histoire laissait peu de place à la liberté des acteurs. L'intervention des hommes dans l'histoire était réduite à l'insignifiance. Les innombrables actions des hommes ordinaires sont contradictoires entre elles et elles s'annulent sans rien produire d'important [15]. Quant à ceux qui croient « faire l'histoire », ils sont en réalité victimes d'une illusion, car les forces profondes sont plus fortes qu'eux et ce sont elles qui décident. Ce qui arrive *devait* arriver. Cette insistance sur le caractère nécessaire, inéluctable, de ce qui arrive au cours de l'histoire, ce point de vue *fataliste* en quelque sorte, à l'opposé d'Aron et Weber, n'est pas le propre de Labrousse, ni des historiens influencés par le marxisme. On le retrouve dans toute histoire sociale : le point de vue qu'elle adopte la conduit à valoriser les conditions et à ignorer les marges d'intervention des acteurs. F. Dosse rapporte sur ce point des propos de Braudel qui ne laissent guère d'équivoque : « Tu ne luttes pas contre une marée d'équinoxe… Il n'y a rien à faire face au poids du passé, à part en prendre conscience. » « Ainsi suis-je toujours tenté, devant un homme, de le voir enfermé dans un destin qu'il fabrique à peine [16]. » On est dans le règne d'un détermi-

---

15. Ce point de vue est formulé notamment par F. Engels, dans une lettre de 1890 publiée dans *Le Devenir social* (mars 1897) : « L'histoire se fait de telle sorte que le résultat final résulte toujours du conflit de beaucoup de volontés individuelles, dont chacune est ce qu'elle est par suite d'une foule de conditions particulières ; il y a donc des forces innombrables qui s'entrecroisent, un groupe infini de parallélogrammes des forces, d'où sort une résultante – l'événement historique – qui, lui-même, peut être considéré comme le produit d'une force agissant, en tant que tout, *inconsciemment* et sans volonté. Car ce que chacun veut est contrarié par chacun des autres, et ce qui arrive c'est quelque chose que personne n'a voulu. » La nécessité qui se fait jour à travers tous ces hasards est, pour Engels, économique.

16. *L'Histoire en miettes*, p. 114. Première citation, intervention de F. Braudel à TF1 le 22 août 1984 ; seconde citation : *La Méditerranée*, éd. 1976, t. 2, p. 220.

nisme, et la liberté des acteurs se voit assignée aux marges dénuées d'importance et de signification.

Contre cette histoire des structures sociales, une nouvelle histoire a remis en honneur une analyse plus concrète. « Les hommes ne sont pas dans des catégories sociales comme des billes dans des boîtes, et [...] d'ailleurs, les "boîtes" n'ont d'autre existence que celles que les hommes (les indigènes du passé et les historiens d'aujourd'hui dans le cas de la discipline historique), en contexte, leur donnent [17]. » L'histoire sociale s'est donc tournée vers des niveaux d'analyse moins larges, où la liberté des acteurs retrouve sa place ; l'échelle a changé ; l'heure est à la *micro-storia* qui, dans un cadre assez limité pour pouvoir être scruté très finement, en croisant une pluralité de sources, analyse les pratiques sociales, les identités et les relations, les trajectoires individuelles ou familiales, avec tout ce qu'elles incorporent de représentations et de valeurs.

La réhabilitation des acteurs aurait pu bénéficier à l'histoire politique. Le paradigme laboussien ne permettait pas de penser la spécificité du politique, ni, plus généralement, du culturel : son réductionnisme le conduisait à la cécité sur ce point. A réduire le politique au social et le social à l'économique, il s'interdisait de comprendre que des économies voisines s'accommodent de sociétés très différentes, et des sociétés voisines de régimes politiques différents. Cependant, bien que Labrousse qui se référait au marxisme ait parfois appliqué avec quelque simplisme, notamment pour le XIXᵉ siècle, le schéma qui fait sortir la crise sociale de la crise économique, et la crise politique de la crise sociale, sans accorder d'importance au jeu des acteurs, les historiens de son école, même communistes, avaient su rester attentifs aux nuances et aux spécificités du politique. Aussi ont-ils très généralement évité de lui infliger une violence idéologique. Enrichie plus que déviée par l'histoire sociale laboussienne, l'histoire politique ne bénéficie guère de son déclin.

C'est vers d'autres objets que se tournent les historiens actuels. Le paradigme laboussien s'éloigne de notre horizon sans avoir été véritablement remplacé, parce que nos contemporains ne s'intéressent plus aux questions qu'il permettait de traiter. Dans cette évolution des intérêts historiques, le rap-

17. B. Lepetit, in *Les Formes de l'expérience*, p. 13.

port de l'histoire aux autres sciences sociales a compté pour
beaucoup.

Les *Annales* avaient bénéficié de la conjoncture scientifique des années 1930, 1940 et 1950 pour faire de l'histoire
la science sociale englobante. La contestation est venue de
l'ethnologie, plus encore que de la sociologie, avec Lévi-
Strauss. Face à ce défi, Braudel a revendiqué pour l'histoire
le domaine de la longue durée et des structures, position
forte, dominante, d'où les autres sciences sociales apparaissaient comme des sciences du temps court, du moment présent. Mais l'histoire s'est emparée de leurs objets pour les
traiter à sa manière. Ce chassé-croisé a préparé l'éclatement
de l'histoire.

On ne conçoit plus aujourd'hui d'histoire sociale qui ne
prenne en compte l'univers des pratiques sociales concrètes,
celui des représentations, des créations symboliques, des
rites, des coutumes, des attitudes devant la vie et le monde,
bref l'univers de ce qu'on a appelé un temps les « mentalités », celui des cultures et des pratiques culturelles. Certes,
il s'agit là de réalités collectives que l'on pourrait construire
à la manière d'un fait social. Mais cela n'aurait d'intérêt que
pour les confronter à d'autres ensembles, en vue d'une
construction plus ambitieuse. Ces univers y perdraient leur
saveur, leur couleur, leur chaleur humaine ; leur fonctionnement comme leur organisation interne risqueraient d'échapper. C'est pourquoi, dans la nouvelle histoire, la description
anthropologique l'emporte sur l'explication, et l'analyse des
fonctionnements sur la recherche et la hiérarchisation des
causes. Les monographies changent de statut : on ne leur
demande plus d'être représentatives, mais de faire pénétrer
dans l'intimité d'un fonctionnement social ou individuel.
Par l'écart même qu'elles manifestent, elles révèlent en
quelque sorte « en creux » les normes implicites d'une
société.

Une vue plus pessimiste et plus polémique fait intervenir
les sollicitations des médias et l'air du temps[18]. L'histoire ne
prétend plus à une explication globale des sociétés et cultive
non pas des événements, mais des objets épars au gré des
humeurs de chacun, des structures locales, dotées de leur

---

18. F. Dosse, *L'Histoire en miettes*.

temporalité propre, qui permettent de s'évader d'un présent ennuyeux [19]. L'entreprise annaliste et le paradigme labroussien débouchent ainsi sur leur négation dialectique.

François Dosse : Le nouveau discours historique

Qu'en est-il aujourd'hui des Annales *? Une approche superficielle pourrait laisser croire [...] à l'absence de rapports entre les pouvoirs dominants, la technocratie, la technoculture et les historiens actuels repliés sur une histoire immobile et lointaine. Il n'en est rien. Le nouveau discours historique, comme les anciens, s'adapte pareillement au pouvoir et à l'idéologie ambiante. Dans notre monde moderne, le désir de changement est réduit aux marges, au statut de fantasme, de délire lorsque le changement est pensé comme qualificatif [sic, pour qualitatif] et non plus comme une simple transformation quantitative, reproduction du présent. Les* Annales *d'aujourd'hui présentent les phases de rupture, de révolutions comme de fausses manœuvres dans des continuités porteuses d'une évolution linéaire. La révolution est devenue mythologie dans ce discours historien, et celui qui souhaiterait penser le changement ne trouvera rien qui vaille dans les multiples et pourtant féconds travaux de l'école des* Annales*, comme le reconnaît d'ailleurs Jacques Revel. Le discours annaliste traduit la prédominance des médias, il s'adapte à ses normes et présente une histoire qui est essentiellement culturelle, ethnographique. Il s'agit d'un descriptif spectaculaire de la culture matérielle dans une approche néo-romantique où les fous côtoient les sorcières, où les marges, la périphérie se sont substituées au centre, où une nouvelle esthétique offre un envers nécessaire à la technocratie environnante, au béton les pieds dans l'eau. Cette histoire intègre les fantasmes, les refoulements pour réaliser un consensus autour de notre modernité, et l'historien a charge de ratisser tous ces déviants pour les ramener dans un univers composite où chacun a sa place dans un même ensemble social sans contradiction.*

L'Histoire en miettes, *p. 255.*

---

19. « Pour moi, l'histoire est un peu une forme d'évasion hors du XXe siècle. Nous vivons une époque assez sinistre », E. Le Roy Ladurie, cité par F. Dosse, *ibid.*, p. 250.

La déception envers les paradigmes globaux, marxiste ou structuraliste, qui convient au deuil des grandes espérances collectives et à l'individualisme de la fin du XXᵉ siècle, est aussi renonciation à tenir un discours sur l'ensemble de la société et sur son évolution. En ce sens, l'histoire sociale n'a pas été remplacée : sa place, celle de la synthèse, reste vacante.

Le déclin des entités collectives

A plusieurs reprises, dans l'analyse que nous venons de faire de l'histoire sociale, de Guizot à Labrousse, nous avons signalé le recours à la personnification des entités collectives. Pour rester une histoire, compréhensible selon l'ordre des mobiles et des intentions, alors qu'elle construit des faits sociaux collectifs en quelque sorte abstraits, explicables selon l'ordre des régularités constatées, l'histoire sociale applique aux acteurs collectifs les mêmes intentions, les mêmes affections, la même psychologie qu'aux individus. Elle crée en quelque sorte des individus collectifs. La classe « pense », « veut », « déteste », « a besoin de », « sent ». Pour les linguistes, elle appartient à l'ensemble des êtres animés qui peuvent être sujets de verbes d'action, de volition, etc. C'est sur la transférabilité des schémas d'explication des individus aux acteurs collectifs que repose la possibilité d'une histoire sociale entendue comme histoire d'acteurs collectifs.

Nous avons vu plus haut (*supra*, p. 140), à la suite de P. Ricœur, comment ce transfert des individus au groupe pouvait se fonder dans la conscience, chez les individus, d'un « nous » dont ils reconnaissent qu'ils font partie. Mais cela ne vaut que pour des groupes, des communautés humaines. Or, qu'on le réprouve ou qu'on le préconise[20], c'est un fait que l'histoire sociale a poussé la personnalisation beaucoup plus loin.

---

20. Certains approuvent la personnalisation, d'autres la condamnent, à la suite de Huizinga, comme P. Burke, *New Perspectives*, p. 235. Comme je ne me place pas ici dans une perspective normative, je n'entrerai pas dans le débat de ce qu'il faut faire en la matière. Je constate seulement que les historiens des structures pratiquent la personnalisation métaphorique.

C'est, chez Labrousse, le capitalisme qui attaque. Mais, pour Febvre, la Franche-Comté était déjà « une personne historique collective [21] ». Chez Braudel, les réalités géographiques sont constamment personnifiées. Le désert devient un hôte, les montagnes, d'encombrantes personnes, aux visages encombrants et rébarbatifs. Il a passionnément aimé la Méditerranée, qui est un personnage complexe, hors série ; elle a besoin de calmer sa faim. L'homme, au contraire, est naturalisé par le recours à des métaphores végétales ou animales : il pousse comme une plante vivace, essaime comme les abeilles quand la ruche devient nombreuse ; les pauvres sont comme des chenilles ou des hannetons [22]. Peut-être d'ailleurs la réaction de la nouvelle histoire serait-elle allée moins loin dans le sens de l'individualisme si la déshumanisation des acteurs humains avait été moins forte chez ses prédécesseurs. Quoi qu'il en soit, la personnalisation d'acteurs pourtant inanimés est l'un des procédés centraux de toute histoire sociale. Pour mettre en scène le jeu des structures, et faire comprendre leur intervention dans le déroulement de l'histoire, l'historien personnalise ses objets.

Quand la personnalisation porte sur des collectifs humains (groupe professionnel, classe, nation), le risque n'est pas nul, mais il est limité : il consiste à faire passer pour « naturelles » les entités concernées, en négligeant qu'elles sont toutes des constructions humaines et le produit d'une histoire. A force de parler de la bourgeoisie ou de la France, on oublie de s'interroger sur la façon dont l'une et l'autre se sont constituées comme communautés dans la représentation même de leurs membres. La classe objectivée masque la classe subjective ou vécue, et les moyens de sa prise de conscience.

Quand la personnalisation porte sur des réalités matérielles, géographiques par exemple, ou sur des institutions ou des rites, des politiques, des pratiques sociales (la fête, l'école, etc.), la personnalisation n'est plus qu'une métaphore, c'est-à-dire une figure de style. Assurément, l'histoire en devient plus vivante, mais est-elle juste ? Seignobos et

---

21. Préface de sa thèse, *Philippe II et la Franche-Comté,* cité par O. Dumoulin, « Comment on inventa les positivistes », in *L'Histoire entre épistémologie et demande sociale*, p. 88.
22. J'emprunte cette analyse à P.-A. Rosental, « Métaphore et stratégie épistémologique ».

l'école méthodique condamnaient absolument les métaphores, « qui éblouissent sans éclairer ». Son refus de l'histoire comme littérature passait par celui des procédés
littéraires. Le prix à payer, pour ce refus, était une écriture
inévitablement un peu grise.

Les historiens qui l'ont combattu, au nom à la fois de la
science sociale objective et de la vie – qu'on pense aux
textes de Febvre cités plus haut –, ont résolu le problème en
donnant vie aux entités sociales grâce aux métaphores.
Febvre, Bloch, Labrousse, Braudel étaient, il est vrai, de
grands écrivains. On n'en touche pas moins ici un autre
aspect de l'histoire : elle n'est pas seulement faits, questions,
documents, temporalités, conceptualisation, compréhension,
recherche des causes et exploration des structures ; elle se
compose aussi comme une intrigue et s'écrit avec des
phrases, faites de mots. Toute histoire présente une dimension littéraire, ou linguistique, disons rhétorique et langa-
gière, qu'il nous reste maintenant à explorer.

11

Mise en intrigue
et narrativité

Reconnaître, comme nous l'avons fait, que l'histoire tout entière relève du raisonnement naturel n'est pas sans conséquences.

D'une part, cela justifie notre refus des exclusives. Dès le départ, nous avons décidé de considérer comme histoire toutes les productions intellectuelles reconnues historiquement sous ce terme ; ayant peu de goût pour les manifestes et moins encore pour les réquisitoires, nous avons choisi une perspective analytique et non normative. Cette position est maintenant fondée logiquement. En effet, il y a bien une méthode critique pour établir, à partir des sources, des réponses fiables aux questions que se posent les historiens, mais tous la pratiquent. En revanche, nous n'avons pu identifier une méthode historique dont le respect définirait la bonne histoire.

D'autre part, ce constat relance l'analyse. Si l'histoire relève du raisonnement naturel, elle n'est pas seule : la sociologie et l'anthropologie recourent aux mêmes concepts idéaltypiques et aux mêmes recherches de causes et de cohérences. Bien plus, les journalistes, les habitués du café du Commerce, eux aussi, pratiquent le même type de raisonnement. Où donc est la différence ? Car la différence existe, puisque le livre d'histoire est immédiatement reconnaissable.

On peut formuler autrement et le constat et la question. Le constat : il est clair que des méthodes différentes peuvent aboutir à de grands livres d'histoire, des œuvres pleines de sens, qui nous éclairent et nous satisfont entièrement dès lors que nous acceptons leur sujet. Quoi de plus différent, par exemple, que les derniers livres de Jean-Baptiste Duroselle, *La Décadence* et *L'Abîme,* et *Civilisation matérielle, Économie et Capitalisme* XVe-XVIIIe *siècle* de F. Braudel, pour prendre des œuvres presque contemporaines[1]. D'un côté, de l'histoire diplomatique en courte période, de l'autre, une histoire des structures sur trois bons siècles. Et pourtant, ces œuvres résistent également. Si l'on juge l'arbre à ses fruits, force nous est de déclarer ces œuvres si différentes aussi valablement et pleinement historiques. Et, d'ailleurs, le lecteur ne s'y trompe pas, qui les reconnaît immédiatement comme telles. D'où la question : qu'ont-elles en commun, qui les désigne si évidemment comme historiques ?

Pour répondre à cette question, nous allons changer de perspective. Nous n'allons plus suivre l'historien au long de son enquête pour voir comment il construit ses faits et ses interprétations. Cette entreprise analytique avait son intérêt, mais elle nous a livré ce que nous pouvions en attendre. Au demeurant, et précisément parce que nous sommes dans un univers historique, où les faits sont indissociables de leurs contextes, elle ne permet pas de comprendre le cœur de la démarche historienne.

Du tout aux parties

L'histoire, en effet, ne procède pas des parties au tout. Elle ne se construit pas en assemblant des éléments, appelés faits, que l'on expliquerait ensuite comme un maçon construit un mur avec des briques. Elle n'enchaîne pas des explications comme des perles en un collier. Ni les faits ni les explications ne sont jamais donnés à l'historien isolés, séparés, comme des atomes. La matière historique ne se présente jamais comme une suite de petits cailloux distincts, mais bien davantage comme une sorte de pâte, de matière composite et au départ confuse. Rien d'étonnant si les logiciens échouent à articuler logiquement en histoire des causes et effets au sens strict : ils s'interrogent sur l'existence d'une relation de causalité entre des choses qui n'existent pas, ou qui du moins n'existent pas comme des atomes individualisables.

1. Jean-Baptiste Duroselle, *La Décadence : 1932-1939*, Paris, Impr. nationale, 1979 ; *L'Abîme : 1939-1945*, Paris, Impr. nationale, 1982 ; F. Braudel, *Civilisation matérielle, Économie et Capitalisme XVe-XVIIIe siècle*, Paris, Armand Colin, 1979, 3 vol.

La question choisie par Weber du rôle de Bismarck dans le déclenchement de la guerre de 1866 ne s'est jamais posée sous cette forme à un historien. Elle a été prise dans des ensembles discursifs, des cours, des livres, qui portaient par exemple sur « l'unité allemande », ou sur « les relations internationales » ou encore sur « la vie politique en Europe au XIXe siècle ». Si le raisonnement de Weber et d'Aron sur cet exemple est pertinent, c'est d'ailleurs parce qu'il prend en compte, autour des deux « faits » mis en relation, le réseau ramifié des hypothèses alternatives, des évolutions irréelles que l'historien construit pour peser *cette* cause *parmi* d'autres. Il n'empêche que l'exemple, comme tout exemple, est artificiel.

La métaphore artisanale retrouve ici son sens. A la différence de l'industrie, où les pièces sont standardisées, l'artisan ne conçoit jamais une pièce indépendamment d'un ensemble[2]. A son établi, l'historien est comme l'ébéniste ; il n'entreprend jamais d'assembler deux morceaux de bois quelconques : il bâtit un meuble, et il choisit tel assemblage mortaisé pour les tiroirs, tel autre assemblage chevillé pour les fonds. Le tout commande les parties. Pour comprendre la démarche de l'historien, nous allons donc désormais procéder du tout aux parties. C'est dire que nous allons partir des œuvres achevées, les considérer comme des textes accomplis et nous interroger d'abord sur leur composition, puis sur leur écriture.

Récits, tableaux, commentaires

Considérons les rayons d'histoire d'une librairie : la diversité des livres qu'ils juxtaposent est frappante. Pour mettre un peu d'ordre dans cet ensemble hétéroclite, nous partirons de critères extérieurs comme les titres ou les tables des matières. Ils permettent de distinguer trois types : les récits, les tableaux et les commentaires.

Les récits se caractérisent comme un parcours dans le temps. Leur plan, sinon leur titre, est principalement chronologique. Dans leur forme minimale, ils partent d'un premier élément, aboutissent à un second plus tardif, et expliquent

2. Ce qui rend compte des limites du travail d'équipe en histoire.

comment on est passé du premier au second. En d'autres termes, pour qu'il y ait récit, il faut et il suffit qu'il y ait deux événements ou situations ordonnés dans le temps. Du point de vue qui est ici le nôtre [3], ces traits formels suffisent à définir le récit.

Le récit peut, en effet, embrasser des périodes de temps très différentes. La collection « Cent journées qui ont fait la France » se donnait comme objectif des récits portant sur une journée, mais les récits peuvent embrasser des périodes beaucoup plus longues : un règne, un siècle, plusieurs, parfois des millénaires comme ces histoires de France des origines à nos jours périodiquement publiées. Le récit implique une dimension chronologique, mais il s'accommode de toute chronologie.

De même, le récit peut porter sur n'importe quel objet historique. Il faut ici dissiper la confusion souvent entretenue entre le récit et l'histoire événementielle ou politique. En ce sens, il y a quelque abus à parler de « retour au récit [4] » : le récit n'avait jamais disparu, et Braudel lui-même, qui identifiait volontiers l'histoire-récit à l'histoire événementielle qu'il vouait aux gémonies, a forgé l'expression « récitatif de la conjoncture » pour désigner les récits dont il disait du bien. L'histoire économique, comme celle des pratiques culturelles ou des représentations peuvent appeler le récit aussi bien que l'histoire politique. Dans *Le Désir de rivage*, par exemple, A. Corbin analyse comment une représentation du littoral a remplacé une représentation antérieure, et quelle est la signification de ce changement. On est incontestablement dans l'ordre du récit [5]. Inversement, on le verra, ce n'est pas parce que certains historiens reviennent à des sujets apparemment événementiels, comme G. Duby avec *Le Dimanche de Bouvines*, qu'ils en font le récit.

Enfin, le récit n'est pas nécessairement linéaire ; il y aurait quelque abus à restreindre le genre aux seuls textes qui respectent parfaitement l'ordre chronologique. D'une part, ce respect est généralement impossible, y compris dans l'histoire la plus traditionnellement événementielle et politique. Imagi-

---

3. Cette analyse doit beaucoup à P. Carrard, *Poetics of the New History*. Nous verrons au chapitre suivant ce que l'on peut dire de l'opposition classique entre récit et discours.

4. Voir Lawrence Stone, « Retour au récit ».

5. A. Corbin, *Le Territoire du vide. L'Occident et le désir du rivage 1750-1840*, Paris, Aubier, 1988.

nons par exemple un récit du 13 mai 1958 ; si l'on veut être clair, on n'ira pas sans cesse de Paris à Alger et inversement, mais, à l'intérieur d'un cadre globalement chronologique, on retracera successivement des séquences algériennes et des séquences parisiennes parallèles, que leur enchevêtrement rendrait incompréhensibles. D'autre part, le récit s'accommode de multiples procédés littéraires, qui rendent l'exposition plus vivante, parfois plus significative.

Le récit convient à l'explication des changements (« pourquoi est-ce arrivé ? »). Il implique naturellement une recherche des causes et des intentions. Mais il n'est pas la seule forme d'exposé historique. D'autres livres sont des descriptions situées dans le temps et l'espace. Je les appelle, par convention, des tableaux.

Le tableau est le mode d'exposé historique qui dégage les cohérences, le *Zusammenhang*. Il répond à la question : « Comment les choses étaient-elles ? » Il est naturellement situé dans le temps, parfois dans un temps très long : l'histoire immobile autorise des tableaux pluriséculaires. Le tableau est centré non sur le changement, mais sur les particularités de son objet, et sur ce qui en assure l'unité ; il relie entre eux une pluralité de faits contemporains et construit ainsi une totalité, un ensemble où les choses « se tiennent », « vont ensemble ».

Pas plus que le récit, le tableau n'est nécessairement associé à un type d'objet historique. Naturellement, il convient à la présentation d'une société donnée, ou d'un groupe social précis à un moment déterminé de l'histoire : ainsi M. Bloch, avec *La Société féodale*[6]. Mais l'histoire culturelle requiert parfois des tableaux. Le *Rabelais* de L. Febvre[7] n'est pas un récit, une biographie qui suivrait son héros de la naissance à la mort ; c'est un tableau de l'outillage mental du XVIe siècle.

On peut consacrer des tableaux à des événements, et même à ces événements les plus événementiels que sont les batailles. Tout dépend de la question privilégiée. Dans

---

6. M. Bloch, *La Société féodale*, Paris, Albin Michel, t. 1, *La Formation des liens de dépendance*, 1939, t. 2, *Les Classes et le Gouvernement des hommes*, 1940.
7. L. Febvre, *Le Problème de l'incroyance au XVIe siècle : la religion de Rabelais*, Paris, Albin Michel, 1942.

Le Dimanche de Bouvines[8], G. Duby ne consacre au récit de
la bataille que sa première partie. La seconde, la plus longue,
prend la bataille comme point d'entrée pour poser des questions qui échappent au récit : qu'est-ce que c'était que la
guerre, la bataille, la paix au début du XIIIᵉ siècle ? La
bataille est ainsi en quelque sorte « dé-narrativisée[9] ». Le
tableau l'emporte sur le récit.

Le commentaire est plus rare. Il aborde son sujet à partir
des interprétations proposées par les historiens ou les
contemporains. C'est un essai sur d'autres textes pris dans
leurs contextes. L'exemple en pourrait être le livre de François Furet, *Penser la Révolution française*, ou l'émission
télévisée de M. Ferro, *Histoire parallèle*, qui s'attache aux
présentations faites de la guerre au moment même par les
actualités cinématographiques des divers belligérants. Ce
genre historique étant encore peu fréquent, nous ne nous y
attarderons pas.

Naturellement, les récits comportent des tableaux et les
tableaux des récits. A l'intérieur du *Dimanche de Bouvines*,
on trouvera un récit de la bataille, et d'autres séquences événementielles. De même, dans *La Société féodale,* nombre de
récits expliquent comment se sont mis en place les principaux éléments de la structure : les techniques militaires de la
lance, ou le rituel de l'allégeance. Inversement, les récits
incorporent des séquences descriptives et structurales. Certains décrivent même l'évolution de structures ou de configurations cohérentes qu'ils doivent commencer par décrire.
Plus profondément, l'explication causale du récit fait appel à
des régularités qui relèvent de structures, tandis que la description des structures recourt à des personnalisations qui les
transforment en acteurs de récits d'un autre type. Les deux
catégories se distinguent sans s'exclure.

Cela permet de comprendre l'existence de formes mixtes,
plus complexes. La première juxtapose des parties de tableau
et des parties de récit. La thèse labroussienne commence géné-

8. G. Duby, *Le Dimanche de Bouvines : 27 juillet 1214*, Paris, Gallimard, 1973.

9. Cet exemple est important, car il est précisément donné par L. Stone
à l'appui de sa thèse d'un retour au récit. P. Carrard a entièrement raison
dans son analyse, *Poetics of the New History*, p. 64-65.

ralement par une ou deux parties consacrées aux structures
géographiques, démographiques et économiques : c'est un
tableau. Elle passe ensuite à l'analyse de la conjoncture économique puis à la vie politique, et le récit l'emporte alors [10].
    La seconde forme complexe est le récit par scènes succes-
sives, par étapes [11]. Un bon exemple en est le livre de Philippe Ariès, *La Mort en Occident* [12], qui s'articule en quatre
chapitres successifs, consacrés chacun à la mort à une
époque donnée : « La mort apprivoisée » couvre un temps
long, du Moyen Age au XVIIIᵉ, « La mort de soi » concerne le
second Moyen Age, « La mort de toi » commence au XVIIIᵉ et
cédera à « La mort interdite ». Il s'agit bien d'un récit,
puisque nous passons d'une situation à une autre. Le plan est
d'ailleurs chronologique. Mais c'est un récit sans événements, au rythme très lent. Dans chaque configuration, les
cohérences sont analysées, et l'on pourrait dire qu'Ariès
présente quatre tableaux successifs. Cependant, les traits
retenus à chaque époque sont pertinents par rapport aux
configurations qui précèdent et qui suivent, si bien que l'analyse globale du changement des attitudes devant la mort jusqu'à notre temps oriente et structure la description. Les
tableaux sont ici organisés par un récit.

L'histoire comme découpage d'une intrigue

    Qu'une histoire soit un récit, un tableau ou une forme
mixte, c'est un texte clos, un élément arbitrairement découpé
dans l'ensemble indéfini du continuum illimité de l'histoire.
Toute entreprise historienne se définit par une clôture.
    L'histoire, nous l'avons dit plus haut, part d'une question. Il
ne suffit pas de montrer l'enracinement social, scientifique et
personnel des questions et de comprendre que toute question,

    10. L'inverse est possible. Si je prends ma propre thèse, la première
partie, intitulée « Histoire », est un récit. Les deux suivantes, intitulées respectivement « Sociologie » et « Mentalités et idéologies », sont des
tableaux. A. Prost, *Les Anciens Combattants et la Société française, 1914-
1939*, Paris, Presses de la FNSP, 1977, 3 vol.
    11. « *Stage narratives* » dit P. Carrard.
    12. P. Ariès, *Essais sur l'histoire de la mort en Occident du Moyen Age
à nos jours*, Paris, Éd. du Seuil, 1975.

244   *Douze leçons sur l'histoire*

pour devenir historique, doit s'accompagner d'une idée au moins approximative des documents qui permettront d'y répondre, et des démarches à suivre pour y parvenir. Il faut encore distinguer entre les questions qui conduisent à construire des faits, et celles qui appellent une intrigue.

Ce n'est pas la même chose, en effet, de se demander s'il y a eu du sabotage dans les usines pendant la drôle de guerre, ou pourquoi la France s'est décomposée en 1940. La première question est immédiatement opératoire : je sais dans quelles archives je trouverai une réponse[13], et le problème est purement factuel. La seconde, beaucoup plus ambitieuse, n'est pas opératoire comme telle ; pour la traiter, il faut une élaboration complexe qui permet d'en tirer des questions du premier type : définir les plans successifs de l'analyse, et les questions subordonnées qui se posent (celle du sabotage peut être pertinente), définir une période (à quelle date remontera-t-on ?) et un territoire (que fera-t-on des colonies ?). Tout ce travail de construction de l'objet historique, qui est au centre des discussions entre directeurs de thèses et thésards au début de leurs recherches, est déterminant. L'œuvre historique se constitue d'abord par le découpage de son objet.

Tout, en effet, peut être objet d'histoire : des objets matériels, des groupes sociaux, des institutions, des symboles, des techniques, des productions agricoles ou industrielles, des échanges, des territoires, des arts, etc. Et je n'en rajoute pas par plaisir : le moindre catalogue de libraire ou le panneau d'affichage des soutenances de thèses sont des inventaires plus surréalistes que Prévert. Voici l'alimentation, les maladies, la croissance, la contraception, la prostitution, la fête, la famille sous ses multiples déclinaisons, le folklore, la sociabilité, l'alphabétisation, la déchristianisation, avec chaque fois des spécifications de temps et de lieux. Voici les paysans d'ici et les bourgeois d'ailleurs, les fortunes, les villes, les ouvriers, les grèves, les cloches, la pêche à la ligne. Voici les techniques, les sciences, les livres, les journaux, les revues, les mille formes d'art. Je mets au défi quiconque d'imaginer un sujet dont on ne puisse faire l'histoire.

Or l'historien ne peut faire l'histoire de tout : il doit choi-

---

13. Elle est négative. Voir J.-L. Crémieux-Brilhac, *Les Français de l'an quarante*, Paris, Gallimard, 1990, 2 vol.

sir. Choix en partie arbitraire, car tout se tient dans le continuum de l'histoire, et il n'est ni commencement ni terme
absolu. Mais choix inéluctable, faute de quoi l'histoire se
dissout.

C'est de cette clôture et de cette organisation du texte historique autour de la question qui le structure que rend compte, en
première approximation, le concept d'intrigue, emprunté à
P. Veyne et H. White, qui ne lui accordent d'ailleurs pas exactement le même sens. Laissant de côté, pour l'instant, la question de sa validité pour les tableaux, nous l'utiliserons pour
montrer comment la perspective globale du livre achevé est à
la fois le principe de construction et d'explication de l'histoire.

L'intrigue historique

L'intrigue comme configuration

Définir une intrigue, pour un historien, c'est d'abord confi-
gurer son sujet. Il ne le trouve jamais tout fait, il le construit,
il le façonne par un acte inaugural et constitutif qu'on peut
désigner comme une mise en intrigue (*emplotment* dans la
littérature américaine).

La mise en intrigue commence avec le découpage de l'objet, l'identification d'un début et d'une fin. Le choix des
limites chronologiques n'est pas le bornage d'un champ que
l'on voudrait labourer, mais la définition de l'évolution
qu'on veut expliquer, et donc de la question à laquelle on va
répondre. Le découpage de l'intrigue décide déjà du sens de
l'histoire. Un récit de la guerre de 1914 qui commence en
1871 et finit en 1933 n'est pas l'histoire de la même guerre
que s'il avait commencé en 1914 pour finir aux traités de
1919. De même, si l'on fait l'histoire du mariage en France
du début du siècle aux années 1960, on pose la question du
passage d'un mariage contrôlé par les familles (mais l'était-il
complètement et généralement ? et comment l'était-il ?) au
mariage d'amour. Si on allait jusqu'aux années 1990, l'histoire deviendrait celle de la crise d'une institution. Le découpage chronologique est aussi un parti interprétatif. Quand
F. Furet choisit d'insérer l'histoire de la Révolution française

dans un large siècle, de 1770 à 1880[14], c'est pour en proposer une autre vision.

La mise en intrigue porte aussi sur les personnages et les scènes. Elle est choix des acteurs et des épisodes. Toute histoire comporte, implicite, une liste des personnages et une suite de décors. Pour rester dans la guerre de 1914, on ne construira pas la même intrigue si l'on prend en compte l'arrière, les femmes, les vieux, les enfants, ou si l'on se limite aux soldats. De même, l'intrigue des généraux n'est pas celle des simples soldats. Et l'histoire prendra un sens un peu différent si l'on décide de visiter les hôpitaux et les cimetières, ou si l'on se limite aux tranchées et aux ministères.

La mise en intrigue décide aussi du niveau auquel l'historien se place : il peut voir son intrigue de plus ou moins près. Il lui faut en quelque sorte choisir la distance focale et le pouvoir de définition de ses lentilles. En effet, toute histoire peut toujours être racontée avec plus ou avec moins de détails. Elle peut toujours être re-racontée d'une autre façon ; on peut toujours lui ajouter des précisions, comme on peut élargir ou rétrécir la scène, et faire appel à des acteurs supplémentaires. En ce sens, « le discours narratif est *intrinsèquement incomplet* puisque toute phrase narrative est sujette à révision par un historien ultérieur[15] ». Ou, pour reprendre la métaphore géographique de P. Veyne, il ne suffit pas de dire que l'historien ne dresse jamais une carte complète de l'événementiel, se contentant de celle de ses itinéraires ; il faut ajouter qu'il en choisit l'échelle.

La construction de l'intrigue est l'acte fondateur par lequel l'historien découpe un objet particulier dans la trame événementielle infinie de l'histoire. Mais ce choix implique bien davantage : il constitue les faits comme tels.

Le fait isolé n'existe pas. C'est en l'étudiant qu'on l'isole, et qu'en même temps on le construit comme fait particulier, sous un aspect particulier. L'événement n'est pas un site que l'on va visiter, il est au croisement de plusieurs itinéraires possibles, et l'on peut de ce fait l'aborder sous divers aspects, en lui donnant une importance variable. Le même fait, pris dans des intrigues

14. F. Furet, *La Révolution : de Turgot à Jules Ferry (1770-1880)*, Paris, Hachette, 1988.
15. Voir A. Danto, résumé par P. Ricœur, *Temps et Récit*, I, p. 254.

différentes, change de valeur, de signification et d'importance.
P. Veyne prend l'exemple de la guerre de 1914. Si je découpe
une histoire militaire de la guerre, Verdun est assurément un
événement capital, mais il est inclus dans la série de batailles
composée par la Marne, la Champagne en 1915, la Somme et le
Chemin des Dames, et il témoigne des impasses d'une stratégie. Dans cette histoire, la grippe espagnole est une péripétie
marginale. Ce serait au contraire un fait majeur dans une histoire démographique de la guerre ; la question se poserait alors
de ses liens exacts avec la guerre et Verdun n'apparaîtrait que
par ses pertes, moindres au total que celles de Charleroi et de la
Marne. Dans une histoire sociale et politique de la guerre, Verdun passerait au contraire au premier plan : la valeur symbolique attachée aussitôt à la ville, avec sa défense sur la rive
droite imposée par les politiques aux militaires, la place de la
bataille dans l'opinion, la *noria* qui a conduit sur ce front l'une
après l'autre toutes les armées françaises en sorte qu'aucune
autre bataille de la guerre n'a été vécue par autant de poilus,
confèrent à cet événement une importance décisive. La sélec-
tion du fait, sa construction, les aspects qu'on en dégage, l'importance qu'on lui accorde dépendent de l'intrigue choisie.
L'événement, dit P. Ricœur, est une variable de l'intrigue.

La mise en intrigue configure donc l'œuvre historique, et
elle décide même de son organisation interne. Les éléments
retenus sont intégrés en un scénario, à travers une série d'épisodes ou de séquences soigneusement agencés. L'agencement
chronologique est le plus simple, mais il n'a rien de nécessaire. Il peut se complexifier par le recours au *flashback* ou
jouer sur la pluralité des temps et procéder à une investigation
successive de divers domaines qu'il réunit, ou encore procéder
par un panoramique qui saisit successivement les divers
acteurs et les diverses scènes. Une histoire de la guerre de 1914
peut fort bien, par exemple, traiter successivement les armées
et l'arrière, peser les forces en présence, les conceptions stratégiques, le moral des poilus, puis s'intéresser à l'économie
de guerre, au ravitaillement, aux familles, à la culture de guerre.
A un moment ou un autre elle devra nouer la gerbe et montrer
la convergence ou les conflits entre ces divers éléments et les
raccorder aux péripéties de la politique intérieure, de la diplo-
matie et du sort des batailles. Cela n'en reste pas moins un scénario, une intrigue parmi d'autres possibles.

L'intrigue et l'explication narrative

Dans la définition de l'œuvre historique comme intrigue, la configuration entraîne l'explication. Nous devons ici distinguer récits et tableaux.

Dans le cas des récits, il est clair que l'histoire est une intrigue au sens littéraire du terme : celui des romans, des pièces de théâtre et des films. On peut suivre ici P. Veyne qui, emporté par le refus du scientisme quantitatif, soutient que toute histoire est récit événementiel.

Paul Veyne : L'histoire est un récit d'événements vrais

L'histoire est récit d'événements : tout le reste en découle. Puisqu'elle est d'emblée un récit, elle ne fait pas revivre, non plus que le roman ; le vécu tel qu'il ressort des mains de l'historien n'est pas celui des acteurs ; c'est une narration, ce qui permet d'éliminer certains faux problèmes. Comme le roman, l'histoire trie, simplifie, organise, fait tenir un siècle en une page et cette synthèse du récit est non moins spontanée que celle de notre mémoire quand nous évoquons les dernières années que nous avons vécues [...]

Un événement se détache sur fond d'uniformité ; c'est une différence, une chose que nous ne pouvions connaître a priori : l'histoire est fille de mémoire. Les hommes naissent, mangent et meurent, mais seule l'histoire peut nous apprendre leurs guerres et leurs empires ; ils sont cruels et quotidiens, ni tout à fait bons, ni tout à fait méchants, mais l'histoire nous dira si, à une époque donnée, ils préféraient le profit indéfini à la retraite après fortune faite et comment ils percevaient et classaient les couleurs. [...] L'histoire est anecdotique, elle intéresse en racontant, comme le roman. Seulement elle se distingue du roman sur un point essentiel. Supposons qu'on me raconte une émeute et que je sache qu'on entend par là me raconter de l'histoire et que cette émeute est vraiment arrivée ; je la viserai comme étant arrivée à un moment déterminé, chez un certain peuple ; je prendrai pour héros cette antique nation qui m'était inconnue une minute plus tôt

> *et elle deviendra pour moi le centre du récit ou plutôt son*
> *support indispensable. Ainsi fait aussi tout lecteur de*
> *roman. Seulement, ici, le roman est vrai, ce qui le dis-*
> *pense d'être captivant : l'histoire de l'émeute peut se per-*
> *mettre d'être ennuyeuse sans être dévalorisée.*
>
> Comment on écrit l'histoire, *p. 14-15 et 22.*

L'histoire raconte, et c'est en racontant qu'elle explique.
Reprenons l'exemple de l'accident de circulation et du
témoin qui accueille le policier de service en lui disant :
« Je vais vous expliquer... » Que fait-on dans la vie quotidienne, quand on veut « expliquer » ? On raconte. Dire d'un
récit qu'il est explicatif, c'est pléonasme. On peut dissocier
le récit de l'appareil documentaire sur lequel il se fonde et
des preuves qu'il avance, mais on ne peut en isoler le lien
explicatif qu'il établit entre les événements et qui le constitue précisément en récit, différent d'une liste de faits, fût-
elle dans un ordre chronologique. Raconter, c'est expliquer.
« Expliquer pourquoi quelque chose est arrivé et décrire ce
qui est arrivé coïncident. Un récit qui échoue à expliquer
est moins qu'un récit ; un récit qui explique est un récit pur
et simple [16]. » C'est d'ailleurs ce que m'ont enseigné mes
maîtres : Guy-P. Palmade, qui a préparé à l'agrégation des
générations de normaliens, n'acceptait pas qu'ils disjoi-
gnent l'exposé des faits et leur explication ; en histoire,
disait-il, l'explication doit naître de l'exposé même des
faits.
Si l'explication colle au récit, c'est parce qu'elle est dans
les faits eux-mêmes. Ils se présentent avec leur explication.
P. Veyne le dit fort bien : les faits ont des liaisons objectives.
« Les faits ont une organisation naturelle, que l'historien
trouve toute faite, une fois qu'il a choisi son sujet, et qui est
inchangeable : l'effort du travail historique consiste justement à *retrouver* cette organisation [17]. »
Cette explication narrative ne dépasse guère le bon sens :
comme le dit plaisamment P. Veyne :

16. P. Ricœur, *ibid.*, p. 264.
17. P. Veyne, *Comment on écrit l'histoire*, p. 45.

le roi fit la guerre et fut vaincu ; ce sont, en effet, des choses qui arrivent ; poussons l'explication plus loin : par amour de la gloire, ce qui est bien naturel, le roi fit la guerre et fut vaincu à cause de son infériorité numérique, car, sauf exception, il est normal que les petits bataillons reculent devant les gros. L'histoire ne dépasse jamais ce niveau d'explication très simple ; elle demeure fondamentalement un récit et ce qu'on nomme explication n'est guère que la manière qu'a le récit de s'organiser en une intrigue compréhensible [18].

On retrouve ici ce que nous avions dit plus haut sur la continuité entre les schémas explicatifs utilisés dans la vie quotidienne et ceux de l'histoire, ou sur le raisonnement naturel. Entre le récit des actions que nous vivons et celui de l'histoire, la continuité est évidente. Du point de vue linguistique, par exemple, l'un et l'autre se signalent par l'importance qu'y tiennent les verbes de projet et d'action.

Cependant, la narration se distingue du récit contemporain de l'action par trois traits. D'abord, le narrateur n'est ni l'acteur ni le spectateur immédiat de l'action ; il vient après coup et connaît le dénouement. Il ne décrit pas l'action comme le chroniqueur radiophonique une rencontre sportive ; il la narre, parce qu'il en est séparé par un intervalle de temps inscrit dans la trame même de ses énoncés. Soit, par exemple, la phrase narrative : « En 1717 naquit l'auteur du *Neveu de Rameau* [19]. » Trois positions temporelles sont impliquées dans cet énoncé. Il y a d'abord la date de 1717, mais on ne sait pas encore que l'enfant qui vient de naître écrira un jour un livre. En disant « l'auteur du… » le narrateur atteste sa connaissance de l'histoire ultérieure et vise une deuxième position temporelle. Mais, pour savoir que *Le Neveu de Rameau* est un livre important, dont la date de naissance de l'auteur mérite d'être notée, il faut venir bien après la publication : troisième position temporelle. La temporalité des énoncés narratifs les sépare clairement des descriptions d'actions.

Deuxième trait : la narration implique la connaissance préalable du déroulement et du dénouement de l'intrigue ;

18. *Ibid.*, p. 111.
19. L'exemple est emprunté à A. Danto, *Analytical Philosophy of History*, p. 18.

elle ne les découvre pas au fur et à mesure. Du coup, elle est attentive aux écarts entre les projets et les résultats (explication par les causes et les intentions), ou entre la situation observée et celle que les régularités laissent attendre (forces et limites des structures) : ce qui arrive est ou n'est pas ce qui avait été prévu, ou ce qui était prévisible. Pour P. Veyne, l'histoire est connaissance du « spécifique », c'est-à-dire non pas de ce qui n'arrive qu'une fois, de l'événement ou de l'individu dans leur unicité, mais de ce qui les rend intelligibles et qui leur donne sens et intérêt pour l'historien. Dans leur répétition même, les crises frumentaires de l'Ancien Régime sont significatives. D'autres parleront de l'histoire comme connaissance des différences. Mais P. Veyne a raison de le noter, il n'est guère d'expression plus caractéristique de l'attitude de l'historien que de dire : « C'est intéressant. »

Il en résulte un troisième trait : la description narrative est construite comme une argumentation. Parce que, à la différence de l'acteur, le narrateur connaît les péripéties et le dénouement, parce qu'il accorde une grande attention aux effets que les sociologues appellent « pervers », c'est-à-dire aux effets qui n'ont été ni voulus, ni même prévus par les acteurs – et l'histoire en est pleine... –, il conduit son récit d'un pas irrégulier, comme le guide qui fait visiter une ville à des touristes. Ici il passe rapidement, et résume en une page un siècle ou une année – tout dépend de l'échelle retenue – parce qu'il ne se passe rien d'intéressant : tout se déroule comme prévu... Tantôt, au contraire, il entre dans des détails : c'est que l'événement apparaît déroutant et appelle des explications, ou encore parce qu'un historien qui l'a précédé a donné de l'épisode une interprétation qu'il rejette. La narration comporte des ellipses et au contraire des arrêts sur image avec gros plans.

Le récit est ainsi constitué d'unités qui n'ont ni le même rythme ni la même échelle ; il articule des constats de régularités et des séquences événementielles, des éléments de preuve de toute nature au service d'une argumentation. Le narrateur interrompt le fil du récit pour donner des explications ; il peut alors signaler sur quelles régularités il s'appuie, récapituler les causes et les conditions qu'il vient d'analyser, pour les hiérarchiser, se livrer à une comparaison diachronique et évoquer le droit chinois pour éclairer un aspect du droit romain. En tant qu'argumentation, la narration fait flèche de tout bois, pour peu qu'il l'aide à atteindre sa cible.

Il faut ici distinguer l'argument et sa preuve. L'explication historique implique des preuves. Mais celles-ci ne se confondent pas avec les arguments qu'elles étaient. Certains avocats le font bien voir, qui préparent leurs plaidoiries en ouvrant une chemise par argument, et en plaçant à l'intérieur de ces chemises les éléments, articles de lois, dépositions de témoins, faits matériels avérés, qu'ils invoqueront à l'appui de leur argument. La distinction est importante : elle implique que la nature de la preuve ne détermine pas logiquement celle de l'explication historique. La quantification et la statistique, par exemple, constituent un dispositif de preuve plus vigoureux, mais qui ne modifie pas la nature, historique, de l'argumentation.

L'explication narrative et les tableaux

Ce qui vient d'être dit de l'intrigue vaut pour les récits. Peut-on l'étendre aux tableaux ? Peut-on parler d'intrigue dès lors qu'en fonction d'une question l'auteur délimite un champ d'investigation, organise ses centres d'intérêt et explique comment les choses qu'il étudie « tiennent ensemble » ?

Pour montrer que toute histoire comporte une dimension narrative, P. Ricœur prend l'exemple de la *Méditerranée* « presque » immobile de Braudel. En réalité, elle n'est pas hors du temps et elle se transforme, insensiblement mais sûrement. Cet espace est traversé d'affrontements et de changements. En fait, le livre présente trois intrigues emboîtées dans une grande. Il n'y a pas une intrigue politique dans la troisième partie, une quasi-intrigue de la conjoncture dans la deuxième, et un tableau statique dans la première. D'une part, la mer intérieure, parcourue par des navires aux techniques éprouvées, avec ses ports vers lesquels montent les caravanes et les convois, c'est un espace travaillé, quadrillé, investi par des hommes, un espace vivant en quelque sorte, où il ne cesse de « se passer » des choses, et qui appelle comme tel une narration. D'autre part, les trois niveaux du livre composent, dans leur imbrication, la grande intrigue du déclin de la Méditerranée comme théâtre privilégié de l'histoire mondiale. C'est elle le héros de l'histoire. La fin de l'intrigue est celle de l'affrontement des deux grands empires qui se partageaient cet espace, l'ottoman et l'espagnol, et le basculement des centres de gravité économiques et politiques vers l'Atlantique et l'Europe du Nord. On ne comprendrait rien au dénouement, si l'on n'intégrait pas les trois parties du livre entre elles et à l'intérieur de cette grande intrigue.

La conclusion épistémologique est alors fondée ; comme l'objet construit par l'historien est dynamique, il y a une intrigue y compris chronologique au sein même de la description d'une structure. Toute histoire est narrative, parce qu'elle inclut toujours du changement.

Cet argument laisse pourtant hors de l'intrigue ce qui caractérise le tableau comme tel : son côté synchronique, ce que nous avons désigné par le terme *Zusammenhang*. Au risque d'affaiblir la notion de narrativité et de la réduire aux temporalités multiples qu'elle inclut dans ses énoncés mêmes (« En 1717 naquit l'auteur du *Neveu de Rameau* »), on peut parler de narrativité dans l'explication des structures : décrire une cohérence ou analyser une structure suppose une intrigue. Au cinéma, il n'y a pas que les films à se construire autour d'une intrigue : les documentaires aussi.

Deux arguments militent en ce sens. Le premier est la commune appartenance de l'explication diachronique et de l'explication synchronique au même espace du raisonnement naturel. Pour faire comprendre l'explication causale nous avions pris l'exemple de l'accident de la circulation. Comme exemple d'une explication de structure concrète, dans son contexte, je prendrai celui d'une famille un peu nombreuse que l'on « explique » à l'ami qui vient y passer plusieurs jours. Pour lui faire comprendre « qui est qui », on lui décrit les oncles, les neveux, les alliés, les structures de parenté ou d'alliance, et les caractères multiples de chacun : métier, bonheurs et malheurs, etc. L'objectif est de lui permettre de « se retrouver » dans ce réseau familial.

Une description de ce type met en œuvre les mêmes choix que celle d'un récit. Les questions posées sont certes différentes, mais on retrouve le même découpage, ici territorial ou sectoriel plus que chronologique, le même choix de personnages – au sens large – et de niveaux d'analyse. Dans la

présentation d'une famille, on néglige généralement les
parents que l'ami ne verra pas, ou avec lesquels on n'a plus
de rapports, la tante qui s'est brouillée avec tout le monde
par exemple ; mais il est possible aussi qu'on en parle pour
mieux faire ressortir les liens maintenus avec les cousins. De
même, on serait choqué d'un documentaire géographique
qui suivrait l'ordre alphabétique des localités concernées : on
exige un fil directeur plus intelligent, qui dégage un sens,
permette de hiérarchiser les séquences retenues, et de structurer leur montage. Bref, une intrigue.

Le second argument consiste à prolonger l'analyse de
P. Ricœur en dégageant la dimension narrative à l'œuvre
dans tout tableau en tant que tableau. Comme le récit, le
tableau est toujours délimité et structuré par des questions,
et, parmi ces questions, figure toujours celle du changement
dans le temps. On le voit bien dans la vie courante. Quand
un grand-père « explique » à ses petits-enfants comment était
son village avant la guerre, il leur dit tout ce qui a changé
depuis : son tableau est construit à partir de la différence
entre hier et aujourd'hui. L'historien n'est guère différent du
grand-père. Lisez *Le Village immobile* [20] : le livre ne définit
pas un lieu dont il ferait l'inventaire ; il pose la question de la
permanence des structures sociales, culturelles et religieuses,
qui rendent ce village du XVIIIe siècle si différent de celui qui
porte le même nom aujourd'hui. L'historien peut choisir
d'autres points de comparaison, historiquement datés, que la
référence implicite au présent. Un tableau de la France à la
veille de la Révolution est commandé par la Révolution,
même s'il n'en parle pas, parce qu'il poursuit la double question de ses causes et des changements qu'elle va provoquer.
Mais, sans point de comparaison diachronique, l'analyse
synchronique est impossible : la spécificité de la réalité, ce
qui la rend intéressante à étudier s'évanouit. Il n'y a pas de
tableau historique possible sans temporalité : l'intrigue minimale du tableau est le passage du passé au présent.

20. Gérard Bouchard, *Le Village immobile, Sennely en Sologne au
XVIIIe siècle*, Paris, Plon, 1971.

L'intrigue comme synthèse

La synthèse discursive

Au point où nous en sommes, l'opposition entre événement et structure s'est déplacée. L'événement et la structure ne sont plus associés à deux ordres de phénomènes, le politique d'une part, l'économique et le social de l'autre, qui commanderaient chacun un mode d'exposé. C'est le contraire : est événement tout ce qui arrive, tout ce qui change, dans quelque ordre de réalité que ce soit. L'événement est construit par le récit en réponse à la question : « Que s'est-il passé ? » La structure est construite par le tableau en réponse à la question : « Comment les choses étaient-elles ? » Il en résulte que le même donné factuel peut être reconstruit par l'historien comme événement ou comme élément d'une structure suivant le type d'intrigue choisi : on l'a bien vu avec la bataille de Bouvines.

Que la recherche des successions diachroniques ou des cohérences synchroniques prédomine, ou que récits et tableaux s'entremêlent, l'histoire est configurée, c'est-à-dire à la fois définie, modelée et structurée, par une intrigue qui comporte une dimension temporelle irréductible. En dernière instance, le récit prend donc le pas sur le tableau, ou, si l'on préfère, l'événement (au sens de ce qui change et dont on fait le récit) sur la structure. Ou, pour le dire autrement, la structure, telle que les historiens l'appréhendent, est toujours précaire, provisoire. Elle est comme minée de l'intérieur par l'événement. L'événement est au cœur de la structure, comme le levain dans la pâte ou le ver dans la pomme – je laisse chacun choisir sa métaphore suivant qu'il est optimiste ou pessimiste.

Nous tenons là une réponse à l'une des questions posées au début de ce chapitre : celle de la différence entre l'histoire et des disciplines comme la sociologie ou l'anthropologie, qui pratiquent comme elle le raisonnement naturel. On dit souvent que le propre de l'histoire est de poser la question diachronique, de se demander d'où viennent les réalités qu'elle étudie. C'est vrai, mais insuffisant. Il ne faudrait pas associer l'histoire au récit, et la sociologie au tableau. L'historien aussi doit construire des tableaux, mais ce ne sont pas les mêmes que le sociologue, car il lui est impossible de pen-

ser une structure, si robuste soit-elle, sans s'interroger sur ce
qui va la faire changer, la transformer à plus ou moins
longue échéance. La stabilité même d'une structure pose des
questions : elle est suspecte à l'historien, qui cherche quelles
forces, quels acteurs sont déjà à l'œuvre, parfois à leur insu,
au sein même de la structure, pour la modifier. L'événement
est partout dans l'histoire, aux aguets, sinon à l'œuvre.

Cette analyse conduit à une seconde conclusion. L'intrigue
comme configuration permet de comprendre comment s'arti-
culent dans l'œuvre historique achevée les différents niveaux
d'explication. Nous avons utilisé jusqu'ici plusieurs notions :
explication narrative, explication par les causes et les intentions, explication par les régularités et les cohérences, argumentation, configuration. Comment se combinent-elles ?

La réponse se situe à deux niveaux. A un premier niveau,
elle est dans la structure même du texte écrit par l'historien.
Raconter, c'est expliquer, et raconter mieux, expliquer davantage. Cette explication narrative inclut très généralement
l'explication par les causes et les intentions. L'historien n'interrompt pas son récit ou son tableau pour dire des causes,
des conditions, des intentions, des régularités, des corrélations ; il les incorpore à son récit même. A la veille de la
guerre, il décrit les forces des belligérants, ce qui le dispense
ensuite de poser explicitement la question de savoir si c'est
bien le plus faible qui a perdu. La souplesse du récit lui permet précisément de faire intervenir, au moment opportun, les
forces profondes, les mobiles, les causes. L'enchaînement du
texte exprime les imbrications réelles des causes, des conditions, des raisons et des régularités.

Il en va de même pour l'argumentation. Elle est incorporée
au récit ou au tableau. Généralement, elle en commande le
plan, et c'est pourquoi il n'est pas injuste de juger les livres
d'histoire à leur plan. L'argumentation n'est pas une explication, mais le développement analytique, point par point, des
raisons qui justifient l'explication.

Cependant, le texte de l'historien ne peut conserver entièrement cette sorte de fluidité, d'évidence, cette apparence de
naturel que permet l'intégration de l'explication et de son
argumentation au récit ou à la description. Le texte bute
régulièrement sur des imprévus : des événements (de toute
nature) qui surprennent, des interprétations nouvelles, qui

contredisent celles avancées auparavant par d'autres historiens, une explication plus difficile à faire comprendre. Le
texte interrompt alors son cours pour une discussion, puis il
le reprend. C'est dire que l'histoire n'est pas narrative dans
sa totalité. Elle inclut des séquences qui ne le sont pas.

L'intrigue comme configuration assure la cohérence de cet
ensemble. Elle le peut, car tous les éléments du texte relèvent
du raisonnement naturel, quelles que soient les preuves à l'appui des arguments. L'intrigue assure ainsi ce que P. Ricœur
appelle une « synthèse de l'hétérogène ». Elle « comprend »,
écrit-il, dans une totalité intelligible, des circonstances, des
buts, des interactions, des résultats non voulus. Pourtant l'intrigue reste une seule et même intrigue. Elle est le cadre qui
assigne leur place aux éléments divers dont le texte historique
est tissé.

A un second niveau, l'intrigue, comme configuration générale du texte de l'historien, fournit par elle-même une explication. Au sens large qui vient d'être exposé, elle est
beaucoup plus que la trame de l'histoire, ce que H. White
appelle « la ligne », le fil de l'histoire [21]. Elle définit le type
d'histoire que l'historien construit.

Il ne faut pas croire, en effet, qu'à une même question,
posée dans un cadre factuel défini et structuré de façon apparemment analogue, deux historiens apportent exactement la
même réponse. Chacun construit son intrigue et produit une
histoire originale. D'où l'intérêt de considérer plus attentivement sur quoi reposent les intrigues. Comment l'historien
élabore-t-il son intrigue ?

Les présupposés de l'intrigue

Si nous considérons une œuvre historique achevée, nous
voyons bien qu'elle a une personnalité, une originalité qui la
distingue des autres. Il est tout aussi impossible de confondre
Guizot et Michelet que James Hadley Chase et Agatha
Christie. Et, pour l'histoire comme pour les romans poli-
ciers, ce n'est pas seulement une question de style, mais de
conception même, ou plus exactement d'intrigue.

21. *Story-line.*

Cette constatation oblige à s'interroger sur les présupposés de l'intrigue, sur ce à partir de quoi l'historien façonne son intrigue. H. White s'y est attaché à partir de l'étude de quatre grands historiens et de quatre philosophes du siècle dernier[22]. Son formalisme est trop systématique pour être pleinement convaincant, mais sa réflexion ouvre des perspectives éclairantes pour l'épistémologie de l'histoire.

Pour formaliser les différences entre les types d'histoire qu'écrivent les historiens, H. White cherche à identifier des *styles* historiques. Une première mise en forme s'opère avec le passage de la chronologie à l'histoire, au sens de découpage chronologique, qui pose certains événements comme origine et d'autres comme terme. Mais l'histoire véritable suppose une explication. Pour H. White, l'histoire combine en fait trois modes d'explication : par l'intrigue, par l'argumentation et par l'implication idéologique. Leur combinaison définit des styles historiques.

A un premier niveau, H. White distingue quatre types de mise en intrigue : romanesque, satirique, comique et tragique. Dans le type romanesque, l'histoire est celle d'un héros qui finit par triompher et faire triompher le bien sur le mal. Le type comique caractérise des histoires qui se terminent bien ; leur dénouement heureux réconcilie l'homme avec l'homme, avec le monde et avec la société. Dans le type tragique, il n'y a ni victoire d'un héros, ni réconciliation générale. Cela ne veut pas dire que le climat du récit soit nécessairement sombre : tragique est pris ici dans son sens littéraire, où le dénouement de l'histoire est annoncé dès le principe et où l'histoire se donne pour but de révéler la nature des forces en conflit. En ce sens, on voit bien comment Tocqueville peut incarner le type tragique, alors que Michelet sert d'exemple pour le type romanesque. Le type satirique montre l'homme captif de l'univers et non son maître ; le lecteur est frustré, car l'histoire et l'explication restent en suspens.

A un second niveau, H. White distingue quatre types d'argumentation formelle, de modèle explicatif général en

---

22. Hayden White, *Metahistory*. Les auteurs retenus sont Ranke, Michelet, Tocqueville, Burckhardt d'une part, Hegel, Marx, Nietzsche et Croce de l'autre.

quelque sorte : formiste, organiciste, mécaniste et contextualiste. L'argumentation formiste insiste sur le caractère unique
des différents acteurs et ce qui les différencie ; elle privilégie
la couleur, le caractère vivant et divers du champ historique.
Michelet, comme l'histoire romantique en général, relève de
ce type d'argumentation. L'argumentation organiciste est plus
synthétique et intégratrice ; elle voit les individus s'agréger
pour former des ensembles ; l'histoire devient la consolidation
ou la cristallisation d'un ensemble préalablement dispersé ;
elle est orientée ainsi vers un but. L'argumentation mécaniste
est plus réductrice : les faits manifestent des mécanismes, ils
obéissent à des causes, voire des lois ; les données mettent en
évidence ces régularités. Marx incarne typiquement ce type
d'argumentation, mais H. White la décèle également chez
Tocqueville, où les mécanismes sont de nature différente et
tiennent plutôt aux principes mêmes des institutions. L'argumentation contextualiste, enfin, cherche à mettre en relation
chaque élément avec tous les autres et à montrer leur interdépendance ; elle est attentive à l'esprit d'une époque.

Au troisième niveau, il faut prendre en compte les types
d'implication idéologique, c'est-à-dire les attitudes générales
des historiens envers la société. H. White les désigne par
quatre termes qu'il ne prend pas dans un sens directement
politique : anarchisme, conservatisme, libéralisme, radica-
lisme (au sens anglo-saxon). Les libéraux pensent l'ajuste-
ment des individus à la société au sein d'une relation
structurelle stable par le relais d'institutions ; ils sont tournés
vers le futur, mais reportent l'utopie à un horizon très lointain pour ne pas avoir à la réaliser maintenant. Tocqueville
est évidemment ici la figure du libéralisme. Les conservateurs pensent l'évolution suivant l'analogie du monde naturel ; ils sont davantage tournés vers le passé et se centrent sur
l'élaboration progressive de la société présente. Les radicaux
et les anarchistes sont plus enclins à accepter ou à vouloir
des changements cataclysmiques, mais les premiers pensent
la réalisation de l'utopie imminente, alors que les seconds la
voient dans un passé lointain, bien qu'elle puisse se réaliser
de nouveau n'importe quand. Michelet serait en ce sens pour
H. White un anarchiste, non qu'il rêve d'un désordre révolutionnaire, mais parce qu'aucune société à venir n'est susceptible de réaliser son idéal.

Le style historique résulte de la combinaison des types d'intrigue, d'argumentation et d'implication idéologique. Passons sur le formalisme de ces quadripartitions croisées : on pourrait affiner ou au contraire simplifier l'analyse, car la distinction de ces types n'est pas d'ordre logique mais factuel : H. White met en forme les différences qu'il observe empiriquement dans les œuvres. Au demeurant, il n'établit aucune correspondance nécessaire entre les trois typologies : un type d'intrigue n'est pas associé nécessairement à un type d'argumentation ; les combinaisons restent souples, et les types constituent plutôt des tendances ; ils n'existent pas à l'état pur. H. White note aussi que, dans la profession, les modes d'argumentation formiste et contextualiste passent généralement pour plus légitimes que les autres, car moins entachés de philosophie de l'histoire. Ce qui replace dans une tradition le modelage de l'œuvre historique et renvoie à la pratique à la fois scientifique et sociale des historiens. Mais la pointe de la réflexion est ailleurs : elle montre qu'avant même d'avoir défini son intrigue, l'historien a déjà choisi une sorte de stratégie interprétative, et que c'est en fonction de celle-ci qu'il construit son intrigue.

Hayden White : La préfiguration préalable

Avant que l'historien ne puisse apporter, pour l'appliquer aux données du champ historique, l'appareil conceptuel qu'il utilisera pour représenter et expliquer celui-ci, il doit d'abord préfigurer le champ – c'est-à-dire le constituer en objet de perception mentale. Cet acte poétique ne peut être distingué de l'acte linguistique par lequel le champ est rendu prêt pour l'interprétation comme un domaine d'un type particulier. Ce qui veut dire qu'avant qu'un domaine donné puisse être interprété, il doit d'abord être construit comme un territoire habité par des figures identifiables. Ces figures, à leur tour, doivent être conçues de telle sorte qu'elles puissent être classées comme des ordres, des classes, des genres et des espèces de phénomènes [...]
En bref, le problème de l'historien est de construire un protocole linguistique complet, avec ses dimensions lexicale, grammaticale, syntaxique et sémantique, qui carac-

> *térise le champ et ses éléments* dans ses propres termes
> *(plutôt que dans les termes sous lesquels ils sont étiquetés
> dans les documents eux-mêmes) et ainsi de les préparer
> pour l'explication et la représentation qu'il en proposera
> par la suite dans son récit* (narrative). *Ce protocole lin-
> guistique préconceptuel sera à son tour caractérisable,
> en vertu de sa nature essentiellement* préfigurative, *en
> fonction du mode tropologique dominant dans lequel
> il est interprété [...] Afin de se figurer « ce qui est* réelle-
> ment *arrivé » dans le passé, l'historien doit ainsi commen-
> cer par préfigurer comme un objet possible de connaissance
> l'ensemble des événements rapportés par les documents.
> Cet acte de préfiguration est* poétique *dans la mesure
> même où il est précognitif et précritique dans l'économie
> de la conscience propre de l'historien [...] Par l'acte
> poétique qui précède l'analyse formelle du champ, l'his-
> torien tout à la fois crée son objet d'étude et détermine
> les modalités des stratégies conceptuelles qu'il utilisera
> pour l'expliquer.*
>
> Metahistory, *p. 30.*

Le mérite de cette analyse est de faire apparaître que l'historien met en forme son intrigue à partir de présupposés, de
préalables. Avant même d'avoir découpé son objet et choisi
clairement un mode d'exposé, il le préconstruit par un choix
rarement explicité qui concerne à la fois une vision du
monde (l'implication idéologique), un mode privilégié d'explication et un type d'intrigue. En ce sens, on peut parler
d'une activité *poétique* de l'historien, au sens étymologique
du terme : *créatrice.* Pour pouvoir commencer à écrire, l'historien doit s'être donné un univers dans lequel son histoire
est possible et intelligible.

Ces analyses traitent l'histoire comme un genre littéraire.
Ce qu'elle est aussi, à coup sûr, mais ce qu'elle n'est pas
exclusivement ni entièrement.
A la considérer sous cet angle, on la rapproche du roman,
de la fiction. P. Veyne le dit explicitement : l'histoire est un
roman. Mais il ajoute : un roman vrai. Et c'est là tout le problème. Que devient le rapport à la réalité et à la vérité de

l'histoire, si elle est pure mise en intrigue ? L'affaiblissement
de la prétention de l'histoire à dire le vrai, à la véridicité,
devient inéluctable, si l'on en reste à cette analyse. La
conclusion nécessaire à laquelle elle conduit est qu'il n'y a
pas de vérité définitive en histoire, parce qu'il n'y a pas
d'histoire définitive : « Il n'y a que des histoires partielles [23]. » Toute vérité est relative à une intrigue.

Le fait que l'argumentation de l'intrigue repose sur des
preuves, que l'histoire met en œuvre de multiples dispositifs
de démonstration, ne suffit pas à surmonter cette difficulté :
les vérités restent partielles. Ce qui implique qu'elles ne
puissent se cumuler. L'historien serait donc obligé de renoncer au rêve qu'il caresse toujours, quoi qu'il en dise, d'un
savoir approximativement cumulatif, comme les géographes
attendent que les cartes des diverses régions, ramenées à la
même échelle, puissent être recollées afin de constituer une
carte plus générale.

Il y a là un problème épistémologique majeur, sur lequel
nous reviendrons. Mais peut-être trouverons-nous, dans
l'écriture même de l'histoire, ce qui l'enracine dans le réel et
dans le vrai.

23. P. Veyne, *Comment on écrit l'histoire*, p. 41.

12

L'histoire s'écrit

La différence entre un texte historique et un texte journalistique n'est pas de l'ordre de l'intrigue. En revanche, il suffit d'ouvrir le livre pour être fixé. L'histoire savante se signale, en effet, par des signes extérieurs beaucoup plus évidents, et notamment la présence d'un apparat critique, de notes en bas de page.

La référence infrapaginale est essentielle à l'histoire : elle est le signe tangible de l'argumentation. La preuve n'est recevable que si elle est vérifiable. La vérité en histoire, avons-nous dit, c'est ce qui est prouvé. Mais ce qui est prouvé, c'est ce qui peut être vérifié. Le texte historique avance bardé de références parce qu'il ne recourt pas à l'argument d'autorité. L'historien ne demande pas qu'on lui accorde une confiance inconditionnelle : il lui suffit qu'on ait accepté de le suivre dans l'intrigue qu'il a construite.

Les « marques d'historicité [1] » remplissent, dans le texte historique, une fonction spécifique : elles renvoient le lecteur hors du texte, vers les documents présents, visibles ici ou là, qui ont permis de reconstruire le passé. Elles constituent un programme de contrôle.

Krzysztof Pomian : La narration historique

Une narration se donne donc pour historique lorsqu'elle comporte des marques d'historicité qui certifient l'intention de l'auteur de laisser le lecteur en quitter le texte et qui programment les opérations censées permettre soit d'en vérifier les allégations, soit de reproduire les actes cognitifs dont ses affirmations se prétendent l'aboutisse-

---

1. K. Pomian, « Histoire et fiction ».

> ment. *En bref : une narration se donne pour historique quand elle affiche son intention de se soumettre à un contrôle de son adéquation à la réalité extratextuelle passée dont elle traite. Mais, pour qu'une narration soit historique, il faut que cette intention ne soit pas vide ; cela veut dire que les opérations de contrôle qu'elle programme doivent pouvoir être effectivement exécutées par le lecteur compétent, à moins que l'impossibilité de les exécuter résulte des événements survenus après que cette narration a été rédigée (destruction des archives par exemple, perte, vol ou autres accidents de même nature).*
>
> « Histoire et fiction », p. 121.

D'où la difficulté à sacrifier les notes, comme beaucoup d'éditeurs de collections d'histoire l'imposent pour ne pas décourager leurs clients : l'ouvrage historique qu'on offre pour le Nouvel An, abondamment illustré, mais dépouillé de son apparat critique, est-il encore de l'histoire ? Pour que la réponse soit positive, il faut qu'on puisse toujours supposer l'existence, quelque part, dans le manuscrit de l'auteur, ou dans ses notes, d'un ensemble de références ; il faut, en quelque sorte, que l'apparat critique conserve une existence au moins virtuelle. On le sent, à la lecture, quand l'historien donne des exemples précis à l'appui de ses dires ou discute une source.

L'apparat critique est cependant moins discriminant qu'il ne semblait au premier abord. Son absence ou sa présence – et son ampleur – dépendent davantage des destinataires de l'ouvrage que de son auteur. Elles correspondent à deux marchés de l'édition, plus qu'elles ne différencient les professionnels et les amateurs. Mais une étude plus poussée n'a guère de peine à dégager, entre le texte d'histoire et les autres, des différences à la fois plus fines et plus profondes[2].

---

2. La première partie de ce chapitre doit beaucoup aux analyses de Michel de Certeau, *L'Écriture de l'histoire*.

Les caractères du texte historique

Un texte saturé

Le texte de l'historien apparaît d'abord comme un texte plein. C'est la conséquence de sa construction même, de sa mise en intrigue. Il a sa cohérence propre, sa structure, qui constitue à elle seule une argumentation et indique quelles thèses il tend à démontrer. Le plan d'un livre d'histoire est à la fois le canevas d'une narration et celui d'une argumentation : c'est l'essentiel, et en un certain sens on peut dire que le texte même se contente d'apporter des preuves et d'habiller ce squelette. Aussi l'usage de commencer la lecture par la table des matières est-il à juste titre enseigné aux étudiants.

Ce trait n'est pas propre à l'histoire. En revanche, le texte de l'historien apparaît bourré de faits, de précisions : il rend raison de tout. C'est un texte plein, saturé, qui ne présente pas de trous, pas de lacunes. Non qu'elles n'existent pas : elles sont inévitables, mais ou bien elles sont imperceptibles, concernant des détails infimes, ou bien l'historien les masque, ou bien il les assume. Il a deux façons de le faire : argumenter leur peu d'importance pour son propos, ou les signaler comme lacunes à combler par des recherches ultérieures en déplorant de n'avoir pu le faire déjà, faute de sources ou de temps. Les exemples sont nombreux de ces remords d'historiens : ils font partie des lieux communs les plus éprouvés de la profession, et fleurissent notamment à la conclusion des exposés de soutenance comme à la fin des préfaces...

La clôture de l'exposé historique sur lui-même, la fermeture du texte plein, s'oppose à l'ouverture de la recherche, dont la référence rappelle la présence, la nécessité et la vigilance envers ses propres manques, à l'intérieur même du texte achevé. Le chercheur va de lacune en lacune, toujours insatisfait et sans cesse plus conscient de ses ignorances. Il ne peut fermer un dossier sans en ouvrir plusieurs autres. D'où, d'ailleurs, la difficulté de passer de la recherche à l'écriture, et l'insatisfaction de l'historien devant le livre achevé, car il sait, lui, tous les ponts qu'il a jetés sur des béances mal sondées, alors que son texte se borne au mieux à les signaler : que dirait le lecteur si, à chaque page, il trouvait un aveu d'ignorance ?

La clôture du texte historique est également chronologique : le livre part d'une date et va vers une autre, inexorablement, et quels que soient les méandres ou les retours en arrière que l'historien choisit pour rendre son intrigue plus intéressante. Le livre descend le cours du temps. La recherche était plus sinueuse, remontait le temps et le parcourait en tous sens. Une fois justifiée la chronologie de son sujet, quand il le fait – ce qui devrait être toujours le cas –, l'historien écrit comme si l'origine et le dénouement s'imposaient d'eux-mêmes. La recherche les tient toujours pour problématiques, et le chercheur sait que d'autres repères étaient possibles, qu'il a écartés.

Enfin, la clôture du texte sur l'intrigue retenue contraste avec l'ouverture de la recherche. Il faut bien traiter un sujet : l'historien sait qu'il s'est livré à un découpage et il argumente pour le justifier. Mais sa recherche lui a montré tous les sujets connexes qui adhéraient à celui qu'il a retenu et qu'il aurait aussi pu, et parfois souhaité, traiter.

C'est dire qu'entre la recherche historique proprement dite et l'ouvrage issu de cette recherche, il existe des différences fortes, bien que le second porte la trace de la première. Passer de la recherche à l'écriture, c'est franchir un Rubicon… C'est indispensable, car que serait la recherche sans livres ? Mais il ne faut pas imaginer une continuité linéaire de la recherche à l'écriture.

Un texte objectivé et autorisé

Le texte d'histoire présente un second trait digne de mention : il met entre parenthèses la personnalité de l'historien. Le *je* est proscrit. Tout au plus apparaît-il parfois dans une préface, quand l'auteur – fût-il Seignobos – explicite ses intentions[3]. Mais, une fois entré dans le vif du sujet, le *je* disparaît.

3. On affirme généralement que l'école méthodique, prétendant formuler un savoir objectif, excluait toute référence à la position subjective de l'historien. Ce n'est pas exact. Même Seignobos éprouve le besoin de prévenir le lecteur de ses « préférences personnelles pour un régime libéral, laïque, démocratique et occidental », dans la préface tout entière écrite à la première personne de son premier grand manuel : *Histoire politique de l'Europe contemporaine. Évolution des partis et des formes politiques 1814-1896*, Paris, Armand Colin, 1897.

Les énoncés que l'historien présente comme des faits (A est B) sont pourtant portés par lui (H dit que A est B), mais il s'efface, ne reparaissant que rarement, soit dans des passages précis (débuts ou fins de chapitres, notes et discussions d'autres historiens), soit sous des formes atténuées : le *nous* qui associe auteur et lecteurs ou renvoie à la corporation historienne, le *on,* plus impersonnel. De même, il évite de s'impliquer dans son texte, de prendre parti, de s'indigner, de s'émouvoir ou d'applaudir. Usages généralement respectés : pour s'en affranchir, il semble qu'il faille avoir accédé à une exceptionnelle légitimité institutionnelle et médiatique[4]. Dans sa substance, l'ouvrage achevé donne à lire uniquement des énoncés objectivés, le discours anonyme de l'Histoire ; il est fait d'énoncés sans énonciation.

C'est qu'il est écrit du point de vue de l'Histoire elle-même (l'emploi d'une majuscule de majesté s'impose ici) et qu'il le revendique ou qu'il le prétend. Plusieurs signes le rappellent dans le texte même. D'abord la fréquence des dédicaces à d'autres historiens qui situent le nouveau livre dans la longue cohorte d'une profession faite, comme l'Humanité selon A. Comte, de plus de morts que de vivants. La modestie, effective ou convenue, de l'historien-artisan veut qu'il ne soit qu'un « compagnon » au travail sur l'immense chantier de l'Histoire.

Second signe : les innombrables renvois à d'autres historiens. L'auteur du nouveau livre ne veut pas seulement signifier par là son appartenance à la profession. Il signale que son texte prend place dans une sorte d'hyper-texte collectif, qu'il vient compléter sur certains points, contredire sur d'autres, renouveler sur d'autres enfin. Le plus souvent il se contente de reprendre à sa façon ce discours collectif, sans vraiment le renouveler, mais il ne manque pas d'en invoquer l'autorité. Le texte de l'historien est plus qu'*un* texte : c'est un élément d'un ensemble qui le dépasse et l'englobe. Le nouveau livre participe du prestige global de la discipline.

Ainsi, avant d'être un livre de Pierre ou Paul, l'ouvrage de l'historien est un livre d'Histoire. Il prétend à l'objectivité et il y parvient au moins jusqu'à un certain point : c'est un savoir qui s'énonce, ou plutôt se déploie. Car il a besoin de

4. Voir sur ce point P. Carrard, *Poetics of the New History*, p. 99.

temps et d'espace pour dérouler son intrigue et son argumentation. Ce n'est plus le point de vue, nécessairement discutable, de Pierre ou Paul, c'est le discours de l'Histoire.

L'historien ne consulte pas son lecteur, même supposé cultivé ; il ne lui demande pas un avis que, par définition, il lui dénie même la possibilité de formuler en raison de son ignorance relative. A peine parfois le prend-il à témoin, pour mieux l'entraîner à sa suite. Il ne se place pas dans un rapport polémique avec lui, opposant son *je* d'auteur au *vous* des lecteurs : ce serait affaiblir son texte.

On voit quelle place l'historien s'attribue : il s'installe, à plus ou moins juste titre, au lieu même du savoir objectif constitué par la profession, et c'est de là qu'il parle. La revendication de cette compétence s'étale d'ailleurs en quatrième de couverture, ou dans les pages de garde, avec les titres officiels de l'auteur à se dire historien, et l'indication des livres qu'il a déjà publiés. Elle est particulièrement significative dans les entreprises de vulgarisation où le risque de confusion oblige à souligner la légitimité des auteurs : ainsi la revue *L'Histoire* comporte-t-elle, pour chaque article, une notice sur l'auteur, quelques notes et une bibliographie sommaire. Pour faire autorité, le discours de l'historien doit être autorisé non seulement par le savoir dont il se dit détenteur mais par l'inscription de ce savoir dans le grand œuvre de la corporation savante. Ce qui fonde un rapport didactique de l'auteur aux lecteurs inclus dans la structure même du texte : celui qui sait explique, que ceux qui ne savent pas s'instruisent ! En d'autres termes, tout historien est peu ou prou un professeur : il traite toujours ses lecteurs, plus ou moins agressivement, comme des élèves.

La référence joue, dans ce dispositif, un double rôle, pour ne pas dire un double jeu. D'une part, elle permet la vérification des dires du texte ; à ce titre, elle est ce par quoi le texte échappe à l'argument d'autorité. La référence signifie : « Ce que je dis, je ne l'ai pas inventé ; allez voir vous-même, vous parviendrez aux mêmes conclusions. » Mais, d'autre part, elle est aussi indice visible de scientificité et exposition du savoir de l'auteur ; à ce titre, elle peut fonctionner comme argument d'autorité. Certains historiens manient même l'appareil critique comme une arme de dissuasion ; il leur sert à intimider le lecteur en lui signifiant l'ampleur de ses ignorances, et par là même à lui inspirer le respect pour un auteur aussi savant. Il arrive aussi que des références superflues servent à prévenir les critiques des collègues, en leur tirant une révérence, ou en manifestant que l'auteur n'ignore rien des débats du moment. Le recours aux références inutiles pourrait bien caractériser les auteurs incertains de leur compétence, ceux qui ont besoin de consolider une position d'autorité mal assise et qu'ils perçoivent pourtant comme indispensable à l'énonciation du texte historique.

Michel de Certeau : Un discours didactique

[...le discours] fonctionne comme discours didactique, et cela d'autant mieux qu'il dissimule le lieu d'où il parle (il efface le je *de l'auteur), qu'il se présente sous la forme d'un langage référentiel (c'est le « réel » qui vous parle), qu'il raconte plus qu'il ne raisonne (on ne discute pas un récit) et qu'il prend ses lecteurs là où ils sont (il parle leur langage, quoique autrement et mieux qu'eux). Sémantiquement saturé (il n'y a pas de trous dans l'intelligibilité), « pressé » (grâce à « un raccourcissement maximum du trajet et de la distance entre les foyers fonctionnels de la narration », Ph. Hamon) et serré (un réseau de cataphores et d'anaphores assure d'incessants renvois du texte à lui-même comme totalité orientée), ce discours ne laisse pas d'échappatoire. La structure interne du discours fait chicane. Elle produit un type de lecteur : un destinataire cité, identifié et enseigné par le fait même d'être placé dans la situation de la chronique devant un savoir.*

L'Écriture de l'histoire, *p. 113.*

Un texte feuilleté

Troisième trait : le texte historique se déploie sur deux niveaux distincts, qu'il entremêle pourtant sans cesse.

Le premier niveau est celui du discours de l'historien : son intrigue et son argumentation. Ce texte est continu, structuré, maîtrisé. Il dit le déroulement et la signification de l'histoire, établit les faits, discute les explications possibles.

Sans cesse, pourtant, ce discours s'interrompt plus ou moins brièvement, pour des références, des citations. Dans le texte historique apparaissent ainsi, épisodiquement, des fragments d'autres textes, empruntés parfois à d'autres historiens, mais plus souvent à des documents d'époque, chroniques ou témoignages. Le texte de l'historien *comprend* ainsi en un double sens, matériel et interprétatif, la parole d'un autre, de plusieurs autres. Mais c'est une parole découpée, démembrée, déconstruite et reconstruite par l'historien qui la réemploie, à la place qu'il a lui-même choisie en fonction des nécessités de son propre discours. Il s'approprie ainsi en toute bonne conscience le discours des témoins et des personnages de son intrigue, et il l'utilise à sa guise.

Michel de Certeau, dont nous suivons l'analyse, montre bien comment l'usage de la citation produit un double effet. D'abord un effet de vérité ; elle sert de certification ou de confirmation : ce que dit l'historien, il ne le tire pas de son propre fonds, ses témoins l'ont dit avant lui. Les citations lui servent de bouclier contre d'éventuelles contestations. Elles remplissent ensuite une fonction de représentation : avec les mots de l'autre s'introduit dans le discours la réalité du temps mis à distance. La citation, dit M. de Certeau, produit un effet de réel.

Garantie de la vérité et de la réalité du dire de l'historien, la citation confirme son autorité et son savoir. En choisissant les fragments qui lui semblent les plus importants, il décide qu'ils sont tels. Il en sait davantage que ses témoins sur la pertinence et la vérité de leurs propos ; il sait mieux qu'eux ce qu'ils disaient d'important, et qui n'est pas toujours ce qu'ils croyaient ou voulaient dire. L'historien ressemble à l'Agrippine de Racine : « J'entendrai des regards que vous croirez muets »… Il décrypte les sous-entendus et les nondits. Bref, il se place au-dessus d'eux, et il les juge. Le savoir de l'autre qu'atteste la citation est un savoir de la vérité de l'autre.

Michel de Certeau : L'histoire comme savoir de l'autre

Se pose comme historiographique le discours qui « comprend » son autre – la chronique, l'archive, le mouvement – c'est-à-dire celui qui s'organise en texte feuilleté dont une moitié, continue, s'appuie sur l'autre, disséminée, et se donne ainsi le pouvoir de dire ce que l'autre signifie sans le savoir. Par les « citations », par les références, par les notes et par tout l'appareil de renvois permanents à un langage premier (que Michelet nommait la « chronique »), il s'établit en savoir de l'autre. Il se construit selon une problématique de procès, ou de citation, à la fois capable de « faire venir » un langage référentiel qui joue là comme réalité, et de le juger au titre d'un savoir. La convocation du matériau obéit d'ailleurs à la juridiction qui, dans la mise en scène historiographique, se prononce sur lui. Aussi la stratification du discours n'a-t-elle par la forme du « dialogue » ou du « collage ». Elle combine au singulier du savoir citant le pluriel des documents cités. Dans ce jeu, la décomposition du matériau (par l'analyse, ou division) a toujours pour condition de possibilité et pour limite l'unicité d'une recomposition textuelle. Le langage cité a ainsi pour rôle d'accréditer le discours : comme référentiel, il y introduit un effet de réel ; et par son effritement, il renvoie discrètement à une place d'autorité. Sous ce biais, la structure dédoublée du discours fonctionne à la manière d'une machinerie qui tire de la citation une vraisemblance du récit et une validation du savoir. Elle produit de la fiabilité.

L'Écriture de l'histoire, *p. 111*.

Mais, comme le fait remarquer J. Rancière [5], les deux récits entremêlés, celui de l'historien et celui des textes qu'il cite, définissent une position de savoir en face d'une double ignorance : « Savoir, face au lecteur ou à l'élève, du chercheur qui a ouvert l'armoire ; savoir, face aux parleurs inexperts, du savant qui a rangé les lettres dans l'armoire pour dire ce qui, dans leur prose, s'exprimait sans qu'ils le sachent. Le jeu du

5. Jacques Rancière, *Les Mots de l'histoire*, p. 108 *sq.*

caché et du visible par lequel la science se manifeste comme telle s'instaure dans l'écart de cette double ignorance. »

Déjà, le simple usage des noms propres signale ce double savoir : alors que le roman doit peu à peu remplir les noms propres des personnages qu'il pose à son commencement, et qui sont des inconnus pour le lecteur, l'histoire reçoit des personnages déjà constitués, chargés de tous les savoirs accumulés par la tradition et l'historiographie. Dire Philippe II, Robespierre, Napoléon ou, maintenant, Martin Guerre, c'est résumer une bibliothèque. Mais c'est aussi proposer de ces personnages une vision synthétique, où la totalité de leur existence est reformulée à partir de leur rôle historique, dans un raccourci dont ils auraient été eux-mêmes totalement incapables.

Pourtant, la citation, même déconstruite et reconstruite, reste la parole d'un autre. Un auteur comme M. de Certeau, inspiré par un courant critique foucaldien, y voyait une menace : cette parole étrangère, et parfois étrange, risquerait de faire irruption dans le discours de l'historien et de parler plus haut, ou autrement, que lui. Ce serait le prix à payer pour les effets de réel et de vérité que l'historien attend de la citation.

> C'est une technique littéraire de procès et de jugement, qui assied le discours dans une position de savoir d'où il peut dire l'autre. Pourtant, quelque chose de différent revient dans ce discours avec la citation de l'autre : elle reste ambivalente ; elle maintient le danger d'une étrangeté qui altère le savoir traducteur ou commentateur. La citation est pour le discours la menace et le suspens d'un lapsus. L'altérité dominée (possédée) par le discours garde, latent, le pouvoir d'être un revenant fantastique, voire un possédant [6].

On peut tout aussi bien voir dans le texte de l'autre une amitié et une complicité. Dans la mesure où l'historien respecte son sujet et n'impose pas une interprétation arbitraire, ce qui est une question de méthode autant que de disposition personnelle, la parole de l'autre n'est pas une menace mais une richesse et la probabilité d'une confirmation [7]. Mais il est

---

6. M. de Certeau, *L'Écriture de l'histoire*, p. 256.
7. J'ai beaucoup cité « mes » anciens combattants. A certains égards (présomption de l'historien !), je pense avoir vu mieux qu'eux ce que leur expérience a été. Mais je l'ai vu avec eux et grâce à eux, au terme d'une longue familiarité avec leurs textes de toute nature. Aussi, devant ces

vrai que ce contrepoint incessant entre la parole d'un autre et celle de l'historien est la traduction, jusque dans l'écriture, de l'impossible dialectique du même et de l'autre que tente l'histoire. On le voit bien quand on passe du point de vue du lecteur devant le texte achevé à celui de l'auteur devant le texte à écrire.

Les problèmes de l'écriture historique

Le pensé et le vécu

Nous venons de reconnaître le double effet de réel et de vérité que l'historien attend de la citation. Son intérêt est d'autant plus grand qu'il est difficile de concilier l'un et l'autre. Le plus souvent, ils entretiennent une tension : celle même d'un texte qui associe le pensé et le vécu.

Le texte de l'historien est de l'ordre de la connaissance : c'est un savoir qui se déploie et qui s'expose. Il cherche à rendre raison de ce qui s'est passé ; il explique, et il argumente. Il recourt à des concepts inégalement élaborés, en tout cas à des notions. C'est un texte relativement abstrait, sinon il perdrait toute prétention à une certaine scientificité. D'autre part, il analyse : il distingue, décompose, décortique, pour mieux faire la part de la généralité et de la spécificité, dire en quoi et par quoi l'objet d'étude diffère d'autres objets semblables, et pourtant différents. L'abstraction n'est pas seulement inévitable : elle est indispensable. L'histoire se pense, et l'écrire est une activité intellectuelle.

Et pourtant, au même moment, l'historien cherche à faire que son lecteur se représente ce dont il parle. Pour cela, il fait appel à son imagination, et pas seulement à sa raison. Nul sans doute n'a davantage insisté sur cette nécessité pédagogique que le froid, l'austère Seignobos. Sa hantise, ce sont les hommes qui utilisent des mots abstraits comme *peuple, nation, État, coutume, classe sociale*, etc., sans mettre aucun

---

textes, je ne ressens pas le risque de voir exploser une parole de l'autre que j'aurais fait entrer par violence dans une interprétation arbitraire, mais bien davantage une possibilité de confirmation et d'enrichissement.

sens derrière ces termes. Or, dit-il, ce risque est beaucoup plus grand en histoire qu'en géographie, où les élèves savent de quoi ils parlent : « Ils savent ce qu'est un fleuve, une montagne, une falaise. En histoire, au contraire, quand ils parlent de parlement, de constitution, de régime représentatif, la plupart ne savent pas du tout ce qu'ils veulent dire[8]. » Il attribuait cette différence au caractère « psychologique ou social » des faits politiques. Il se trompait sur la géographie, car elle aussi manie des concepts abstraits qui peuvent devenir des mots creux. J'ai conservé comme une mise en garde permanente le souvenir de cette candidate au baccalauréat qui parlait de l'industrie chimique en France et qui, à la question : « mais que produit l'industrie chimique ? », m'a répondu sereinement : « du fer »... Mais, sur l'histoire, Seignobos avait pleinement raison : manier des mots sans contenu constitue un risque majeur.

D'où l'importance de « se représenter par l'imagination des choses qui risqueraient de rester à l'état de mots parce qu'elles ne sont pas directement représentables » :

> Le point de départ, ce sont les *images* ; l'élève doit, avant toute autre opération, *se représenter* les hommes et les choses, leur aspect extérieur d'abord, l'apparence physique, les traits du visage, les allures, le costume des personnages ou des peuples, la forme des habitations ou des monuments ; il doit imaginer aussi les phénomènes intérieurs, les sentiments, les croyances, les idées (dans la mesure où son expérience le lui permet). Il faut donc d'abord lui fournir des représentations[9].

A cette nécessité pédagogique s'ajoute une raison logique. Les concepts de l'histoire sont des concepts empiriques, des généralisations, des descriptions abrégées. Leur particularité, nous l'avons vu, est de ne pouvoir être entièrement dissociés des contextes qu'ils désignent. L'élève ou le lecteur ne peuvent donc les manier de façon pertinente sans une connaissance de leur contenu concret : les comprendre, c'est être capable de décrire les situations qu'ils résument. D'où la

---

8. Ch. Seignobos, « L'enseignement de l'histoire comme instrument d'éducation politique », p. 117.
9. Ch. Seignobos, *L'Histoire dans l'enseignement secondaire*, p. 15-18.

nécessité de joindre à l'élaboration intellectuelle du texte historique une évocation plus parlante du réel que le lecteur est invité à se représenter. Il faut, dit J. Rancière, « donner de la chair aux mots [10] ».

L'écriture de l'histoire est donc simultanément du côté du pensé et du vécu, parce qu'elle est la pensée d'un vécu. C'est pourquoi la question de l'écriture de l'histoire est d'ordre épistémologique, et non point littéraire. « La question des mots de l'histoire n'est pas une question du style des historiens mais elle touche au réel même de l'histoire » ; la question du style concerne au premier chef l'objet de l'historien, et non l'historien lui-même. « La question de l'écriture c'est aussi la question de ce que cela veut dire en dernière instance que parler d'un être qui fait l'histoire », ou encore d'un être qui parle [11]. En tant qu'elle veut faire re-saisir, re-comprendre, re-présenter par l'imagination un vécu passé, elle cherche à le faire re-vivre. C'est pourquoi, depuis Michelet, la littérature historiographique est parcourue du thème récurrent de l'histoire comme « résurrection » du passé.

Cette résurrection est naturellement impossible : l'histoire se lit, elle ne se vit pas ; elle est pensée, représentation, et non émotion dans l'immédiateté et la surprise. Mais il reste qu'il faut « donner de la chair aux mots ». Bien des procédés y concourent. Les plus fréquents consistent à fournir à l'imagination du lecteur des points d'appui : c'est l'usage des petits détails apparemment inutiles, du recours à la couleur locale. L'évocation du passé comme de nouveau présent s'appuie aussi sur l'usage décalé des temps du verbe. On oppose, depuis Benveniste, le discours qui explique et le récit qui raconte ; le premier utiliserait le présent et le futur, le second le passé ou l'imparfait, comme le texte de Guizot, cité plus haut (p. 215). Mais l'opposition relève d'une tradition qui a vécu. J. Rancière montre que le propre du récit historique, chez Michelet, comme chez Febvre, Bloch ou Braudel, consiste précisément à s'écrire au présent, niant la différence entre raconter et expliquer. C'est un récit dans la forme du discours.

10. J. Rancière, « Histoire et récit », in *L'Histoire entre épistémologie et demande sociale*, p. 186, à propos de l'écriture des *Annales*.
11. Je rejoins ici, par d'autres voies et en un sens un peu différent, J. Rancière, *ibid.*, p. 184 et 199.

Jacques Rancière : Un récit dans le système du discours

La révolution savante de l'histoire se manifeste en effet par une révolution dans le système des temps du récit. [...] On sait comment celui-ci (Benveniste), dans un texte devenu classique, a opposé le système du discours et celui du récit selon deux critères fondamentaux : l'usage des temps et celui des personnes. Marqué par l'engagement personnel d'un locuteur soucieux de convaincre celui auquel il parle, le discours utilise librement toutes les formes personnelles du verbe, à l'opposé du récit dont la personne de prédilection, la troisième, fonctionne en fait comme une absence de personne. Il utilise de même, à l'exception de l'aoriste, tous les temps du verbe mais essentiellement le présent, le parfait et le futur qui se rapportent au moment du discours. L'énonciation historique à l'inverse s'ordonne autour de l'aoriste, de l'imparfait et du plus-que-parfait en excluant le présent, le parfait et le futur. La distance temporelle et la neutralisation de la personne donnent au récit son objectivité non assumée à laquelle s'oppose la présence affirmative du discours, sa puissance d'auto-attestation. L'histoire savante, selon cette opposition, peut se définir comme une combinaison où la narration se trouve encadrée par le discours qui la commente et l'explique.

Or tout le travail de la nouvelle histoire est de dérégler le jeu de cette opposition, de construire un récit dans le système du discours. Même dans la partie « événementielle » de La Méditerranée, *les temps du discours (le présent et le futur) concurrencent largement ceux du récit. Ailleurs ils imposent leur domination, donnant à l'« objectivité » du récit la force de certitude qui lui manquait pour être « plus qu'une histoire ». L'événement soudain comme le fait de longue durée se dit au présent, le rapport d'une action antérieure à une action postérieure s'exprime par le futur de la seconde.*

Les Mots de l'histoire, *p. 32-33.*

Un bon exemple de ces procédés, analysé par J. Rancière, est la mort de Philippe II, à la fin de *La Méditerranée*. Braudel prend en quelque sorte son lecteur par la main : « Entrons dans le bureau de Philippe II, asseyons-nous à son fauteuil [12]… » L'évocation de détails comme l'écriture du roi, l'usage du présent, ont pour finalité d'aider le lecteur à imaginer la scène.

On pourrait donner d'autres exemples ; il suffirait d'ouvrir un livre d'histoire quelconque à n'importe quelle page. C'est que l'histoire est aussi un genre littéraire.

Dire juste avec des mots

Tous les auteurs qui ont écrit sur l'histoire ont consacré quelques pages à la nécessité de bien écrire. Ainsi Marrou : « Pour mener à bien sa tâche, pour remplir vraiment sa fonction, il est nécessaire que l'historien soit aussi un grand écrivain [13]. » Mais le plus surprenant est de trouver ce conseil sous la plume de Langlois et Seignobos, dont tout l'enseignement est dirigé contre une conception trop « littéraire » de l'histoire. Seignobos lui-même ne manque jamais une occasion de souligner, dans ses préfaces, le travail d'écriture auquel il s'est livré pour écrire de façon simple et claire. Le chapitre sur « L'exposition » de l'*Introduction aux études historiques* ne s'en conclut pas moins sur ce précepte : « L'historien doit *toujours* bien écrire et ne jamais s'endimancher [14]. » Ce que refusent ces historiens ascétiques, c'est la métaphore, la comparaison qui, pour faire comprendre, va chercher des exemples extérieurs au domaine considéré et qui risque de brouiller le sens. Mais ils n'en ont pas moins conscience de ce que l'histoire s'écrit, et qu'il n'est de bonne histoire que bien écrite.

Le sens et le goût de l'écriture se retrouvent, plus ou moins apparents, chez tous les historiens. Chez Febvre ou Bloch, comme chez Renouvin ou Braudel, pour ne pas parler des vivants. Un grand livre d'histoire est toujours un plaisir de langue et de style.

C'est le cas même pour des œuvres d'histoire quantitative comme celle de Labrousse. Le refus de l'événement, le

12. J. Rancière, *ibid*., p. 25 *sq*.
13. H.-I. Marrou, *De la connaissance historique*, p. 283.
14. P. 257.

recours aux courbes et aux graphiques, n'est pas, en effet, la transformation de l'histoire en algèbre. A la différence de l'économie, qui a chassé les hommes concrets de ses modèles, l'histoire ne s'écrit pas avec des équations et des symboles mathématiques, mais avec des mots, dans la langue cultivée contemporaine. Dès lors, l'historien ne saurait échapper à la littérature.

Jacques Rancière : Savoir quelle littérature on fait

…le soupçon pesant sur l'histoire dite contemporaine l'a trop aisément poussée à s'accrocher aux armes et insignes de la scientificité plutôt que de chercher à dessiner la figure de l'historicité propre à son âge. L'opposition de la science sérieuse à la littérature s'offre tout naturellement à transformer cette retraite en vertu. Ce que la proscription rassurante de la « littérature » cherche à conjurer est simplement ceci : en refusant d'être réduite à la seule langue des chiffres et des graphiques, l'histoire a accepté de lier le sort de ses démonstrations à celui des procédures par lesquelles la langue commune produit et fait circuler du sens. Démontrer, dans la langue commune, que les documents et les courbes composent un sens et tel *sens supposera toujours un choix quant aux pouvoirs de la langue et de ses enchaînements. Il n'y a pas d'assemblage des mots à effet de monstration ou de démonstration qui n'opère un tel choix, qui ne fasse, en ce sens, de la « littérature ». Le problème n'est donc pas de savoir si l'historien doit ou non faire de la littérature mais laquelle il fait. […]*

Les Mots de l'histoire, *p. 203.*

L'historien doit, en effet, représenter et faire comprendre le passé : il n'a, pour atteindre cet objectif, que des mots. Or le maniement des mots n'a pas la simplicité que l'on croit. Le problème est de trouver le mot juste. Mais qu'est-ce qu'un mot juste ? Les linguistes ont coutume de distinguer la *dénotation* et la *connotation*. La dénotation, c'est ce que le mot désigne. La connotation, c'est l'aura de sens qui lui est attachée, les harmoniques qu'il fait résonner. Un *poilu*, par exemple, est un soldat de la guerre de 1914. Mais le terme connote la tranchée, plusieurs jours sans se laver ni se raser, des poux et de la crasse. Le mot *communiste* comportait, à l'époque du Front populaire dans les milieux de droite en France, des connotations effrayantes : il était chargé de toutes les horreurs complaisamment prêtées aux révolutionnaires espagnols, anarchistes plus que communistes pourtant, dynamiteurs de carmélites : c'est un terme rouge de feu et de sang. Les connotations actuelles du terme sont différentes : il véhicule les images des démocraties populaires, le goulag certes, mais aussi la faillite économique. Le mot juste doit sonner juste, non seulement dans son sens premier, mais aussi dans ses connotations.

Il doit surtout sonner de la même façon pour le lecteur que pour l'auteur. Mais les mots sont chargés de toute une culture. C'est d'ailleurs ce qui rend les traductions si difficiles. Et toute lecture est un peu une traduction, car la culture du lecteur est rarement celle de l'auteur. D'où la difficulté de l'enseignement et de la vulgarisation. Écrire l'histoire pour un public d'historiens est relativement facile, car on peut supposer au lecteur la même culture : du moins on le croit, et l'effort d'écriture s'en trouve moins lourd. Ce qui donne parfois des textes ternes et ennuyeux, comme dans certaines thèses trop peu écrites. Mais, quand on s'adresse à des étudiants ou au grand public, un travail est indispensable pour éviter de jouer sur des connotations ou des allusions qui risquent de tomber à plat.

De ce point de vue, l'écriture de l'histoire n'est qu'un cas particulier de toute écriture. La littérature, le journalisme, la politique connaissent le même problème. Un Premier ministre utilisa un jour dans une interview le terme de *stock* emprunté au vocabulaire de l'économie pour désigner les professeurs en exercice par opposition au *flux* de ceux qui devaient être recrutés. Aucun de ceux qui avaient relu son texte n'avait perçu l'insigne maladresse que constituait l'emploi d'un terme qui véhiculait des connotations réductrices, liées à son usage dans les inventaires commerciaux et à son origine anglaise (le bétail, les actions) : beaucoup de professeurs se sentirent insultés.

Mais l'écriture de l'histoire présente en outre des difficultés spécifiques, nées de la distance qui sépare le passé du présent.

Dire juste avec des mots faux

L'histoire ne cesse de jouer sur la continuité des sens des mots. Si je parle d'un *ouvrier* du début du XXᵉ siècle, ou d'un *paysan* du Moyen Age, le lecteur contemporain me comprend parce qu'il y a toujours des ouvriers et des paysans dans ce pays (peut-être plus pour longtemps). Le terme semble avoir conservé à travers les âges un sens constant. L'historien dit le passé avec les mots du présent.

Cette facilité est trompeuse. Le sens des mots ne cesse de dériver au fil du temps. La dérive est généralement plus forte pour les périodes anciennes, mais elle est plus insidieuse pour les périodes récentes. Pour les périodes anciennes, le lecteur est sur ses gardes. Il se doute que le « paysan » du Moyen Age n'a pas grand-chose à voir avec l'exploitant agricole actuel. Mais, pour l'ouvrier du début du siècle, il peut ne pas soupçonner que ce terme désigne un tout autre personnage que son proche, et pourtant déjà lointain successeur. Quand nous disons ouvrier, nous voyons un métallo en bleu de travail, à tort d'ailleurs, car l'image commence à dater. L'ouvrier du début du siècle porte la casquette, le bourgeron, souvent une ceinture de flanelle [15]; il travaille dans le bâtiment, la mine ou le textile plus souvent que dans la métallurgie ou la sidérurgie ; il vit dans des logements surpeuplés, sans confort, auprès desquels les HLM modernes tant décriées sont de vrais palaces ; il baigne dans une culture populaire dont les chansons de Bruant ne nous donnent qu'une image à la fois affaiblie et biaisée ; il connaît un chômage saisonnier qui a disparu ; il est sans ressources en cas de maladie et doit travailler dans ses vieux jours pour survivre. Son univers n'a rien à voir avec celui qu'un usage du terme, sans les commentaires que je viens d'esquisser, conduirait le lecteur à imaginer. J'ajoute qu'aujourd'hui *ouvrier* désigne un ouvrier sans qualification, un OS, alors qu'au début du siècle le terme désignait plutôt un ouvrier qualifié, par opposition au *journalier* ou au *compagnon*.

On voit le dilemme de l'historien. Ou bien il emploie les

---

15. Le lecteur attentif aura remarqué, comme je le fais en me relisant, que j'utilise spontanément ici le présent...

mots d'aujourd'hui, et il est facilement compris, mais d'une
compréhension nécessairement biaisée, faussée, et c'est l'anachronisme, le « péché majeur » de l'historien (L. Febvre). Ou
bien il emploie les mots d'hier, il parle de vilains et de tenan-
ciers, de compagnons et de *sublimes*, et il risque de ne pas
être compris, car ces mots sont vides et creux pour nos
contemporains. Qui sait ce qu'était un *sublime* au temps de
Denis Poulot [16] ?

La solution naturelle est celle que je viens d'employer : que
l'historien utilise les mots d'hier ou ceux d'aujourd'hui, il
n'échappe pas à la nécessité d'un commentaire. L'écart entre
les sens passé et présent des termes doit être comblé soit par
une description du sens concret du terme passé, soit par une
explication de sa différence d'avec le sens présent. A côté, en
marge de son récit, l'historien fait ainsi courir comme en
pointillé un texte parallèle, un *méta-texte*, qui donne le sens
des termes, tantôt par une note en bas de page, tantôt par une
description intégrée au texte même, ou encore par une incise
lors du premier emploi d'un terme. Mais la difficulté est simplement dédoublée, car ce méta-texte, à son tour, s'écrit avec
des mots qui posent les mêmes problèmes, et l'on ne peut passer des heures ou des pages à faire du vocabulaire historique.

Le temps qui passe redouble ainsi la difficulté de tout discours qui cherche à dire l'autre : doit-il le dire avec ses mots ou
avec ceux de l'autre ? Le problème du même et de l'autre, qui
était au cœur de la compréhension historique, se pose de nouveau fort logiquement quand il s'agit de passer à l'écriture.

Faut-il le dire ? Le problème n'a pas de solution théorique ;
il est logiquement insoluble. L'historien doit pourtant le
résoudre dans le quotidien de son métier. Il le fait par une
succession de compromis, inégalement heureux, au fil des
pages et des leçons. Il est des histoires laborieuses, qui portent comme des balafres les traces de ces difficultés.
D'autres, plus habiles, les feraient presque oublier si, au
détour d'une page, la nécessité d'expliciter le sens d'un
terme ne venait rappeler l'écart d'avec l'autre et la distance
du passé. La culture littéraire, la pratique et le goût de l'écri-

16. Denis Poulot, *Le Sublime ou le Travailleur comme il est en 1870 et
ce qu'il peut être*, Paris, Libr. internationale, 1870, réédition Paris, François Maspero, 1980, par Alain Cottereau.

ture constituent ici de précieux secours. L'histoire ne peut se passer d'un travail qui est d'ordre littéraire, avec les spécificités d'un genre particulier. C'est pourquoi écrire l'histoire sera toujours un art et un travail. Et peut-être un plaisir.

Conclusion

Vérité et fonction
sociale de l'histoire

Pour qui entreprend d'écrire sur l'histoire, il est deux postures valorisantes.

La première est celle du novateur. Dire qu'il faut faire l'histoire comme on l'a toujours faite n'intéressera personne, même si c'est vrai. Prétendre qu'il faut la faire autrement et qu'on s'y emploie peut devenir un événement et faire parler de soi, même si c'est exagéré. Je le dis sereinement, n'étant pas moins novateur que d'autres [1], mais ayant adopté ici une autre posture, comme on l'a vu : ma thèse est plutôt que toutes les histoires sont bonnes à condition d'être bien faites. Il y a encore beaucoup de bonne musique à écrire en *ut* majeur.

La seconde posture valorisante est celle du démystificateur. L'adopter est mettre de son côté l'expérience, l'intelligence et la lucidité, tandis que les contradicteurs sont par avance rejetés du côté des naïfs, des attardés. L'opinion suit plus facilement un critique blasé qu'un simple d'esprit aux robustes convictions. Le sceptique hypercritique raille donc les illusions auxquelles s'abandonnent des auteurs moins intelligents

---

1. J'ai été sans doute le premier historien à utiliser l'analyse factorielle des correspondances, en 1967, et l'un des rares à importer en histoire des méthodes linguistiques un peu « dures ». Voir mon article, « Vocabulaire et typologie des familles politiques », *Cahiers de lexicologie*, n° 14, 1969/1, p. 115-126, l'article écrit en collaboration avec Christian Rosenzveig, « La Chambre des députés (1881-1885), analyse factorielle des scrutins », *Revue française de science politique*, février 1971, p. 5-50, et l'ouvrage écrit en collaboration avec L. Girard et R. Gossez, *Vocabulaire des proclamations électorales de 1881, 1885 et 1889*, Paris, PUF-Publications de la Sorbonne, 1974.

ou moins informés ; lui ne s'en laisse pas conter, il n'est pas de
ces benêts qui croient encore à une certaine vérité de l'histoire.
Il démontre avec brio qu'elle n'est pas une science, seulement
un discours plus ou moins intéressant.

La posture démystificatrice doit beaucoup à deux courants
intellectuels du derniers tiers du XXᵉ siècle. Le premier a été
inspiré par Michel Foucault et renforcé par l'esprit de 1968.
Il voit partout à l'œuvre des dispositifs de pouvoir et analyse
donc le discours des historiens comme une entreprise d'autorité, une sorte de coup de force par lequel ils imposeraient à
leurs lecteurs leur vision du monde.

Ce courant a été renforcé par le *linguistic turn* américain,
qui lui a fourni des arguments. En appliquant aux écrits historiques les méthodes d'une critique littéraire renouvelée par
la psychanalyse, la linguistique et la sémiotique, ces travaux
mettaient entre parenthèses la démarche proprement historique de travail des sources et de construction des explications, pour ne considérer que des textes en eux-mêmes. Du
coup, le rapport du texte au réel qu'il prétend faire connaître
disparaît, et avec lui la frontière entre l'histoire et la fiction.
L'historien prétend avoir vu des archives ? Il prétend
connaître et faire connaître une réalité extérieure au texte, et
qui résiste ? Ce sont procédés rhétoriques pour gagner la
confiance du lecteur ; il faut s'en méfier : n'a-t-il pas tout
intérêt à nous le faire croire ? Bref, par un déplacement qui
substitue la critique des catégories et des modes d'écriture à
celle des sources, la question de celui qui parle à la question
de ce dont il parle, on impose la conclusion qu'il n'y a rien
en histoire sinon des textes, encore des textes, toujours des
textes, mais qui ne réfèrent plus à aucun contexte extérieur ;
l'histoire est fiction, interprétations subjectives sans cesse
revisitées et révisées ; elle est littérature. Les historiens « ne
construisent pas un savoir que d'autres pourraient utiliser, ils
génèrent un discours sur le passé[2] ». Toute histoire se réduit
à un propos d'auteur.

2. H. White, cité par Joyce Appleby *et al.*, *Telling the Truth*, p. 245.
Cette analyse doit beaucoup aux articles cités plus loin de R. Chartier,
P. Boutry et K. Pomian.

Histoire et vérité

Les effets du désenchantement

Cette épistémologie démystificatrice invite les historiens au double deuil de l'histoire totale et de l'histoire vraie. Ce n'est pas sans effets, à la fois sur les historiens et sur leur public.

Le deuil de l'histoire totale entraîne l'abandon des grandes synthèses. Les entreprises éditoriales qui en tiennent lieu, comme les *Histoires de la France rurale, de la France urbaine, de la vie privée*, aux éditions du Seuil, la grande *Histoire de la France* en plusieurs volumes thématiques chez le même éditeur, l'*Histoire des femmes* parue chez Plon, et beaucoup d'autres, à commencer par les sept volumes monumentaux des *Lieux de mémoire* dirigés par P. Nora chez Gallimard, sont des œuvres collectives qui juxtaposent des contributions individuelles parfois divergentes. L'audace d'un Braudel et de ses trois volumes : *Civilisation matérielle, Économie et Capitalisme XVe-XVIIIe siècle* (1979), celle de Marc Bloch brossant en quelques centaines de pages *Les Caractères originaux de l'histoire rurale française* (1931), tout comme celle d'un Seignobos dans son *Histoire sincère de la nation française* (1933) appartiennent à un passé révolu.

C'est que les historiens, bien qu'ils ne croient plus aux grandes interprétations d'ensemble, conservent le souci des vérifications, le culte de l'exactitude et d'une information complète. Ils n'adhèrent pas aux critiques dévastatrices qui réduisent l'histoire à un point de vue d'auteur. Ils récusent le relativisme absolu et continuent à croire que ce qu'ils écrivent est vrai. Mais ils ne croient qu'à des vérités partielles et provisoires. La synthèse n'apparaît pas seulement illusoire ou impossible ; la croyance qu'elle implique d'un sens possible d'une totalité la rend dangereuse.

Il en résulte un repli sur des sujets qui combinent histoire des représentations et micro-histoire. Il s'agit de « déchiffrer autrement les sociétés, en pénétrant l'écheveau des relations et des tensions qui les constituent à partir d'un point d'entrée particulier (un événement, obscur ou majeur, le récit d'une vie, un réseau de pratiques spécifiques) et en considérant qu'il n'est pas de pratique ni de structure qui ne soit produite par les représentations, contradictoires et affrontées, par lesquelles les individus et les groupes donnent sens au monde qui est le leur [3] ».

Engagés dans cette direction, les historiens se transforment en orfèvres ou en horlogers. Ils produisent de petits bijoux, des textes ciselés où brillent leur savoir et leur savoir-faire, l'étendue de leur érudition, leur culture théorique et leur ingéniosité méthodologique, mais sur des sujets infimes qu'ils maîtrisent splendidement, ou sur des sujets qui ne prêtent pas à conséquence pour leurs contemporains. Ou encore « ils se délectent ludiquement de l'expérimentation systématique des hypothèses et des interprétations à l'infini "revisitées" [4] ».

Les collègues qui les lisent ne peuvent qu'applaudir ces exercices de virtuosité, et la corporation pourrait ainsi devenir un club d'autocélébration mutuelle où l'on prendrait plaisir à apprécier ces petits chefs-d'œuvre artisanaux. Mais après ? *And then, what ?* Où nous conduit une histoire qui déploie des trésors d'érudition et de talent à traiter des objets insignifiants ? Ou plus exactement, qui n'ont de sens et d'intérêt que pour les historiens du domaine ?

La question de la fonction sociale d'une histoire qui a renoncé à dire quelque chose sur nos problèmes actuels apparaît clairement si l'on s'interroge sur ce qui peut passer dans l'enseignement de cette production historique désenchantée. Le fait est que l'histoire scolaire continue à reposer sur des synthèses vieilles d'un quart de siècle : qu'est-ce qu'un renouveau de l'histoire qui ne la concerne pas ? Certains récuseront sans doute la question : après tout, l'histoire n'a pas pour but premier de s'enseigner dans les classes ; la recherche désintéressée est maîtresse de ses sujets ; c'est la libérer que l'affranchir de cette fonction sociale et politique qui la parasite.

Ce point de vue me paraît un peu désincarné et je ne voudrais pas que les historiens imitent les ecclésiastiques des années 1960-1970 qui, pour faire de la communion solennelle une cérémonie purement religieuse, ont pourchassé les traditions sociales et folkloriques qui l'accompagnaient, les robes de « petites mariées » comme les banquets familiaux, et ont ainsi très sûrement vidé leurs églises.

3. R. Chartier, « Le monde comme représentation », p. 1508.
4. P. Boutry, « Assurances et errances de la raison historienne », in *Passés recomposés*, p. 67.

Le désenchantement sceptique risque de produire d'autres effets dévastateurs. A force de répéter aux quatre coins des gazettes qu'il n'y a pas de vérité en histoire, mais seulement des interprétations subjectives et relatives, le public va finir par le croire. Dès lors, pourquoi prêterait-il attention à ce que disent les historiens ? La force et l'importance sociale de l'histoire tiennent au fait qu'elle s'avance au nom de vérités attestées ; elle détient un savoir de la société sur elle-même. L'abandon de sujets centraux pour la collectivité qui rétribue les historiens, le repli de ceux-ci sur ce qui les intéresse entre eux, menacent déjà cette position ; si en outre les historiens désespèrent d'atteindre des vérités, au nom de quoi justifier l'enseignement obligatoire de leur discipline ?

En fait, pas un historien ne va jusque-là ; derrière la posture à la mode du scepticisme désabusé, tous sont persuadés du bien-fondé de leurs analyses, tous croient à la vérité de ce qu'ils écrivent. Je ne parle même pas de la critique des sources et de l'établissement des faits, socle de toute histoire : aucun historien n'acceptera qu'on puisse dire que Guernica a été incendiée par les républicains espagnols, ou que les chambres à gaz n'ont pas existé. Je vise aussi les interprétations : il suffit de voir les débats suscités par l'histoire de la Révolution française pour être fixé. Il est clair que les historiens ne sont pas d'accord ; mais chacun soutient que son interprétation est la bonne et chacun l'argumente ; aucun ne dit qu'elles se valent toutes. Ce sont les sémioticiens qui prétendent que l'histoire est une des modalités de la fiction, et, pour reprendre une sentence de Barthes choisie par H. White comme épigraphe d'un de ses livres, que « le fait n'a jamais qu'une existence linguistique [5] ».

Le consensus effectif de la corporation ne se forme donc pas autour des thèses hypercritiques, voire nihilistes. Il s'établit à mi-chemin entre la certitude scientiste du début du siècle et le relativisme qu'il est de bon ton d'affecter aujourd'hui. L'histoire dit vrai ; mais ses vérités ne sont pas absolues. Comment comprendre cette contradiction constitutive de la discipline ?

5. Voir R. Chartier, « Philosophie et histoire : un dialogue », in François Bédarida (dir.), *L'Histoire et le Métier d'historien*, p. 149-169.

Objectivité, vérité, preuve

Les vérités de l'histoire sont relatives et partielles, pour deux raisons fondamentales et solidaires.

D'une part, les objets de l'histoire sont toujours pris dans des contextes, et ce que l'historien en dit est toujours référé à ces contextes. Les régularités de l'histoire ne peuvent être énoncées que sous la réserve « toutes choses égales par ailleurs », et les choses ne sont jamais égales, seulement voisines ou parentes. Nous avons longuement argumenté ce point, à la fois à propos des concepts idéaltypiques de l'histoire, et de ce que nous avons appelé, après J.-Cl. Passeron, le raisonnement naturel.

D'autre part, les objets de l'histoire sont toujours construits à partir d'un point de vue lui-même historique. Nous l'avons vu à propos de l'enracinement, scientifique, social et personnel, des questions de l'historien, comme de la mise en intrigue et de l'écriture. C'est pourquoi l'histoire, qui prétend à l'objectivité et tend vers elle, ne saurait jamais l'atteindre. L'objectivité implique, en effet, une opposition entre sujet connaissant et objet connu qui caractérise les sciences où l'observateur n'est pas impliqué comme personne dans sa recherche. Au sens strict, l'objectivité est impossible en histoire comme en sociologie ou en anthropologie.

Plutôt que d'objectivité, il faudrait parler de distanciation et d'impartialité. La comparaison de l'historien et du juge est ici éclairante. Le juge ne peut être totalement objectif : dans l'appréciation qu'il formule sur un crime passionnel, ses sentiments personnels jouent inévitablement. Mais la procédure est contradictoire : les points de vue de l'accusation et de la défense sont défendus également, et les chroniqueurs disent impartial le juge qui tient la balance égale entre les deux parties, pose des questions sans parti pris, s'en tient aux faits. Ainsi doit-il en aller pour l'historien qui doit éviter les perspectives unilatérales.

L'impartialité (plutôt que l'objectivité) de l'historien résulte d'une double attitude, morale et intellectuelle. Morale d'abord : de Seignobos à Marrou, tous les auteurs qui ont écrit sur l'histoire ont tenu un discours éthique. Ils ont insisté sur la nécessité pour l'historien de prendre en compte la position de tous les acteurs, de faire preuve d'honnêteté intellectuelle, de mettre entre parenthèses leurs propres opinions, de faire taire leurs passions, et pour cela de s'efforcer d'abord d'élucider et de dépasser leurs implications personnelles. Bien que moralisateurs, ces conseils ne sont pas inutiles. On voit encore trop d'historiens qui, emportés par leurs passions, commettent des erreurs de fait qui les discréditent[6].

Mais l'appel à l'honnêteté et à la rigueur est aussi d'ordre intellectuel. C'est d'abord le choix d'une posture intellectuelle, et non morale ou politique. S'il vise l'impartialité, l'historien doit résister à la tentation de faire servir l'histoire à autre chose qu'elle-même. Il cherche à comprendre, pas à faire la leçon, ou la morale. Quand on critique la prétention de l'histoire à être une science, on oublie souvent que cette revendication a servi historiquement à rompre le lien qui faisait d'elle une maîtresse de vie, un recueil de bons exemples. Il est d'usage d'ironiser sur les illusions de Ranke qui prétendait dire « comment les choses se sont réellement passées » ; mais le propos reste d'actualité si on le prend dans son contexte :

> On a attribué à l'histoire la mission de juger le passé, d'enseigner le monde contemporain pour servir aux années futures : notre tentative ne s'inscrit pas dans des missions aussi hautes ; elle cherche seulement à montrer comment les choses ont vraiment été[7].

La question du régime de vérité de l'histoire déborde cependant très largement celle de l'impartialité du chercheur et du désintéressement de la recherche. C'est aussi une question de méthode : la vérité, en histoire, c'est ce qui est prouvé. Quelles méthodes permettent l'administration de la preuve ?

De ce que l'histoire n'a pas de méthode spécifique, il ne résulte pas, en effet, qu'elle n'a pas de méthode. J'appelle

---

6. On en prendra pour exemple la controverse sur Vichy qui a conduit un historien comme Zeev Sternhell à invoquer des faits qui sont faux à l'appui de sa thèse : « L'équipe d'*Esprit* se joint jusqu'aux derniers jours de 1942 à l'œuvre de la Révolution nationale » (*Le Monde*, 21 septembre 1994), alors que la revue a été interdite par l'amiral Darlan en août 1941 et son directeur arrêté en janvier 1942, ainsi que le lui objecte M. Winock (*ibid.*, 5 octobre 1994). Les historiens qui prennent de telles libertés avec la vérité signent leur propre condamnation.

7. Cité par R. Koselleck, *Le Futur passé*, p. 47.

méthode un ensemble défini de procédures intellectuelles tel que quiconque, respectant ces procédures et posant la même question aux mêmes sources, aboutisse nécessairement aux mêmes conclusions. En ce sens, l'histoire a bien des méthodes. On peut les classer en deux groupes que j'appellerai, pour faire vite, l'investigation et la systématisation et qui reposent sur deux types de preuves, la preuve factuelle et la preuve systématique.

L'investigation, au sens où l'on parle des investigations d'un juge d'instruction ou d'un journaliste, est la méthode utilisée pour établir les faits, les enchaînements, les causes et les responsabilités. Que l'investigation conduise à des vérités, le sens commun en convient, sinon l'on ne pourrait rendre la justice. Dans sa recherche de la vérité, le juge procède comme l'historien : il relève toute une gamme de faits, qui vont du mobile, de l'indice, à la preuve formelle. Une empreinte digitale, un codage génétique fournissent parfois des preuves qu'on pourrait dire « scientifiques ». Des témoins indépendants et dignes de foi attestent que le prévenu était en train de jouer au bridge avec eux dans un lieu public à l'heure du crime : la preuve est de nature différente et repose sur des témoignages, mais l'innocence n'en est pas moins solidement prouvée.

La différence entre le juge et l'historien ne réside pas dans l'investigation, mais dans la sentence. Le juge doit trancher, au terme de l'enquête, et le doute bénéficie à l'accusé. L'historien est plus libre ; il peut suspendre le jugement, et dresser la balance des présomptions et des doutes, car la connaissance échappe aux contraintes de l'action. Mais il n'est jamais dispensé de présenter ses preuves. En ce sens, toute histoire doit être factuelle. La langue anglaise dispose ici d'un terme qui fait défaut en français : l'histoire doit reposer sur des *evidences* tirées des données (*data*). En français, les faits sont à la fois des données et des preuves. Établir les faits, c'est tirer des données ce qui va servir comme *evidence* dans l'argumentation.

La preuve factuelle n'est pas nécessairement directe et elle peut être recherchée dans des détails apparemment négligeables. On retrouve ici ce que Carlo Ginzburg appelle le « paradigme indiciaire », en faisant référence entre autres à Sherlock Holmes. L'attribution de tableaux à un auteur en fournit un bon exemple : le détail des oreilles ou des doigts parle parfois plus sûrement qu'une signature. Mais l'historien, comme le juge, nourrit son dossier de preuves, tirées d'indices matériels (les empreintes digitales, les traces de sang, etc.), de témoignages, de documents, et il aboutit à des conclusions qui sont usuellement acceptées comme exactes. L'investigation bien conduite constitue un régime de vérité qui n'est pas propre à l'histoire, mais qui est communément reçu et dont elle use sans réticence.

La systématisation intervient toutes les fois que l'historien énonce des vérités qui portent sur un ensemble de réalités : individus, objets, coutumes, représentations, etc. Les livres d'histoire abondent en conclusions de ce type. Ils affirment par exemple qu'en 1940 les Français étaient massivement derrière le maréchal Pétain, ou que les anciens combattants de l'entre-deux-guerres étaient pacifistes, ou que les hommes du XVIe siècle ne pouvaient pas être incroyants, ou encore que le pain représentait plus de la moitié de la dépense des familles ouvrières sous la Monarchie de Juillet. Qu'est-ce qui permet de le dire ? Où sont les preuves ?

Les systématisations ne sont pas propres à l'histoire. On les retrouve en sociologie et en anthropologie. Mais les méthodes qui permettent de les valider sont inégalement rigoureuses.

La plus faible consiste à apporter des exemples à l'appui de la systématisation. On peut l'appeler « exemplification[8] ». Sa validité repose sur le nombre et la variété des exemples proposés et elle est donc elle-même inégale : l'historien ne trouve pas toujours autant d'exemples qu'il le souhaiterait. Pour prouver que les Français soutenaient massivement le maréchal Pétain, l'historien donnera des citations d'individus très variés, appartenant à tous les courants politiques, des rapports de préfets, des articles de journaux. Si la recherche d'exemples est systématique, elle fera ressortir en creux des zones de refus (les communistes), et elle montrera des différences dans les motivations. Elle ne permettra pas de mesurer l'ampleur et le degré de l'adhésion, mais elle en fournira une évaluation, une pesée d'ensemble correcte. L'exactitude des conclusions tirées d'une exemplification dépend du caractère systématique de celle-ci ; il serait bon de l'expliciter et de le justifier.

---

8. Le terme est employé par J.-Cl. Passeron, *Le Raisonnement sociologique*, mais dans un sens plus général.

La méthode la plus forte repose sur la construction d'indicateurs quantifiables et la validation statistique. On approche alors au plus près, mais sans l'atteindre, de la science poppérienne où l'hypothèse doit être réfutable. La qualité des conclusions obtenues dépend pourtant de la construction des indicateurs utilisés et de la validité des données à partir desquelles ils sont construits. Mais, à condition de ne jamais oublier que les quantifications recouvrent des réalités concrètes, dans leurs contextes, cette démarche fournit des preuves très difficilement contestables.

Entre ces deux extrêmes, il est toute une panoplie de méthodes possibles, que les historiens élaborent en fonction de leurs sources et de leurs problématiques. L'important est qu'il y ait une méthode. Un exemple le fera comprendre.

Supposons une recherche sur les représentations qu'un groupe social a de lui-même à une époque donnée à partir d'un dépouillement de journaux professionnels. L'auteur appuie ses conclusions sur des citations. On voit ici la limite de l'exemplification : il n'est pas certain qu'un autre chercheur, lisant les mêmes journaux, aboutirait aux mêmes conclusions. Pour cela, il faudrait que l'exemplification soit systématique, que l'auteur dise selon quel protocole il a recherché ses exemples. Cela serait déjà plus rigoureux. Il serait plus rigoureux encore de définir une méthode précise et de recourir à l'analyse de contenu ou à l'une des formes d'analyse linguistique. La méthode définie, un corpus de textes délimité, tout chercheur appliquant cette méthode à ce corpus devrait aboutir aux mêmes résultats. Le régime de vérité des conclusions serait beaucoup plus fort.

J'ai choisi cet exemple parce qu'il a fait l'objet d'une discussion. Un historien a objecté qu'il suffisait de changer de méthode pour aboutir à d'autres résultats. Si ce n'est une boutade, c'est une démission qui ruine la prétention de l'histoire à dire vrai. Toutes les méthodes, en effet, ne se valent pas. Pour être valide, une méthode doit être doublement pertinente : par rapport aux questions posées et par rapport aux sources utilisées. Dans l'exemple proposé, l'analyse de contenu aurait été probablement moins féconde qu'une méthode empruntée à la linguistique. Mais l'important aurait été de suivre une méthode, c'est-à-dire de la définir et d'en justifier le choix. Sinon, l'historien se condamne à produire un texte littéraire assorti d'exemples dont la valeur probante est faible.

La question des méthodes d'administration de la preuve est donc centrale en histoire. Renoncer à la poser cas par cas, recherche après recherche, c'est renoncer à établir des vérités. Les historiens feraient mieux, me semble-t-il, de réfléchir aux diverses façons d'armer leurs méthodes, d'en durcir l'armature, d'en renforcer la rigueur, que de répéter avec complaisance que l'histoire n'est pas une science. On la transforme en littérature quand on se dispense de réflexion sur les méthodes, voire de méthode tout court. L'historien doit assumer pleinement les exigences méthodologiques de sa prétention à un régime propre de vérité.

De deux choses l'une, en effet : ou bien toutes les méthodes se valent, et l'histoire n'est plus qu'interprétations, points de vue subjectifs ; ou bien il y a des vérités en histoire, et elles dépendent de la rigueur des méthodes. Dans le premier cas, l'histoire remplit une fonction sociale analogue à celle de l'essai ou du roman, mais le roman, au total, est plus riche de sens profond. Dans le second cas, l'historien peut légitimement prétendre détenir un savoir vérifié. La question de sa fonction sociale se pose alors dans d'autres termes.

Une fonction sociale ambiguë

Histoire, nation, civisme

Par un paradoxe apparent, l'histoire du XIXe siècle qui se voulait affranchie de la morale et de la politique remplissait une fonction éminemment politique : en France, comme en Allemagne ou aux États-Unis, pour ne pas parler de la Bohême ou de la Hongrie, elle était le creuset des identités nationales.

Ce caractère entraînait le choix, comme cadre privilégié de l'histoire, de la nation ou du peuple, sans considération de leurs diversités internes, et comme problème, de la construction de ces communautés imaginées. D'où l'importance accordée à la construction de l'État, dans l'affirmation aussi bien de son autorité interne que de sa puissance – ou de son indépendance – extérieure.

On voit bien aujourd'hui l'engagement national de cette

tradition historique, et son lien avec l'enseignement tant primaire que secondaire[9]. La figure de Lavisse incarne à elle seule ces « instituteurs » de la nation. Il ne faudrait pourtant pas durcir le trait : les historiens de la fin du XIXe siècle et du premier XXe siècle ont eu parfaitement conscience du risque de dérive nationaliste. Sur ce point, un Seignobos par exemple s'inscrivait en contradiction directe avec l'histoire de Bainville : l'influence de l'Action française sur l'historiographie s'exerce sur l'histoire grand public, qui connaît alors un vif succès, et non sur l'histoire universitaire[10].

Il n'empêche : celle-ci remplissait la fonction sociale évidente de fournir à la nation son légendaire et son identité. Elle n'en avait pas conscience, car elle respectait généralement une grande neutralité de ton, et elle évitait de juger. L'attitude « scientifique » se jouait pour elle dans le traitement des faits et des explications, où elle appliquait ses principes d'impartialité. Elle ne voyait pas que la définition des sujets n'est jamais neutre[11]. La faiblesse de la réflexion historiographique, le dédain des historiens pour l'histoire de leur discipline accompagnaient une cécité de la société française tout entière sur la fonction sociale effective de l'histoire.

On le voit bien dans *Les Cadres sociaux de la mémoire*, de Maurice Halbwachs (1925). L'historien s'attend à voir ce livre traiter le rôle de l'histoire dans la construction de la mémoire sociale. Or il n'en est rien : la question n'est pas posée. Mais c'est aussi que la mémoire nationale est absente : la société selon Halbwachs connaît des familles, des religions, des classes sociales, mais pas de nations. D'où l'absence de l'histoire : elle a pour fonction effective de former les cadres sociaux d'une mémoire nationale que Halbwachs a écartée de son étude sans même discuter cette exclusion.

La tradition de l'histoire universitaire en France se caractérisait par un second engagement, beaucoup plus profond, et qui déterminait le choix de ses sujets. Les historiens se don-

9. Voir notamment P. Nora, « Lavisse, instituteur national », et Suzanne Citron, *Le Mythe national*, polémique parfois à l'excès.
10. W.R. Keylor, *Jacques Bainville and the Renaissance of Royalist History*.
11. La génération d'historiens communistes de 1945 étaient plus lucides et choisissaient des sujets cohérents avec leur engagement. Mais ils les traitaient en professionnels suivant la même déontologie.

naient comme objectif de faire comprendre le fonctionnement politique et social d'une nation ou d'un peuple :
comment les évolutions sont-elles rendues possibles ? comment deviennent-elles inéluctables ? comment les forces
sociales et politiques se constituent-elles ? comment les décisions sont-elles prises et pourquoi ?

Ce projet était civique et républicain. Si par le légendaire
national, la saga des rois de France, l'épopée révolutionnaire
et impériale, l'histoire était facteur de cohésion, elle visait
aussi simultanément une fonction critique. Le savoir est une
arme, et l'histoire, en expliquant comment la nation s'était
constituée, fournissait aux citoyens les moyens de se faire leur
propre opinion sur l'évolution politique et sociale du temps.
Elle donnait aux Français les outils intellectuels nécessaires
pour adopter une position indépendante et motivée dans le
domaine politique et social. A ce titre, elle était libératrice, ce
qui justifiait son enseignement dans les classes.

Nul n'a mieux formulé cette ambition que Seignobos. Pour
lui, l'objectif est de rendre l'élève « capable de prendre part à
la vie sociale », d'accepter les changements nécessaires et d'y
contribuer dans l'ordre. Pour cela, il faut lui faire comprendre
la société dans laquelle il vivra. C'est l'apport propre de l'enseignement historique ; aussi l'histoire est-elle plus capable
qu'aucune autre discipline de former les citoyens.

Charles Seignobos : Pourquoi il faut enseigner l'histoire

*L'histoire étudie des événements humains, où sont engagés
des hommes vivant en société. Comment l'étude des sociétés
peut-elle être un instrument d'éducation politique ? Voilà
une première question. – L'histoire étudie la succession des
temps, de façon à faire apercevoir les états successifs des
sociétés et par conséquent leurs transformations. Comment
l'étude des transformations des sociétés peut-elle servir à
l'éducation politique ? C'est la deuxième question. – L'histoire étudie des faits passés qu'on n'a plus les moyens d'observer directement, elle les étudie par une méthode indirecte
qui lui est propre, la méthode critique. Comment l'habitude
de la méthode critique peut-elle être appliquée à l'éducation politique ? Voilà la troisième question. […]*

*L'histoire est une occasion de montrer un grand nombre
de faits sociaux ; elle permet de donner des connaissances précises en matière de société. […]*
*L'acquisition des notions fondamentales de la politique et
l'habitude de se servir avec précision du vocabulaire
politique rendent l'élève beaucoup plus apte à comprendre une société, c'est-à-dire à apercevoir les rapports qui unissent entre eux les hommes qui la forment :
la division en classes, l'organisation du gouvernement, le
recrutement du personnel, la répartition des opérations,
le mécanisme des fonctions. […]*
*L'homme instruit par l'histoire a vu dans le passé un si
grand nombre de transformations, et même de révolutions, qu'il ne s'effare plus quand il en voit une dans le
présent. Il a vu plusieurs sociétés subir des changements
profonds, de ceux que les gens compétents déclaraient
mortels, et qui ne s'en portent pas plus mal.*
*Cela suffit pour le guérir de la peur du changement et du
conservatisme opiniâtre à la façon des tories anglais.*
*L'homme instruit par l'histoire aura appris aussi que les
différentes parties d'un régime social et politique ne sont
pas également sujettes aux transformations. […] Il aura
appris que l'organisation sociale et le droit privé sont plus
stables et se modifient plus lentement que le régime du
gouvernement central. Quand il prendra part à la vie
publique, il saura ce qu'on peut espérer changer vite et ce
qu'on ne peut modifier que graduellement. […] l'étude
des transformations nous affranchit de deux sentiments
inverses, mais également dangereux pour l'activité. L'un
est l'impression qu'un individu est impuissant à remuer
cette masse énorme d'hommes qui forment une société :
c'est un sentiment d'impuissance qui mène au décourage-
ment et à l'inaction. L'autre est l'impression que la masse
humaine évolue toute seule, que le progrès est inévitable :
d'où sort la conclusion que l'individu n'a pas besoin
de s'en occuper ; le résultat est le quiétisme social et l'inaction.*
*Au contraire, l'homme instruit par l'histoire sait que la
société peut être transformée par l'opinion, que l'opinion
ne se modifiera pas toute seule et qu'un seul individu est
impuissant à la changer. Mais il sait que plusieurs
hommes, opérant ensemble dans le même sens, peuvent
modifier l'opinion. Cette connaissance lui donne le sentiment de son pouvoir, la conscience de son devoir et la
règle de son activité, qui est d'aider à la transformation*

de la société dans le sens qu'il regarde comme le plus avantageux. Elle lui enseigne le procédé le plus efficace, qui est de s'entendre avec d'autres hommes animés des mêmes intentions pour travailler de concert à transformer l'opinion.

« *L'enseignement de l'histoire comme instrument d'éducation politique* », passim.

Le projet d'une propédeutique du civisme républicain par l'histoire impliquait le choix de certains sujets plutôt que d'autres. Il donnait une priorité à l'histoire contemporaine d'une part, et à l'histoire politique d'autre part, mais pas exclusivement. Les sujets privilégiés étaient en réalité ceux qui expliquent comment les hommes ont fait l'histoire, ceux qui concernent l'action des individus, des groupes, des institutions, dans des situations sociales qu'ils transforment. L'histoire du Moyen Age ou celle de l'Antiquité pouvaient également contribuer à former des citoyens, en faisant ressortir, par différence, l'originalité du présent, et surtout en habituant à appliquer, dans des contextes variés, le mode de raisonnement par lequel on comprend comment fonctionne une société. L'histoire ne se limite pas au passé proche parce que son raisonnement est transposable d'une époque à l'autre.

Paradoxalement, cette fonction sociale n'a pas été affectée par la montée de l'histoire des *Annales* avant l'éclatement des années 1970. L'histoire laboussienne ou braudélienne venait enrichir, en effet, plus que contredire, l'ambition civique de Lavisse ou Seignobos. Pour former des citoyens conscients, il était utile d'expliquer la réalité des forces profondes, notamment économiques, qui gouvernent l'évolution sociale. Les sympathies politiques de nombreux historiens de cette génération, qui brûlent aujourd'hui ce qu'ils adoraient hier[12], contribuent à expliquer la persistance de cette fonction civique de l'histoire.

Les choses changent quand l'histoire se replie sur des

---

12. Appartenant à une génération plus jeune et n'ayant jamais été communiste, je ne me sens pas tenu aux mêmes révisions déchirantes, et je ne vois pas de raison de renier des convictions simplement et fermement républicaines. Je ne vois pas non plus en quoi le fait de s'être trompé hier autorise à donner des leçons aujourd'hui.

sujets plus limités, avec comme ambition de décrire des
fonctionnements plus subjectifs, des représentations plus
personnelles ou, si elles sont sociales, qui n'ont pas de prise
directe sur l'évolution macro-sociale. L'histoire se donne
alors pour fonction de répondre à des curiosités autres, qui
n'ont de rapport avec notre présent que d'être celles de nos
contemporains. Pierre Nora a mis en lumière ce basculement
qui résulte, au milieu des années soixante-dix, d'une double
évolution de l'histoire et de la société. D'une histoire qui
perd ses certitudes et s'interroge sur sa propre histoire ;
d'une société saisie par la croissance et brusquement coupée
de ses racines. Du coup le rapport de l'une et de l'autre au
passé se retourne.

Histoire, identité, mémoire

L'histoire traditionnelle s'était construite sur une continuité : « La vraie perception du passé consistait à considérer
qu'il n'était pas vraiment passé[13]. » Le passé était encore à
l'œuvre dans le présent, et c'est pourquoi il était important de
l'élucider : l'histoire éclairait naturellement le présent. Nous
avons longuement exposé ce point de vue, qui conserve une
certaine validité, notamment en histoire contemporaine[14].
Ce rapport du présent au passé s'est cassé. « Le passé nous
est donné comme radicalement autre, il est ce monde dont
nous sommes à jamais coupés[15]. » L'histoire se construit sur
la conscience aiguë, chez les historiens, d'une coupure radicale et des obstacles à surmonter pour l'abolir. La société,
quant à elle, leur demande de ressaisir ces objets perdus,
dans leur authenticité vécue plus que dans leur structuration
logique ; ils reçoivent pour mission de faire résonner de nouveau la voix des acteurs et de montrer le paysage, avec ses
couleurs et son exotisme. Le succès de *Montaillou* (1975)

13. P. Nora, « Entre Mémoire et Histoire », p. XXXI.
14. Je n'ai jamais caché que mon intérêt pour l'histoire de l'enseignement s'enracinait dans le souci d'éclairer les problèmes actuels de cette
institution et la volonté de leur apporter une réponse aussi pertinente que
possible. L'histoire a été, dans ce cas, maîtresse de vie, ce qui ne m'a pas
empêché de la faire en historien professionnel.
15. P. Nora, « Entre Mémoire et Histoire », p. XXXI-XXXII.

signale de façon emblématique cette rencontre entre la demande actuelle d'histoire et une nouvelle façon de l'écrire. L'itinéraire de son auteur, de la fresque macro-sociale à la monographie, récapitule celui de beaucoup de collègues[16].

Le rapport de l'histoire et de la mémoire s'en trouve inversé. L'histoire qu'on appellera par commodité « traditionnelle », c'est-à-dire celle qui se faisait avant le basculement mémoriel des années soixante-dix, s'emparait de la mémoire nationale et républicaine pour la structurer et l'enraciner dans une continuité longue. L'histoire actuelle est plutôt mise au service de la mémoire, comme le traduit bien l'injonction du « devoir » de mémoire adressée aux historiens et qui définit leur fonction sociale présente.

Or l'histoire et la mémoire s'opposent terme à terme. P. Nora l'a dit mieux que personne.

Pierre Nora : Mémoire et histoire

La mémoire est la vie, toujours portée par des groupes vivants et, à ce titre, elle est en évolution permanente, ouverte à la dialectique du souvenir et de l'amnésie, inconsciente de ses déformations successives, vulnérable à toutes les utilisations et manipulations, susceptible de longues latences et de soudaines revitalisations. L'histoire est la reconstruction toujours problématique et incomplète de ce qui n'est plus. La mémoire est un phénomène toujours actuel, un lien vécu au présent éternel ; l'histoire, une représentation du passé. Parce qu'elle est affective et magique, la mémoire ne s'accommode que de détails qui la confortent ; elle se nourrit de souvenirs flous, télescopants, globaux ou flottants, particuliers ou symboliques, sensible à tous les transferts, écrans, censure ou projections. L'histoire, parce que opération intellectuelle et laïcisante, appelle analyse et discours critique. La mémoire installe le souvenir dans le sacré, l'histoire l'en débusque, elle prosaïse toujours. La mémoire sourd d'un groupe

---

16. Ainsi Alain Corbin, passé de l'histoire globale d'une région (*Archaïsme et Modernité en Limousin au xixᵉ siècle (1845-1880)*, Paris, Marcel Rivière, 1975) au *Village des cannibales* (Paris, Aubier, 1990) et aux *Cloches de la terre. Paysage sonore et cultures sensibles dans les campagnes au xixᵉ siècle* (Paris, Albin Michel, 1994).

> *qu'elle soude, ce qui revient à dire, comme Halbwachs*
> *l'a fait, qu'il y a autant de mémoires que de groupes ;*
> *qu'elle est, par nature, multiple et démultipliée, collec-*
> *tive, plurielle et individualisée. L'histoire, au contraire,*
> *appartient à tous et à personne, ce qui lui donne vocation*
> *à l'universel. La mémoire s'enracine dans le concret,*
> *dans l'espace, le geste, l'image et l'objet. L'histoire ne*
> *s'attache qu'aux continuités temporelles, aux évolutions*
> *et aux rapports des choses. La mémoire est un absolu et*
> *l'histoire ne connaît que le relatif.*
> *Au cœur de l'histoire, travaille un criticisme destructeur*
> *de la mémoire spontanée. La mémoire est toujours sus-*
> *pecte à l'histoire dont la mission vraie est de la détruire*
> *et de la refouler. L'histoire est délégitimation du passé*
> *vécu...*
>
> Les Lieux de mémoire, *I*. La République, p. *XIX-XX*.

Faire l'histoire était se libérer de la mémoire, mettre en ordre ses souvenirs, les replacer dans des enchaînements et des régularités, les expliquer et les comprendre, transformer en pensé un vécu affectif et émotionnel. On l'a vu avec l'exemple des souvenirs de la guerre : la mémoire est dans les trous d'obus, les forts aux casemates ébranlées par les bombardements ; l'histoire dans des musées pédagogiques, mémorial ou historial, où le visiteur qui ne peut plus éprouver les émotions des anciens combattants acquiert un savoir sur la bataille.

L'histoire traditionnelle ne libérait donc pas seulement le citoyen en lui donnant les clefs de la compréhension du présent. Elle l'affranchissait aussi de la tutelle des souvenirs. L'histoire était libération du passé. L'homme, écrivait Marrou[17], ne se libère pas du passé qui pèse obscurément sur lui par l'oubli, « mais par l'effort pour le retrouver, l'assumer en pleine conscience de manière à l'intégrer ». En ce sens, « l'histoire apparaît comme une pédagogie, le terrain d'exercice et l'instrument de notre liberté ». L. Febvre ne pensait pas autrement.

---

17. H.-I. Marrou, *De la connaissance historique*, p. 274.

Lucien Febvre : Histoire, oubli, vie et mort

Un instinct nous dit qu'oublier est une nécessité pour les groupes, pour les sociétés qui veulent vivre. Pouvoir vivre. Ne pas se laisser écraser par cet amas formidable, par cette accumulation inhumaine de faits hérités. Par cette pression irrésistible des morts écrasant les vivants – laminant sous leur poids la mince couche du présent, jusqu'à lui enlever toute force de résistance [...]
L'histoire [répond à ce besoin. Elle] *est un moyen d'organiser le passé pour l'empêcher de trop peser sur les épaules des hommes. L'histoire qui sans doute [...] ne se résigne pas à ignorer, et donc s'ingénie à accroître, toujours plus, l'amas des faits « historiques » dont disposent nos civilisations pour écrire l'histoire : mais il n'y a pas là contradiction. Car l'histoire ne présente pas aux hommes une collection de faits isolés. Elle organise ces faits. Elle les explique, et donc pour les expliquer elle en fait des séries, à qui elle ne prête point une égale attention. Car, qu'elle le veuille ou non – c'est en fonction des besoins présents qu'elle récolte systématiquement, puis qu'elle classe et groupe les faits passés. C'est en fonction de la vie qu'elle interroge la mort.*

« Vers une autre histoire » (1949),
in Combats pour l'histoire, *p. 437.*

Notre société ne craint plus d'être submergée par le passé, mais de le perdre. Un immense mouvement commémoratif la saisit. Le millénaire capétien le montre bien [18]. Au départ, la commémoration de l'avènement de Hugues Capet (987), une date que la commission du CNRS compétente ne jugeait pas digne de considération, un personnage sans identité assurée (« Capet » date du XVIe siècle) et un événement sans poids réel. A l'arrivée, un prodigieux succès, des manifestations décentralisées, le président de la République et le comte de Paris à la messe du couronnement à Amiens, quatre biographies publiées. Que n'aurait pas écrit Maurras ! De même,

18. Nous reprenons l'analyse de P. Nora, « L'ère de la commémoration », p. 989 *sq.*

deux ans plus tard, ce qui frappe dans le bicentenaire de la Révolution française, c'est le nombre et l'importance des manifestations locales ; la France s'est couverte de commémorations multiples : l'événement national majeur a été d'abord commémoré comme fondateur d'identités locales.

La « commémorativite » qui nous atteint, et qui requiert des historiens une contribution à la fois experte et légitimante[19], va de pair avec une vague patrimoniale sans précédent. L'année du patrimoine, lancée par hasard en 1980, fut un immense succès, que renouvellent chaque année les journées du même patrimoine. Dans toutes les régions se multiplient les musées les plus divers. Chaque semaine, ou presque, un maire sollicite le ministère des Anciens Combattants pour un musée consacré à une bataille, aux prisonniers, aux armes, etc. On conserve les vieilles voitures, les vieilles bouteilles, les vieux outils. Jeter devient impossible.

Détruire, plus encore. La loi de 1913 sur les monuments « historiques » visait ceux qui présentaient un intérêt national, monumental ou symbolique : les cathédrales, les châteaux de la Loire et les maisons Renaissance. Aujourd'hui, la procédure s'est prodigieusement étendue : on classe le marbre du café du Croissant où Jaurès fut assassiné, des crèches du XIXe siècle, etc. Il suffit que l'opinion attache une importance symbolique à un lieu pour qu'il soit préservé : on a ainsi « sauvé » la façade de l'hôtel du Nord, quai de Jemmapes, en souvenir du film de Carné, bien que celui-ci ait été tourné en studio. Et il faut de longues explications pour couper de vieux arbres dangereux et les remplacer. Un mot d'ordre parcourt ainsi notre société : « Touche pas à mon passé… »

Nous sommes donc envahis, submergés par un patrimoine proliférant, qui n'est plus d'aucune façon constitutif d'une identité commune, mais se fragmente en une multitude d'identités locales, professionnelles, catégorielles dont chacune exige d'être respectée et cultivée. L'histoire nationale a

19. Hier, 17 août 1995, alors que j'achevais ce livre dans un village jurassien écarté de tout, le téléphone a sonné. On me demandait fort civilement mon concours pour le cinquantenaire de la Sécurité sociale… Ainsi va le monde. J'aurai commémoré cette année deux fois la création de la CGT en 1895, le retour des déportés des camps, et la Sécurité sociale. Et je suis, qu'on me pardonne, un « tire-au-flanc » de la commémoration !…

cédé la place à une mosaïque de mémoires particulières, « cet album de famille découvert depuis trente ans avec attendrissement et pieusement enrichi de toutes les trouvailles du grenier, immense répertoire de dates, d'images, de textes, de figures, d'intrigues, de mots et même de valeurs [...] dont le pouvoir autrefois mythique s'est fait mythologie familière [20]... » L'inventaire ou la collection, qui conservent pieusement la trace du passé sans en dégager nécessairement le sens, acquièrent une légitimité supérieure. Les trois « figures dominantes de notre univers culturel actuel » sont le musée, l'encyclopédie et le guide [21].

Se diffusent ainsi un goût et une demande d'histoire multiformes, dont la multiplication des généalogistes apporte la confirmation. La recherche des racines, qui précipite nos contemporains dans le culte nostalgique du passé, commence à estomper la frontière entre les historiens professionnels et leurs lecteurs. Par un choc en retour justifié, c'est le moment de poser la question de l'identité des historiens professionnels.

Carl Becker l'avait posée en 1931, dans son adresse au congrès de l'American Historical Association, bien qu'en des termes différents. Il partait d'une définition minimaliste de l'histoire comme « mémoire de choses faites et dites » et constatait que *Mr. Everyman*, M. Tout-le-monde, fait de l'histoire sans le savoir. Au réveil, il se rappelle de choses faites ou dites la veille, et de ce qu'il a à faire dans sa journée. Pour se rappeler précisément quelque chose, il consulte ses archives personnelles – son agenda – et constate par exemple qu'il doit payer son charbon. Il se rend chez son marchand de charbon, mais celui-ci ne disposait pas de la qualité demandée et a sous-traité la commande à un collègue. Il cherche dans ses papiers, trouve confirmation du fait et donne l'adresse de son collègue à M. Tout-le-monde qui va le payer. Rentré chez lui, il retrouve le bulletin de livraison et constate sans surprise que c'est bien ce second

20. P. Nora, « L'ère de la commémoration », p. 1010.
21. J. Rancière, « Histoire et récit », in *L'Histoire entre épistémologie et demande sociale*, p. 200.

commerçant qui l'a livré. M. Tout-le-monde, constate Becker, vient d'accomplir toutes les démarches de l'historien : il
a établi des faits à partir de documents conservés dans des
archives. Il adopte cette démarche, historique sans le savoir,
pour tout ce qui, dans sa vie courante, unit le passé au présent et à ce qu'il a à faire dans le futur. Et comme il ne vit
pas seulement de pain, son activité historienne toute prag-
matique lui sert à élargir son présent, à donner sens à son
expérience.

Où est alors, demande Becker, la différence avec l'historien professionnel ? Elle n'est pas fondamentale. Certes,
l'historien a la fonction d'élargir et d'enrichir le présent de la
société. Mais l'histoire n'est pas une science ; les faits ne
parlent pas d'eux-mêmes, ainsi que le croyaient les historiens du XIX⁰ siècle fascinés par la science, comme Fustel de
Coulanges, que cite Becker.

**Carl Becker : La voix de l'historien est celle
de M. Tout-le-monde**

*Cinquante ans plus tard, nous pouvons voir clairement
que ce n'était pas l'histoire qui parlait à travers Fustel,
mais Fustel à travers l'histoire. Nous voyons moins clairement peut-être que la voix de Fustel était celle, amplifiée
[...] de M. Tout-le-monde ; ce que les étudiants admiratifs
applaudissaient [...] n'était ni l'histoire, ni Fustel, mais
un ensemble adroitement coloré d'événements sélection-
nés, que Fustel avait mis en forme d'autant plus habile-
ment qu'il n'était pas conscient de le faire, pour servir les
besoins affectifs de M. Tout-le-monde, la satisfaction
affective si essentielle aux Français de ce temps de découvrir que les institutions françaises n'étaient pas d'origine
germanique. [...] M. Tout-le-monde est plus fort que nous,
et tôt ou tard nous devrons adapter notre savoir à ses
nécessités. Sinon, il nous laissera à nos propres occupa-
tions, et peut-être cultiver cette sorte de sèche arrogance
professionnelle qui pousse sur le sol mince de la
recherche érudite.*

« Everyman his Own Historian », p. 234.

Notre fonction, conclut-il, n'est pas de répéter le passé, mais de le corriger et de le rationaliser pour l'usage commun de M. Tout-le-monde.

Le message de Carl Becker contient deux injonctions hier conjointes, et aujourd'hui contradictoires. Je laisse de côté la critique du scientisme qui a beaucoup frappé à l'époque. Je retiens la fonction sociale et la conception de l'histoire.

Becker recommande à ses collègues d'écouter M. Tout-le-monde et de faire une histoire qui lui soit utile. C'est un constat de fait autant qu'un conseil : au bout du compte, l'historien fait le type d'histoire que la société lui demande ; sinon elle se détourne de lui. Or nos contemporains demandent une histoire mémorielle, identitaire, une histoire qui les divertisse du présent et sur laquelle ils puissent s'attendrir, ou s'indigner. Si l'historien ne répond pas à cette demande, il s'enfermera dans un ghetto académique.

Mais, d'autre part, l'histoire est pour Becker un outil pour le présent ; « pour être préparé à ce qui vient vers nous, il est nécessaire non seulement de nous rappeler certains événements passés, mais d'anticiper (notez que je ne dis pas prédire) le futur. [...] le souvenir du passé et l'anticipation des événements futurs marchent ensemble, vont main dans la main[22]... » Or la demande actuelle fait, à l'inverse, de l'histoire un lieu de mémoire : elle est fuite du présent et peur de l'avenir.

Il y a là, me semble-t-il, un enjeu non seulement pour l'histoire, mais pour la société. Le culte du passé répond à l'incertitude de l'avenir et à l'absence de projet collectif. La ruine des grandes idéologies, qui constitue sans doute un progrès de la lucidité politique, laisse nos contemporains désemparés. D'où le recul d'une tradition historiographique où Seignobos et Braudel se rejoignaient dans un même rapport au présent. Inversement, il n'y a pas de projet collectif possible sans éducation historique des acteurs et sans analyse historique des problèmes. Notre société de mémoire pense que, sans histoire, elle perdrait son identité ; il est plus juste de dire qu'une société sans histoire est incapable de projet.

Le défi que les historiens doivent désormais relever est de transformer en histoire la demande de mémoire de leurs

22. « Everyman his Own Historian », p. 227.

contemporains. C'est en fonction de la vie qu'il faut interroger la mort, disait fortement L. Febvre. On fait valoir sans cesse le devoir de mémoire : mais rappeler un événement ne sert à rien, même pas à éviter qu'il ne se reproduise, si on ne l'explique pas. Il faut faire comprendre comment et pourquoi les choses arrivent. On découvre alors des complexités incompatibles avec le manichéisme purificateur de la commémoration. On entre surtout dans l'ordre du raisonnement, qui est autre que celui des sentiments, et plus encore des bons sentiments. La mémoire se justifie à ses propres yeux d'être moralement et politiquement correcte, et elle tire sa force des sentiments qu'elle mobilise. L'histoire exige des raisons et des preuves.

Je suis, il est vrai, un rationaliste impénitent – un universitaire peut-il ne pas l'être ? –, aussi je pense qu'accéder à l'histoire constitue un progrès : il vaut mieux que l'humanité se conduise en fonction de raisons que de sentiments. C'est pourquoi l'histoire ne doit pas se mettre au service de la mémoire ; elle doit certes accepter la demande de mémoire, mais pour la transformer en histoire. Si nous voulons être les acteurs responsables de notre propre avenir, nous avons d'abord un devoir d'histoire.

Orientation bibliographique

La bibliographie d'un livre comme celui-ci est toujours à la fois trop courte et trop longue. Trop courte, car on aurait pu l'allonger sans difficulté, et il y a quelque arbitraire, quelque injustice même, à l'arrêter. Trop longue, car tous les titres mentionnés ci-dessous n'ont évidemment pas le même intérêt, et seuls une dizaine ou une quinzaine de livres nous paraissent susceptibles d'intéresser quelques lecteurs non professionnels.

Pour surmonter ces deux difficultés symétriques, nous avons choisi deux solutions. D'abord, nous avouons bien haut ici les limites de nos lectures, et nous prions qu'on nous excuse de ne pas avoir tout lu. On trouvera une bibliographie beaucoup plus abondante, encore que non exhaustive, dans *Histoire et Mémoire*, de J. Le Goff. D'autre part, nous avons laissé en note infrapaginale les références de certains livres qui ne relèvent pas directement de notre sujet, mais que nous citons. On les retrouvera par l'index.

En second lieu, nous nous permettons d'indiquer une quinzaine d'ouvrages qui nous semblent sortir du lot et qui, en tout cas, ont nourri notre réflexion.

D'abord et avant tout, l'*Apologie pour l'histoire* de Marc Bloch. Si on ne lisait qu'un livre de méthodologie historique, ce devrait être celui-ci, bien qu'il soit inachevé. Ensuite le manuel d'Henri-Irénée Marrou, *De la connaissance historique*, qui se révèle beaucoup plus fin dans le détail qu'une lecture cursive ne le suggère. Celui d'Edward Carr, plus récent, est également intéressant, surtout dans ses premiers chapitres. Enfin, on est heureusement surpris de constater que le petit livre de Joseph Hours, malgré sa date ancienne, reste intéressant et lisible.

Tous les auteurs français se situent par rapport à la thèse fondamentale de Raymond Aron mais, si l'on a peu de temps, il vaut mieux lire, parmi les philosophes, *Temps et Récit*, de Paul Ricœur. Les trois volumes sont un peu difficiles mais passionnants, et P. Ricœur s'est donné la peine de lire sérieusement les historiens, ce qui rend son propos plus convaincant. Si l'on veut se limiter, il faut lire la deuxième partie du tome I, « L'histoire et le récit », p. 163-404. C'est un texte capital.

Des débats méthodologiques du passé, le plus intéressant me paraît celui de l'école méthodique. On verra le manifeste de Gabriel Monod pour le premier numéro de la *Revue historique,* et, plus encore que la célèbre *Introduction aux études historiques* de Langlois et Seignobos récemment rééditée, l'ouvrage du seul Seignobos, *La Méthode historique appliquée aux sciences sociales*, qu'il faut trouver en bibliothèque. On le confrontera aux critiques de Simiand, et aux *Règles de la méthode sociologique* de Durkheim. Enfin, malgré son titre, *Le Raisonnement sociologique* de Jean-Claude Passeron contient des réflexions centrales pour notre propos, notamment dans le chapitre intitulé : « Histoire et sociologie », p. 57-88.

L'historiographie n'est pas directement le sujet de ce livre. La lecture la plus utile sur ce point est celle du manuel de Guy Bourdé et Hervé Martin. Les trois volumes dirigés par Jacques Le Goff et Pierre Nora, sous le titre *Faire de l'histoire*, méritent un détour, car ils font un point intéressant à un moment charnière. J'ajouterai trois volumes : *Histoire et Mémoire,* de J. Le Goff, où l'on trouvera des aperçus originaux, *L'Écriture de l'histoire* de M. de Certeau, personnel et profond, et l'essai de Paul Veyne, *Comment on écrit l'histoire*, étincelant et excessif.

Parmi les auteurs étrangers, je confesse une tendresse pour Collingwood, personnage hors du commun, qui dit si bien, si drôlement et si fermement ce qu'il pense. Mais la brochure qui résume le mieux sa pensée est inaccessible en France et rien de lui n'a été traduit. Je renonce donc à le recommander. En revanche, il me paraît essentiel de lire les *Essais sur la théorie de la science* de Max Weber, et, parmi les contemporains, R. Koselleck, traduit en français : *Le Futur passé*, ainsi que Hayden White, *Metahistory*, malheureusement non traduit.

Amalvi, Christian, *Les Héros de l'Histoire de France, recherche iconographique sur le panthéon scolaire de la Troisième République*, Paris, Éd. Phot'œil, 1979.

Appleby, Joyce, Hunt, Lynn et Jacob, Margaret, *Telling the Truth about History*, New York-Londres, W.W. Norton, 1994.

Ariès, Philippe, *Le Temps de l'histoire*, Paris, Éd. du Seuil, 1986.

Aron, Raymond, *Introduction à la philosophie de l'histoire, essai sur les limites de l'objectivité historique*, Paris, Gallimard, 1938.

–, *La Philosophie critique de l'histoire, essai sur une théorie allemande de l'histoire*, Paris, Vrin, 1969 [1re éd. 1938].

–, *Dimensions de la conscience historique*, Paris, Plon, 1961.

–, *Leçons sur l'histoire*, texte établi, présenté et annoté par Sylvie Mesure, Paris, Éd. de Fallois, 1989.

Barthes, Roland, *Michelet par lui-même*, Paris, Éd. du Seuil, 1954.

–, « Le discours de l'histoire », *Social Science Information*, VI, n° 4, p. 65-75.

Bailyn, Bernard, *On the Teaching and Writing of History*, Hanover (N.H.), University Press of New England/Dartmouth College, 1994.

Becker, Carl, « Everyman his Own Historian », *American Historical Review*, vol. XXXVII, janvier 1932, p. 221-236.

Bédarida, François (dir.), *L'Histoire et le Métier d'historien en France, 1945-1995*, Paris, Éd. de la MSH, 1995.

Berr, Henri, *La Synthèse en histoire, son rapport avec la synthèse générale*, Paris, Albin Michel, 1953 [1re éd. 1911].

Bloch, Marc, *Apologie pour l'histoire ou métier d'historien*, Paris, Armand Colin, 1960 [1re éd. 1949].

Bloch, Marc, Febvre, Lucien, *Correspondance. I. 1928-1933*, éditée par Muller, Bertrand, Paris, Fayard, 1994.

Boltanski, Luc, Thévenot, Laurent, *Les Économies de la grandeur*, Paris, PUF, 1987.

–, *De la justification. Les économies de la grandeur*, Paris, Gallimard, 1991.

Bourdé, Guy, Martin, Hervé, *Les Écoles historiques*, Paris, Éd. du Seuil, 1983.

Bourdieu, Pierre, « Sur les rapports entre la sociologie et l'histoire en Allemagne et en France », entretien avec Lutz Raphaël, *Actes de la recherche en sciences sociales*, n° 106-107, mars 1995, p. 108-122.

–, « La cause de la science. Comment l'histoire sociale des sciences sociales peut servir le progrès de ces sciences », *Actes de la recherche en sciences sociales*, n⁰ˢ 106-107, mars 1995, p. 3-10.

Bradley, Francis H., *Les Présupposés de l'histoire critique*, trad. par P. Fruchon, Paris, Les Belles-Lettres, 1965 [1ʳᵉ éd. Oxford, 1874].

Braudel, Fernand, *La Méditerranée et le Monde méditerranéen à l'époque de Philippe II*, Paris, Armand Colin, 1976 [1ʳᵉ éd. 1949], 2 vol.

–, *Écrits sur l'histoire*, Paris, Flammarion, 1969.

Bruter, Annie, « Enseignement de la représentation et représentation de l'enseignement : Lavisse et la pédagogie de l'histoire », *Histoire de l'éducation*, n° 65, janvier 1995, p. 27-50.

Burguière, André, « Histoire d'une histoire : la naissance des *Annales* », *Annales ESC*, nov.-décembre 1979, p. 1347-1359.

Burguière, André (éd.), *Dictionnaire des sciences historiques*, Paris, PUF, 1986.

Burke, Peter (éd.), *New Perspectives on Historical Writing*, Cambridge, Polity Press, 1991.

Carbonell, Charles-Olivier, Livet, Georges, *Au berceau des « Annales »*, *Actes du colloque de Strasbourg (11-13 octobre 1979)*, Toulouse, Presses de l'IEP, 1983.

Carbonell, Charles-Olivier, *Histoire et Historiens, une mutation idéologique des historiens français 1865-1885*, Toulouse, Privat, 1976.

Carr, Edward Hallett, *Qu'est-ce que l'histoire ?*, Paris, La Découverte, 1988 [1ʳᵉ éd. en anglais, 1961].

Carrard, Philippe, *Poetics of the New History. French Historical Discours from Braudel to Chartier*, Baltimore/Londres, The Johns Hopkins Press, 1992.

Certeau, Michel de, « L'opération historique », in Le Goff, Jacques, Nora, Pierre, *Faire de l'histoire. I. Nouveaux Problèmes*, Paris, Gallimard, 1974, p. 19-68.

–, *L'Écriture de l'histoire*, Paris, Gallimard, 1975.

Charle, Christophe, *Naissance des « intellectuels » 1880-1900*, Paris, Éd. de Minuit, 1990.

–, *La République des universitaires 1870-1940*, Paris, Éd. du Seuil, 1994.

Charle, Christophe (dir.), *Histoire sociale, Histoire globale*, Paris, Éd. de la MSH, 1993.

Chartier, Roger, « Histoire intellectuelle et histoire des mentalités.

Trajectoires et questions », *Revue de synthèse*, n°s 111-112, 1983, p. 277-307.

–, « L'Histoire ou le récit véridique », *Philosophie et Histoire*, Paris, Centre Pompidou, 1987, p. 115-135.

–, « Le monde comme représentation », *Annales ESC*, nov.-décembre 1989, p. 1505-1520.

–, « L'Histoire Culturelle entre "Linguistic Turn" et "Retour au Sujet" » in *Wege zu einer neuen Kulturgeschichte*, hrsg. von Hartmut Lehmann, Göttingen, Wallstein Verlag, 1995, p. 29-58.

Chaunu, Pierre, *Histoire quantitative, Histoire sérielle*, Paris, Armand Colin, 1978 [1re éd. 1968].

–, *Histoire science sociale, la durée, l'espace et l'homme à l'époque moderne*, Paris, SEDES, 1974.

Chervel, André, *Histoire de l'agrégation*, Paris, Kimé, 1992.

Cité des chiffres (La), ou l'Illusion des statistiques, sous la dir. de Besson, Jean-Louis, Paris, *Autrement*, série *Sciences en société*, n° 5, septembre 1992.

Citron, Suzanne, *Le Mythe national. L'histoire de France en question*, Paris, Éd. ouvrières, 1987.

Clark, Terry N., *Prophets and Patrons : The French University and the Emergence of the Social Sciences*, Cambridge (Mass.), Harvard University Press, 1973.

Collingwood, Robin G., *The Philosophy of History*, Historical Association Leaflet, n° 70, Londres, 1930.

–, *The Historical Imagination. An Inaugural Lecture Delivered before the University of Oxford on 28 october 1935*, Oxford, Clarendon Press, 1935.

–, *An Autobiography*, Oxford, Oxford University Press, 1939.

–, *The Idea of History*, Oxford, Clarendon Press, 1946.

Colloque Cent Ans d'enseignement de l'histoire (1881-1981), Paris, 13-14 novembre 1981, numéro spécial hors série de la *Revue d'histoire moderne et contemporaine*, 1984.

Corbin, Alain, « "Le vertige des foisonnements". Esquisse panoramique d'une histoire sans nom », *Revue d'histoire moderne et contemporaine*, janv.-mars 1992, p. 103-126.

Cournot, A., *Essai sur les fondements de nos connaissances et sur les caractères de la critique philosophique*, Paris, Vrin, 1975 [1re éd. 1851].

–, *Considérations sur la marche des idées et des événements dans les temps modernes*, Paris, Vrin, 1973 [1re éd. 1872].

Coutau-Bégarie, Hervé, *Le Phénomène nouvelle histoire, gran-*

deur et décadence de l'école des « Annales », Paris, Economica, 2ᵉ éd. entièrement refondue, 1989 [1ʳᵉ éd. 1983].

Dance, E. H./Conseil de l'Europe, *L'Éducation en Europe, la place de l'histoire dans les établissements secondaires*, Paris, Armand Colin-Bourrelier, 1969.

Dancel, Brigitte, *L'Histoire de l'enseignement de l'histoire à l'école publique de la IIIᵉ République. Le ministre, le maître et l'élève dans les écoles primaires élémentaires de la Somme 1880-1926*, thèse de l'université René-Descartes-Paris-V (C. Lelièvre), 1994.

Danto, Arthur C., *Analytical Philosophy of History*, Cambridge, Cambridge University Press, 1965.

Desrosières, André, *La Politique des grands nombres. Histoire de la raison statistique*, Paris, La Découverte, 1993.

Digeon, Claude, *La Crise allemande de la pensée française*, Paris, PUF, 1959.

Dilthey, Wilhelm, *L'Édification du monde historique dans les sciences de l'esprit*, traduit et présenté par Sylvie Mesure, Paris, Éd. du Cerf, 1988.

–, *Critique de la raison historique. Introduction aux sciences de l'esprit*, traduit et présenté par Sylvie Mesure, Paris, Éd. du Cerf, 1992.

Dosse, François, *L'Histoire en miettes. Des « Annales » à la « nouvelle histoire »*, Paris, La Découverte, 1987.

Duby, Georges, *L'histoire continue*, Paris, Odile Jacob, 1991.

Dumoulin, Jérôme, Moisi, Dominique (éd.), *L'Historien entre l'ethnologue et le futurologue*, *Actes du colloque international de Venise, 2-8 avril 1971*, Paris-La Haye, Mouton, 1972.

Dumoulin, Olivier, *Profession historien 1919-1939, un métier en crise*, thèse de l'EHESS (A. Burguière), 1983.

Durkheim, Émile, *Les Règles de la méthode sociologique*, Paris, PUF, 1950 [1ʳᵉ éd. 1895].

–, *Le Suicide, étude de sociologie*, Paris, PUF, 1985 [1ʳᵉ éd. 1897].

Écrire l'histoire du temps présent. Hommage à François Bédarida, Paris, CNRS-Éditions, 1993.

Ehrard, Jean, Palmade, Guy, *L'Histoire*, Paris, Armand Colin, 1964.

Farge, Arlette, *Le Goût de l'archive*, Paris, Éd. du Seuil, 1989.

Febvre, Lucien, « Entre l'histoire à thèse et l'histoire-manuel. Deux esquisses récentes d'histoire de France », *Revue de synthèse*, V, 1933, p. 205-236. Une version abrégée de cet article a été reprise dans *Combats pour l'histoire*, Paris, Armand Colin, 1953, p. 80-99.

–, « Une histoire politique de la Russie moderne. Histoire-tableau ou synthèse historique », *Revue de synthèse*, VII, 1934, p. 27-36. Compte rendu de Paul Milioukov, Ch. Seignobos, L. Eisenmann, *Histoire de Russie*, Paris, E. Leroux, 1932. Repris dans *Combats pour l'histoire*, Paris, Armand Colin, 1953, p. 70-75.

–, *Combats pour l'histoire*, Paris, Armand Colin, 1953.

Fink, Carole, *Marc Bloch : A Life in History*, Cambridge, Cambridge University Press, 1989.

Foucault, Michel, *L'Archéologie du savoir*, Paris, Gallimard, 1969.

Frédéricq, Paul, professeur à l'université de Liège, « L'enseignement supérieur de l'histoire à Paris, notes et impressions de voyage », *Revue internationale de l'enseignement*, 15 juillet 1883, p. 742-798.

Freyssinet-Dominjon, Jacqueline, *Les Manuels d'histoire de l'école libre 1882-1959*, Paris, Armand Colin-Presses de la FNSP, 1969.

Friedländer, Saul, *Histoire et Psychanalyse. Essai sur les possibilités et les limites de la psycho-histoire*, Paris, Éd. du Seuil, 1975.

Furet, François, *De l'histoire récit à l'histoire problème*, Paris, Diogène, 1975.

–, *Penser la Révolution française*, Paris, Gallimard, 1978.

–, *L'Atelier de l'histoire*, Paris, Flammarion, 1982.

–, *La Gauche et la Révolution au milieu du XIXe siècle*, Paris, Hachette, 1986.

Gauchet, Marcel (éd.), *Philosophie des sciences historiques*, Lille, PUL, 1988.

Gérard, Alice, « A l'origine du combat des *Annales* : positivisme historique et système universitaire », in Carbonell, Charles-Olivier, Livet, Georges, *Au berceau des « Annales »*, *Actes du colloque de Strasbourg (11-13 octobre 1979)*, Toulouse, Presses de l'IEP, 1983, p. 79-88.

Gerbod, Paul, « La place de l'histoire dans l'enseignement secondaire de 1802 à 1880 », *L'Information historique*, 1965, p. 123-130.

Ginzburg, Carlo, *Mythes, Emblèmes, Traces. Morphologie et histoire*, Paris, Flammarion, 1989.

Girault, René, *L'Histoire et la Géographie en question*, Rapport au ministre de l'Éducation nationale, Paris, Ministère de l'Éducation nationale, Service d'information, 1983.

Glénisson, Jean, « L'historiographie française contemporaine :

tendances et réalisations », in *La Recherche historique en France de 1940 à 1965*, Paris, Comité français des sciences historiques, Éd. du CNRS, 1965, p. IX-LXIV.

Grenier, Jean-Yves, Lepetit, Bernard, « L'expérience historique. A propos de C.-E. Labrousse », *Annales ESC*, nov.-décembre 1989, p. 1337-1360.

Guénée, Bernard, *Histoire et Culture historique dans l'Occident médiéval*, Paris, Aubier, 1980.

Halbwachs, Maurice, *Les Cadres sociaux de la mémoire*, Paris, PUF, 1952 [1re éd. 1925].

Halphen, Louis, *Introduction à l'histoire*, Paris, PUF, 1946.

Hartog, François, *Le XIXe Siècle et l'Histoire. Le cas Fustel de Coulanges*, Paris, PUF, 1988.

Hexter, Jack H., *On Historians. Reappraisals of Some of the Makers of Modern History*, Cambridge (Mass.), Harvard University Press, 1979.

Histoire et ses méthodes (L') (Actes du colloque d'Amsterdam, novembre 1980), Lille, PUL, 1981.

Histoire entre épistémologie et demande sociale (L') (Actes de l'université d'été de Blois, septembre 1993), Créteil, Institut universitaire de formation des maîtres, 1994.

Histoire sociale, sources et méthodes (L') (Colloque de l'École normale supérieure de Saint-Cloud, 15-16 mai 1965), Paris, PUF, 1967.

Hours, Joseph, *Valeur de l'histoire*, Paris, PUF, 1971 [1re éd. 1953].

Hunt, Lynn, « French History in the Last Twenty Years : The Rise and Fall of the *Annales* Paradigm », *Journal of Contemporary History*, vol. 21, 1986, p. 209-224.

Jaubert, Alain, *Le Commissariat aux archives. Les photos qui falsifient l'histoire*, Paris, Éd. Bernard Barrault, 1986.

Joutard, Philippe, « Une passion française : l'histoire », in Burguière, André, Revel, Jacques (dir.), *Histoire de la France. Les formes de la culture*, Paris, Éd. du Seuil, 1993, p. 507-570.

Julliard, Jacques, « La politique », in Le Goff, Jacques, Nora, Pierre, *Faire de l'histoire. II. Nouvelles Approches*, Paris, Gallimard, 1974, p. 305-334.

Karady, Victor, « Durkheim, les sciences sociales et l'Université : bilan d'un demi-échec », *Revue française de sociologie*, numéro spécial *Durkheim*, avr.-juin 1976, p. 267-311.

–, « Stratégies de réussite et modes de faire-valoir de la sociologie chez les durkheimiens », *Revue française de sociologie*, numéro spécial *Les Durkheimiens*, janv.-mars 1979, p. 49-82.

Keylor, William R., *Academy and Community. The Foundation of the French Historical Profession*, Cambridge (Mass.), Harvard University Press, 1975.

–, *Jacques Bainville and the Renaissance of Royalist History in Twentieth-Century France*, Baton Rouge, Louisiana State University Press, 1979.

Koselleck, Reinhart, *Le Futur passé, contribution à la sémantique des temps historiques*, Paris, EHESS, 1990 [1re éd. en allemand, 1979].

Lacombe, Paul, *De l'histoire considérée comme science*, Paris, Hachette, 1894.

Langlois, Charles-Victor, Seignobos, Charles, *Introduction aux études historiques*, Paris, Hachette, 1897. Nous citons la réédition avec une préface de Rebérioux, Madeleine, Paris, Kimé, 1992.

Leduc, Jean, Marcos-Alvarez, Violette, Le Pellec, Jacqueline, *Construire l'histoire*, Toulouse, Bertrand-Lacoste/CRDP Midi-Pyrénées, 1994.

Lefebvre, Georges, *Réflexions sur l'histoire*, Paris, Maspero, 1978.

Le Goff, Jacques, *Histoire et Mémoire*, Paris, Gallimard, 1977.

Le Goff, Jacques, Nora, Pierre (dir.), *Faire de l'histoire*. I. *Nouveaux Problèmes*. II. *Nouvelles Approches*. III. *Nouveaux Objets*, Paris, Gallimard, 1974.

Le Goff, Jacques, Chartier, Robert, Revel, Jacques (éd.), *La Nouvelle Histoire*, Paris, Retz, 1978.

Lepetit, Bernard (dir.), *Les Formes de l'expérience. Une autre histoire sociale*, Paris, Albin Michel, 1995.

Le Roy Ladurie, Emmanuel, *Le Territoire de l'historien*, t. I, Paris, Gallimard, 1977 [1re éd. 1973], t. II, Paris, Gallimard, 1978.

Lire Braudel, ouvrage collectif par Aymard, Maurice, *et al.*, Paris, La Découverte, 1988.

Luc, Jean-Noël, « Une réforme difficile : un siècle d'histoire à l'école élémentaire (1887-1985) », *Historiens et Géographes*, n° 306, sept.-octobre 1985, p. 145-207.

Mabillon, Jean, *Brèves Réflexions sur quelques règles de l'histoire*, préfaces et notes de Blandine Barret-Kriegel, Paris, POL, 1990.

Maingueneau, Dominique, *Les Livres d'école de la République 1870-1914, discours et idéologie*, Paris, Le Sycomore, 1979.

Mann, Hans-Dieter, *Lucien Febvre, la pensée vivante d'un historien*, Paris, Armand Colin, 1971.

Mantoux, Paul, « Histoire et sociologie », *Revue de synthèse historique*, 1903, p. 121-140.

Marin, Louis, *Le récit est un piège*, Paris, Éd. de Minuit, 1978.

Marrou, Henri-Irénée, *De la connaissance historique*, Paris, Éd. du Seuil, 1954.

Mazon, Brigitte, *Aux origines de l'EHESS. École des hautes études en sciences sociales, le rôle du mécénat américain (1920-1960)*, Paris, Éd. du Cerf, 1988.

Milo, Daniel S., *Trahir le temps (histoire)*, Paris, Les Belles-Lettres, 1991.

Milo, Daniel S., Boureau, Alain, *Alter histoire, essais d'histoire expérimentale*, Paris, Les Belles-Lettres, 1991.

Ministère de l'Éducation nationale, *Colloque national sur l'histoire et son enseignement, 19-20-21 janvier 1984, Montpellier*, Paris, CNDP, 1984.

Momigliano, Arnaldo, *Problèmes d'historiographie ancienne et moderne*, Paris, Gallimard, 1983.

Moniot, Henri (éd.), *Enseigner l'histoire. Des manuels à la mémoire*, Berne, Peter Lang, 1990.

Moniot, Henri, Serwanski, Maciej (éd.), *L'Histoire en partage. I. Le Récit du vrai*, Paris, Nathan, 1994.

Monod, Gabriel, « Du progrès des études historiques en France depuis le xviᵉ siècle » [éditorial du premier numéro de la *Revue historique*, 1876], réédité dans la *Revue historique*, n° 518, avr.-juin 1976, p. 297-324.

Morazé, Charles, *Trois Essais sur histoire et culture*, Paris, Armand Colin, 1948.

Mucchielli, Laurent, « Aux origines de la nouvelle histoire en France : l'évolution intellectuelle et la formation du champ des sciences sociales (1880-1930) », *Revue de synthèse*, 4ᵉ S. n° 1, janv.-mars 1995, p. 55-98.

Noiriel, Gérard, « Pour une approche subjectiviste du social », *Annales ESC*, nov.-décembre 1989, p. 1435-1459.

–, « Naissance du métier d'historien », *Genèses*, n° 1, septembre 1990, p. 58-85.

Nora, Pierre, « Entre Mémoire et Histoire. La problématique des lieux », in *Les Lieux de mémoire. I. La République*, Paris, Gallimard, 1984, p. XVII-XLII.

–, « Lavisse, instituteur national », in *Les Lieux de mémoire. I. La République*, Paris, Gallimard, 1984, p. 247-289.

–, « L'histoire de France de Lavisse », in *Les Lieux de mémoire. II. La Nation*, t. 1, Paris, Gallimard, 1986, p. 317-375.

–, « L'ère de la commémoration », in *Les Lieux de mémoire*. III. *Les France*, t. 3, Paris, Gallimard, 1992, p. 977-1012.

Nora, Pierre (éd.), *Essais d'égo-histoire*, Paris, Gallimard, 1987.

Passeron, Jean-Claude, Prost, Antoine, « L'enseignement, lieu de rencontre entre historiens et sociologues », *Sociétés contemporaines*, n° 1, mars 1990, p. 7-45.

Passeron, Jean-Claude, *Le Raisonnement sociologique. L'espace non-poppérien du raisonnement naturel*, Paris, Nathan, 1991.

–, « Homo sociologicus », *Le Débat*, n° 79, mars-avril 1994, p. 114-133.

Passés recomposés. Champs et chantiers de l'histoire, sous la dir. de Boutier, Jean, Julia, Dominique, Paris, *Autrement*, série *Mutations*, nᵒˢ 150-151, janvier 1995.

Passion du passé, « les fabricants » d'histoire, leurs rêves et leurs batailles, sous la dir. de Gautier, Nadine, Rouge, Jean-François, Paris, *Autrement*, n° 88, mars 1987.

Périodes. La construction du temps historique, Actes du Vᵉ colloque d'Histoire au Présent, Paris, EHESS et Histoire au Présent, 1991.

Peschanski, Denis, Pollak, Michael, Rousso, Henry (éd.), *Histoire politique et Sciences sociales*, Bruxelles, Complexe, 1991.

Piganiol, André, « Qu'est-ce que l'histoire ? », *Revue de métaphysique et de morale*, 1955, p. 225-247.

Piobetta, J.-B., *Le Baccalauréat*, Paris, Baillière et fils, 1937.

Pomian, Krzysztof, *L'Ordre du temps*, Paris, Gallimard, 1984.

–, « L'heure des *Annales*. La terre – les hommes – le monde », in Nora, Pierre (éd.), *Les Lieux de mémoire*. II. *La Nation*, Paris, Gallimard, 1986, t. 1, p. 377-429.

–, « Histoire et fiction », *Le Débat*, n° 54, mars-avril 1989, p. 114-137.

Popper, Karl, *Misère de l'historicisme*, Paris, Plon, 1956 [1ʳᵉ éd. en anglais, 1944].

–, *La Logique de la découverte scientifique*, Paris, Payot, 1978 [1ʳᵉ éd. en anglais, 1959].

Pour une histoire de la statistique, t. 1/ *Contributions*, t. 2/ *Matériaux*, Joëlle Affichard éd., Paris, Economica/INSEE, 1987 [1ʳᵉ éd. 1977].

Prost, Antoine, « Seignobos revisité », *Vingtième siècle, revue d'histoire*, n° 43, juill.-septembre 1994, p. 100-118.

Rancière, Jacques, *Les Mots de l'histoire, essai de poétique du savoir*, Paris, Éd. du Seuil, 1992.

Rebérioux, Madeleine, « Le débat de 1903 : historiens et sociologues », in Carbonell, Charles-Olivier, Livet, Georges, *Au ber-*

ceau des « *Annales* », *Actes du colloque de Strasbourg (11-13 octobre 1979)*, Toulouse, Presses de l'IEP, 1983, p. 219-230.

Recherche historique en France de 1940 à 1965 (La), Paris, Comité français des sciences historiques, Éd. du CNRS, 1965.

Recherche historique en France depuis 1965 (La), Paris, Comité français des sciences historiques, Éd. du CNRS, 1980.

Rémond, René (dir.), *Pour une histoire politique*, Paris, Éd. du Seuil, 1988.

Revel, Jacques, « Les paradigmes des *Annales* », *Annales ESC*, nov.-décembre 1979, p. 1360-1376.

Ricœur, Paul, *La Métaphore vive*, Paris, Éd. du Seuil, 1975.

–, « Expliquer et comprendre. Sur quelques connexions remarquables entre la théorie du texte, la théorie de l'action et la théorie de l'histoire », *Revue philosophique de Louvain*, tome 75, février 1977, p. 126-147.

–, *Temps et Récit*, Paris, Éd. du Seuil, 3 vol., 1983, 1984 et 1985.

Rosental, Paul-André, « Métaphore et stratégie épistémologique : *La Méditerranée* de Fernand Braudel », in Milo, Daniel S., Boureau, Alain, *Alter histoire, essais d'histoire expérimentale*, Paris, Les Belles-Lettres, 1991, p. 109-126.

Sadoun-Lautier, Nicole, *Histoire apprise, Histoire appropriée. Éléments pour une didactique de l'histoire*, thèse EHESS (S. Jodelet), 1992.

Samaran, Charles, *L'Histoire et ses méthodes*, Paris, Gallimard, Encyclopédie de la Pléiade, 1973 [1re éd. 1961].

Sée, Henri, *Science et Philosophie de l'histoire*, Paris, Félix Alcan, 1933.

Seignobos, Charles, « L'enseignement de l'histoire dans les universités allemandes », *Revue internationale de l'enseignement*, 15 juin 1881, p. 563-600.

–, « L'enseignement de l'histoire dans les facultés », *Revue internationale de l'enseignement*, I, 15 octobre 1883, p. 1076-1088 ; II, 15 juillet 1884, p. 35-60 ; III, 15 août 1884, p. 97-111.

–, *La Méthode historique appliquée aux sciences sociales*, Paris, Félix Alcan, 1901.

–, *L'Histoire dans l'enseignement secondaire*, Paris, Armand Colin, 1906.

–, « L'enseignement de l'histoire comme instrument d'éducation politique », in *Conférences du Musée pédagogique*, Paris, Imprimerie nationale, 1907, p. 1-24, repris dans Seignobos, Charles, *Études de politique et d'histoire*, Paris, PUF, 1934,

p. 109-132. J'ai publié de larges extraits de ce texte dans *Vingtième siècle, revue d'histoire*, n° 2, avril 1984.

–, *Histoire sincère de la nation française, essai d'une histoire de l'évolution du peuple français*, Paris, Rieder, 1933 ; nouvelle éd. avec une préface de Guy P. Palmade, Paris, PUF, 1969.

–, *Études de politique et d'histoire*, Paris, PUF, 1934.

Simiand, François, « Méthode historique et science sociale », *Revue de synthèse historique*, 1903, p. 1-22 et 129-157, repris par les *Annales ESC*, 1953, p. 83-119.

Sirinelli, Jean-François, *Génération intellectuelle. Khâgneux et normaliens dans l'entre-deux-guerres*, Paris, Fayard, 1988.

Stoianovich, Traïan, *French Historical Method. The* Annales *Paradigm*, Ithaca, Cornell University Press, 1976.

Stone, Lawrence, « Retour au récit ou réflexions sur une nouvelle vieille histoire », *Le Débat*, n° 4, 1980, p. 116-142.

Vendryès, Pierre, *De la probabilité en histoire*, Paris, Albin Michel, 1952.

–, *Déterminisme et autonomie*, Paris, Armand Colin, 1956.

Veyne, Paul, *Comment on écrit l'histoire*, Paris, Éd. du Seuil, 1971.

–, *L'Inventaire des différences : leçon inaugurale au Collège de France*, Paris, Éd. du Seuil, 1976.

Vilar, Pierre, *Une histoire en construction. Approche marxiste et problématiques conjoncturelles*, Paris, Hautes Études-Gallimard-Le Seuil, 1982.

Weber, Max, *Essais sur la théorie de la science*, traduits de l'allemand et introduits par Julien Freund, Paris, Plon, 1965.

White, Hayden, *Metahistory. The Historical Imagination in Nineteenth-Century Europe*, Baltimore-Londres, The Johns Hopkins Press, 1973.

Index

Tables

Table des textes
et documents

Conclusion : Vérité et fonction sociale de l'histoire

Table

Du même auteur

La CGT à l'époque du Front populaire, 1934-1939
Essai de description numérique
Presses de la FNSP, 1964

Histoire de l'enseignement en France, 1800-1967
Armand Colin, « U », 1968 ; 6ᵉ éd., 1986

Vocabulaire des proclamations électorales
de 1881, 1885 et 1889
PUF, 1974

Les Anciens Combattants
Gallimard, « Archives », 1977

Les Anciens Combattants
et la Société française, 1914-1939
1. Histoire, 2. Sociologie, 3. Mentalités et idéologies
Presses de la FNSP, 1977

Éloge des pédagogues
Seuil, 1985 et « Points Actuels », 1990

Histoire générale de l'enseignement
et de l'éducation en France
t. IV, L'école et la famille
dans une société en mutation, 1930-1980
Nouvelle Librairie de France, 1981

L'enseignement s'est-il démocratisé ?
Les élèves des lycées et collèges
de l'agglomération d'Orléans de 1945 à 1980
PUF, 1986 ; nouvelle édition 1992

Petite Histoire de la France au XXᵉ siècle
Armand Colin, « U », 1986, 1992 ; nouvelle édition 1996

SOUS LA DIRECTION D'ANTOINE PROST
AVEC JEAN-PIERRE AZÉMA ET JEAN-PIERRE RIOUX

Le Parti communiste français
des années sombres, 1938-1941
Actes du colloque organisé par
la Fondation nationale des sciences politiques
et l'Institut d'histoire du temps présent en octobre 1983
Seuil, « L'Univers historique », 1986

Les Communistes français
de Munich à Châteaubriant, 1938-1941
Presses de la FNSP, 1987

AVEC GÉRARD VINCENT

Histoire de la vie privée
t. V, De la Première Guerre mondiale à nos jours
Série dirigée par Philippe Ariès et Georges Duby
Seuil, 1987

EN COLLABORATION

Histoire du peuple français
t. V, Cent ans d'esprit républicain
Nouvelle Librairie de France, 1960

Les Conseillers généraux en 1870
Publications de la faculté des lettres de Paris, 1967

Langage et Idéologie
Le discours comme objet de l'histoire
Éditions ouvrières, 1974

RÉALISATION : PAO ÉDITIONS DU SEUIL.
IMPRESSION : MAURY-EUROLIVRES S.A. À MANCHECOURT (3-97).
DÉPÔT LÉGAL : FÉVRIER 1996. N° 28546-2 (97/05/57827)

Collection Points